私人财富保障与传承实务全书

（增订版）

韩宇 著

中国法制出版社
CHINA LEGAL PUBLISHING HOUSE

前言

Preface

道德传家，十代以上，耕读传家次之，诗书传家又次之，富贵传家，不过三代。

根据招商银行与贝恩咨询联合发布的《2019 中国私人财富报告》的统计数据显示，2018 年中国个人可投资资产 1000 万元人民币以上的高净值人群规模达到 197 万人，全国个人持有的可投资资产总体规模达到 190 万亿元人民币，中国私人财富市场增速较往年放缓，但仍具增长潜力，预计到 2019 年年底，高净值人群规模将达到 220 万人，可投资资产总体规模将突破 200 万亿元大关。

中国改革开放 40 余年间，中国的高净值人群收获了大时代的慷慨馈赠，积累了大量的财富，但从某个角度来看，他们往往是比较缺乏财富安全感的一个群体。随着中美贸易战的持续，2020 年春新冠肺炎疫情对全球的巨大冲击，更令人感到一切都充满了不确定性，一切都可能被改变、被重构。

在这样一个百年未有之时代，如何才能让财富免受不确定的政策、法律、税务和投资失败等风险，如何才能让自己的财富代代传承、富过三代？是高净值人士和财富管理机构必须要重视和亟待解决的问题。通过对上百起笔者亲办客户案例的梳理，我体会到了这样一个感悟：当财富积累到一定阶段的时候，应“安全”优先，“获益”在后，方得“传承”，否则“竹篮打水一场空”将成为高净值人群不可承受的写照。

因此，可以这样理解，完整的财富脉络图是由创造财富、拥有财富、管理财富和传承财富构成的，这是风起云涌的财富大历史中一脉相承的命题，也是时代赋予我们的挑战。命题虽然宏大，挑战可能艰险，但究其本质，是要每一位关心自己财富的人，回答这样几个问题：我们该怎样做，辛苦创造的财富才能安全而不受贬损？我们该怎样做，子孙后代才能继续享受家族奋斗成果的余荫？这其中，到底有没有普遍成功的经验可供借鉴？又有没有合适的工具和路径可以参照与抵达？

为了解答上述问题，进而帮助高净值人群和财富管理专业人士全方位了解财富保障和传承的相关理念、知识和基础工具，识别财富保障与传承的风险与痛点，提供解决路径与方法等，编撰了这本书。笔者认为，寻找和破解“富过三代”和“基业长青”的密码，需要我们准确地识别和管理风险（本书第二章），利用好基础性的法律工具，如遗嘱（本书第三章）、法律协议（本书第四章）和大额保单（本书第五章），并做好税务筹划（本书第六章），基于家族与企业的股权、不动产、现金和海外资产等财富的梳理和配置重构，适时设立家族基金会（本书第七章）、家族信托（本书第八章）和家族办公室（本书第九章），最终寻得财富保障与传承之“道”，形成每一个家族独特的“传家”哲学（本书第十章）。

虽然目前全球经济震荡，中国的经济发展也遭遇了诸多困难，但长远看发展的态势并没有改变，财富管理市场水大鱼大的现实也没有变化，参与并助推中国财富管理市场的发展仍是一段激荡人心的旅程。借由《民法典》[①] 出台之际，笔者全面修订了本书，新增了众多财富风险案例，根据《民法典》的具体条文对原引用法律做了适当的替换，并结合法律的变化进行了全新的解读，删减了过时或已与财富管理实际不符的段落。希望本书能抛砖引玉，让更多的人喜欢并参与到财富管理的服务领域中来。

---

① 为便于阅读，本书中法律文件名称中的“中华人民共和国”字样予以省略。

目 录

Contents

第四章　私人财富保障与传承的未雨绸缪工具——法律协议

第五章　私人财富保障与传承不可或缺的工具——大额保单

第六章　私人财富保障与传承不可忽略的重点——税务筹划

第一章

私人财富保障与传承概述

西方社会的资本回报率长期大幅度高于劳动回报率和实际经济增长率，除了世界大战等非常时期外，财富一直在向少数富人阶层聚集。

——法国经济学家托马斯·皮凯蒂，《21世纪资本论》

在这块全新的领域，财富和资本的真正来源不是物质……是人的智慧、精神、想象力和我们对未来的信念。

——史蒂夫·乔布斯

1.1 如何定义私人财富保障与传承

近年来，人们开始普遍关注财富安全与传承话题，财富管理市场十分火热，各大财富管理机构也经常举办各式各样的讲座活动，以期帮助自己的客户规避风险，正确配置财富。但所谓名不正，则言不顺；言不顺，则事不成。当高净值人群或财富管理服务机构无法全面认识财富可能面临的风险，不知道到底该保障什么、防范什么时，是保证不了财富安全，也做不好财富的传承规划的。

因此，财富管理的专业性需要我们认真回答：财富保障与传承的内涵和外延，具体包括哪些内容，财富管理中可能会遭遇哪些风险，可以采取的办法等。为了更好地回答这些问题，我们通过一个案例来做一个全景展示。

案例 1-1-1

林总和林太太已年近六十。林总早年经营房地产，敢拼敢干，家业积累颇丰，现林总家族在广东主要经营商业地产租赁和酒店等生意，林总夫妇在广州市和深圳市有大量的房产和商铺。

林总早年曾离过一次婚，和前妻生有两个儿子。大儿子林强 36 岁，已婚，育有一子。小儿子林亮 32 岁，已婚，育有一女。大儿子林强大学毕业后在外闯荡了一番后，现在帮父亲打理着家族生意。小儿子林亮之前在外企工作，现在想独立创业，急需父亲支援一笔创业启动资金。而林太太早年也曾离异，和前夫有两个女儿，大女儿周卉 30 岁，已婚，育有两子。小女儿周娟 28 岁，离异，没有子女。林总和林太太两人再婚后，育有一子林诚，24 岁，已婚，育有一子。但不久前，林诚遭遇车祸不幸去世，林总夫妇悲痛欲绝。林总做了半辈子生意，因为小儿子的去世，感觉身体大不如前，现在想把资产传承给自己的儿子和孙子们，但林太太因担心自己和前夫的两个女儿未来的生活，想把自己名下的主要资产留给她们。

林总家族是典型的高净值家族，家大业大，但家庭关系也十分复杂。那么，林总该如何做好自己家族的财富保障与传承呢？首先要识别出林总家族财富在未来可能会遭遇哪些风险，林总的家庭关系和家庭成员具体财富需求虽看似纷繁复杂，但只要抓住围绕其背后的风险逻辑主线，则很容易发现，林总家庭的风险管理取决于：

林总夫妇能否提前做好规划，掌控财富传承的分配主动权和方向，尤其是帮助第二代家族成员做好风险管理，避免财富无序继承和家庭成员争产。

（一）林总家庭财富风险管理

1. 林总和林太太的意外和死亡风险。林总、林太太虽然都不到 60 岁，但任何人都不应当忽略健康原因和意外事件导致的死亡风险。

2. 林总的家族企业该如何分配股权和管理权？目前，林总的大儿子林强主要参与家族生意运营，未来正式接班后，是否会有其他家族成员与他争产？林强未来又能否成为一名合格的大家长，带领家族成员共同奋斗和分享收益？

3. 林总和林太太都离过婚，林太太与前夫生的二女儿周娟也离过婚，林氏家族的家族成员的整体婚姻风险需要重点关注。此外，林总和林太太的具体传承诉求并不统一，鉴于林太太的两个女儿不属于林氏家族，如何平衡二人的传承诉求也需要慎之又慎。

4. 林总的二儿子林亮想独立创业，现在急需林总支援一笔创业启动资金，但可能存在创业失败的风险和挥霍创业资金的可能性。

5. 林总和林太太共同的儿子林诚名下的资产，大多都是林总夫妇赠与儿子的，并没有进行过特殊的财富安排，属于林诚和遗孀的夫妻共同财产，林诚意外去世后，其遗孀虽尚未改嫁，但面临很大的财富外流的可能性。

6. 林总和林太太名下有大量商铺和房产，未来中国极有可能开征房地产税，林总家族的房地产税务风险需要提前进行评估和筹划。

7. 因商铺和房产租赁收入，林总的现金流相对比较充沛，但几乎没有申报和缴纳过个人所得税，面临着个税风险。

8. 林总家庭财富基本上以人民币计价，未来几十年，需考虑对冲单一货币的贬值风险。

（二）林总家庭财富传承分解

1. 家族资产传承

（1）房产和商铺的传承

除继续持有自住和核心区域的房产和商铺外：

建议将一部分房产和商铺，通过赠与和买卖的方式按阶段分配给子女。林总夫妇作为财富的主要拥有者，通过赠与和买卖的方式将部分房产传承给子女，既能解决子女的居住需要，又能够保障家族成员感情关系的和谐。

建议将另一部分房产和商铺出售，因为不动产流动性较差，又面临未来可能征收的房地产税，变现部分不动产，盘活资产流动性，还可以为未来考虑配置境外房产和金融资产留有余地。

（2）现金资产的传承

关于林总家族商铺和房产租赁积攒的现金流，为防止资产贬值并将现金流从债务风险和税务风险中隔离出来，配置人寿保险和年金保险是解决这个问题最为有效的工具，当然，具体的保单规划细节和架构，还需根据林总家族的综合情况进行个性化设计。

另外，建议林总适当增加一些外币，尤其是美元或欧元计价的海外资产配置。

2. 家族企业传承

林总有意扶持大儿子林强打理家族生意，因此建议将家族企业的大部分股权通过赠与方式传承给林强，并保障林强拥有绝对管理权。将家族企业的分红权通过公司章程和家族内部协议的方式，相对平等地分给自己的第二代和第三代等。在未来条件允许的情况下，可以设立家族信托等，让没有参与家族企业管理和运营的家族成员更好地享受企业的收益。

通过上面的案例分析和部分传承方案的提供，我们大致可以给私人财富保障与传承下一个基本的定义了。

- **财富保障**

财富保障一定是对应家庭财富可能遭遇的风险而言的，换句话说，有遭遇风险的可能性，才需要保障。因此，财富保障是在风险发生之前，对风险进行的综合分析和预判，设计出一套全面的财富规划，对资产、负债和流动性进行管理，通过现金、信用、保险、投资组合等一系列的资产配置，达到降低风险、实现财富的“安全性”和“确定性”。

- **财富传承**

保障在先，传承在后。财富传承不仅仅是指资产的传承，通过林总家族的案例，我们可以发现，一个全方位的家族财富传承，一定是基于每个家族成员的自身情况，对家族的所有资产、家族成员关系、家族价值观和家族文化等的综合传承。尊重每一个个体，梳理每一笔资产，在合理税务筹划的前提下，利用法律工具和金融工具等，将家业和财富交到自己的子孙后代手里，子孙接得住，行得稳。

1.2　解码私人财富保障与传承痛点

案例 1-2-1

1888 年，“李锦记”成立，作为一个百年老字号企业，经历过两次世界大战，跨越了四代人，至今依旧不断壮大。纵观其 130 多年的传承发展过程，也曾经历家族内斗、兄弟反目，甚至面临分家的危险。

第一次冲突：第二代传人对于家族守业与创业的观念冲突。

1922 年，“李锦记”创始人李锦裳在澳门病逝。李家三兄弟作为第二代传人接手“李锦记”。对于家族企业的发展方向，三兄弟各执己见，老大李兆荣、老二李兆登坚持守业，不愿意进一步扩张企业，老三李兆南认为企业必须不断发展创新，才能确保生存与延续。矛盾一度激化到老三李兆南的股权差点被收购，最终三兄弟达成统一战线。1946 年，“李锦记”搬迁至香港，开启了“李锦记”征程的新纪元。

第二次冲突：家族企业发展方向的分歧。

20 世纪 60 年代初的中国香港，正处于“二战”后第一次经济起飞期间，经济发展，人口膨胀，遍布商机。老三李兆南的长子李文达嗅到巨大商机，欲面向大众市场推出平价酱油，实现企业的扩张发展，没想到却遭到保守安逸的大伯二伯和堂兄弟们的激烈反对，矛盾更是激化到彼此都想收购对方的股权。直到 1972 年李文达协助父亲以 460 万港元的巨款收购其他人的股份，并接任了公司第三代掌门人。收购股权之后，李文达推出辣椒酱、酸甜酱、咖喱汁等产品，实现“李锦记”从单一蚝油生产商向综合型酱料制造商的转型。

第三次冲突：兄弟股权之争。

仅仅十年后，李文达家族又生变故，最终李文达于 1986 年以 8000 万港元收购了弟弟 40% 股权。2000 年，李文达幼子李惠森提出自立门户，李文达坚决不同意。经历几次家族内乱之后，李文达心力交瘁，也让其意识到家族和睦对于企业发展的重要性。[①]

那么如何才能将家族企业延续下去，如何打破家族企业内乱这一宿命呢？

2002 年，李家几兄弟赴全球各地如欧洲、日本等地考察家族企业的延续方法，终于探索出了一个全新的“家族模式”。他们认为“公司只是家族的一部分，没有家族的和谐永续发展，家族企业的长久发展就无从谈起”。

2003 年前后，李锦记成立了一个家庭内部的沟通平台——“家族学习与发展委员会”（以下简称家族委员会），作为整个家族的最高权力机构。家族委员会下设有家族办公室、家族投资公司、家族基金、家族培训中心。

家族委员会由最能代表家族利益的核心成员组成——包括李锦记第三代传人李文达夫妇和其五名子女（长子李惠民、次子李惠雄、三子李惠中、四子李

---

① 格隆汇 · 静水深流 . 请忘记白手起家的财富童话，看看华人家族财富的传承密码［R/OL］.（2017-05-30）［2018-04-08］.http://baijiahao.baidu.com/s?id=1568754071307073&wfr=spider&for=pc.

惠森、女儿莫李美渝），未来则在关心家族事务和家族整体利益的第五代中选择新成员。每个季度要开为期 4 天的会议，一年就是 16 天。每次会议由不同的人主持，主要关注如何将家族共有的价值取向、行为准则加以正式化，以及家族核心成员的培育等家族事务的核心问题，企业的事情则一概不谈，而是放在董事局谈。公司董事会则主要讨论与企业运营相关的重要战略决策，二者各司其职。董事会中的家族董事由家族委员会选择任命，以保证董事会能够在考虑家族整体利益的情况下独立做出决策。为了避免自家人对家族事业的讨论过于主观，自 2005 年以来，李锦记家族委员会还引入了家族外的专业人士参加，香港贸发局前总裁施祖祥加入李锦记家族委员会。

家族委员会制定了“李锦记家族宪法”，使家族发展有“法”可依，虽具体内容外人不得而知，但从各类报道与媒体刊登的资料中，可以大致归纳出以下内容：

一、公司治理：李锦记集团坚持家族控股，具有血缘关系的家族成员，才能持有公司股份；下一代无论男女，只要具有血缘关系，就具有股份继承权；董事局一定要由非家族人士担任独立董事；酱料和保健品两大核心业务的主席必须是家族成员，主席人选每两年选举一次；集团董事长必须是家族成员，首席执行官（CEO）可以外聘。

二、接班人培养：对于是否接手家族生意，下一代拥有自主选择权。后代要进入家族企业，必须符合三个条件：第一，至少要读到大学毕业，之后至少要在外部公司工作 3 年至 5 年；第二，应聘程序和入职后的考核必须和非家族成员相同，必须从基层做起；第三，如果无法胜任工作，可以给一次机会，若仍旧没有起色，一样要被炒鱿鱼；如果下一代在外打拼有所成就，李锦记需要时可将其“挖”回。

三、家族会议：每 3 个月召开一次家族会议，每次 4 天。前 3 天家族委员会核心成员参加，最后 1 天家族成员全部参加；会议设一主持人，由委员会核心成员轮流担任。

四、家庭内部规范：不要晚结婚，不准离婚，不准有婚外情；如果有人离婚或有婚外情，自动退出董事会；如果有人因个人原因退出董事会或公司，股份可以卖给公司，但仍然不离开家族，仍是家族委员会成员，参加会议。这一条款曾引起家族内部的争议，但李文达在目睹周围很多朋友因为家庭不和以致生意衰败，家族衰落后，深知“家和”对一个家族兴衰的决定性作用。因此，他努力说服子女，最后在家族委员会上以全票通过这一条款。

五、家族成员退休规定：家族成员年满 65 周岁时退休。

六、家族宪法修改和决议执行：宪法内容的制定和修改，必须经家族委员会 75% 以上通过；一般家族事务的决议超过 51% 就算通过。①

李锦记家族企业传承的成功经验，有许多值得分析和借鉴的地方，但很重要的原因之一，是家族几代人在遭遇变故和风险的时候，始终会将家族成员的核心利益放在首位，保障了家族成员的团结和凝聚力。家族成员情感的紧密性和家族管理模式的创新，使得李锦记成功打破“富不过三代”的魔咒，跨越了 130 多个年头，屹立不倒。

当然，李锦记家族企业的历史进程，还揭示出家族财富保障与传承是一项风险与挑战并存的复杂系统工程。传承的成功，不但需要准确识别出风险，找对传承工具，还需要几代人共同的配合和努力。稍有不慎，满盘皆输。

但像李锦记家族这样成功打破“富不过三代”的魔咒的家族企业凤毛麟角，“富不过三代”往往才是残酷的财富真相，因此，在面对中国代际传承的新时代浪潮里，尤其是在《民法典》生效之后，财富保障与传承面临着更加复杂的考验，需要创富一代深入思考、积极探索财富的保全与传承之道，唯有如此，才能涌现出更多的“李锦记家族”式的成功故事。

一、新时代财富管理的挑战与痛点

目前，全球经济体系正受到历史性的严峻考验，黑天鹅与灰犀牛事件并存，财富管理行业面临着巨大的压力。与欧美国家相比，中国的高净值人士财富管理面临更为复杂的政策和法律环境。

---

① 中投在线 . 富不过三代？探秘中国已经活了 127 年的企业［R/OL］.（2015-12-15）［2017-04-08］.https://www.toutiao.com/i6228327831319872002/.

中国财富市场是典型的“新钱”市场，40多年前的改革开放，诞生了中国以企业家为主体的第一批高净值人群。这些创富一代多生于20世纪50年代至60年代，80年代末陆续开始下海经商，创办企业获利是家族最主要的财富来源。这些白手起家的创业者，靠着时代的机遇与艰辛的打拼，虽然建立了令人羡慕的事业王国，但他们深知财富的来之不易，在财富大变革时代，非常关心如何守住财富，保值增值。而对于这一批高净值人群的子女们来说，他们从一开始就是含着“金汤匙”出生，并没有尝过创业和生活的艰难，过着衣食无忧的生活，即将或已经继承了父辈的财富与产业，志向远大，却缺乏父辈们的丰富经验和清醒意识。那么，如何在高速发展的传承之路上，稳固前进，不翻车、不抛锚，成为家族两代人需要共同努力破解的谜题。

案例 1-2-2

2003年1月22日，被称为“山西钢铁大王”的海鑫集团创始人、董事长李海仓遇刺身亡，其在生前并未留下有关接班的遗嘱，倒是留下了一个几乎是定好由谁接班的股权结构。不满22岁的李海仓之子李兆会被迫中断学业，回国临危受命接管了当时资产规模逾40亿元的海鑫集团。但与父亲李海仓不同，李兆会对实业兴趣不大，爱好资本市场投资，在企业经营管理上与叔辈分歧较大，家族内斗严重，内部改革收效甚微，政商关系冷漠。

2004年，李兆会掌权后的第一个大动作就是斥资6亿元入股民生银行，并在3年后大赚10亿元，尝到资本市场快钱的甜头，李兆会更无心做实业，一头扎进资本市场，先后投资兴业证券、光大银行等40多只股票。2008年胡润中国富豪排行榜，李兆会以125亿元登顶山西省首富。2010年，李兆会天价迎娶女星车晓，此段婚姻于2012年以支付天价离婚费收场。

直到四元桥商场项目亏损10多个亿，李兆会回海鑫钢铁抽钱时，才发现海鑫已濒临破产边缘。随后美国次贷危机爆发，海鑫集团负债及对外担保数字高达104亿元，负债率超过100%，受市场环境与信贷环境双重恶化影响，海鑫资金链断裂，2014年海鑫进入破产程序，成为当时国内最大的民营企业破产案。

从坐拥百亿家产到申请破产，山西省前首富李兆会仅用了11年，就将父亲李海仓辛苦创立的曾拥有 9000 多名员工、纳税额占全县 60% 的钢铁王国毁于一旦。

近日，据媒体报道，山西省前首富李兆会因不履行法院判决，已于近期被上海市第一中级人民法院限制出境。

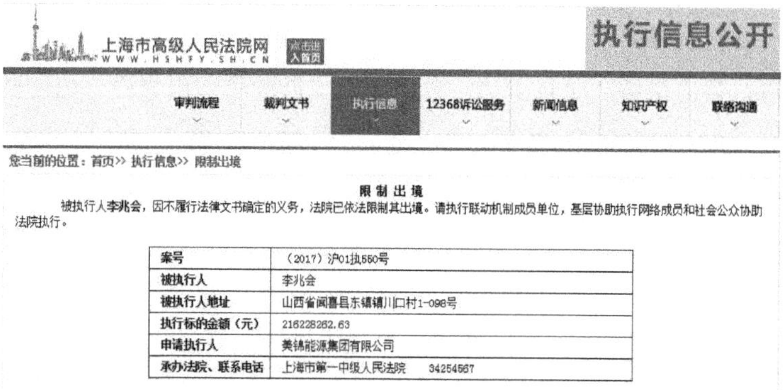

上海市高级人民法院网 WWW.HSHFY.SH.CN

执行信息公开

审判流程 裁判文书 执行信息 12368诉讼服务 新闻信息 知识产权 联络沟通

您当前的位置：首页>> 执行信息>> 限制出境

限制出境

被执行人李兆会，因不履行法律文书确定的义务，法院已依法限制其出境。请执行联动机制成员单位，基层协助执行网络成员和社会公众协助法院执行。

案号	（2017）沪01执550号
被执行人	李兆会
被执行人地址	山西省闻喜县东镇镇川口村1-098号
执行标的金额（元）	216228262.63
申请执行人	美锦能源集团有限公司
承办法院、联系电话	上海市第一中级人民法院 34254567

法院页面截图

据案件执行信息显示，李兆会被限制出境，与一笔逾 2.16 亿元的执行款有关，案件申请执行人为美锦能源集团有限公司。

根据信息显示，2013 年 1 月 10 日，海博鑫惠与银行签订《综合授信协议》，获得 5.2 亿元银行授信，美锦公司、李兆会等作为保证人，为海博鑫惠提供连带责任担保，美锦担保最高授信额度 2 亿元。

海博鑫惠为李兆会关联公司，后因海博鑫惠公司出现重大经营风险，授信银行于 2014 年 3 月 13 日提起诉讼，请求判令海博鑫惠公司向其归还借款本息，美锦公司、李兆会等保证人承担连带担保责任。[①]

山西海鑫钢铁集团是中国家族企业财富和权力传承的典型案例。富二代如何接管家族企业？地方政府与民营企业之间应保持怎样的平衡？银行与民营企业如何共舞？实体经济与资本市场该如何对接？……海鑫钢铁案例是一面镜子，

① 金融之家 . 与大佬扎克伯格历程相似的李兆会，却成了第二个贾跃亭［R/OL］.（2017-12-27）［2018-04-08］.https://www.jrzj.com/column/33749.html.

将上述诸多问题都一一折射出来。

第一，创一代缺乏财富代际传承风险意识。李海仓因突发事件身亡，生前未规划任何财富传承安排，继承人仓促上阵，财富传承与管理不可控。

第二，家族企业的管理与传承在本质上就是凝聚家族成员。李兆会接班后一开始并不顺利，因未有明确传承安排，家族成员也没有达成传承共识。虽然李兆会在爷爷李元春的支持下，成功夺得企业控制权，但也导致亲人反目，为海鑫最终遭遇毁灭性打击埋下伏笔。

第三，创业难，守业更难，家族企业传承的不仅是财富，更是一种家族文化、一种家族精神。李海仓对接班人培养的缺失，导致李兆会接手后轻主业重投资，成为海鑫钢铁集团传承失败的又一大原因。

李兆会接班后曾说："现在财富对我来说是种压力，我明白海鑫有 9000 多人等我开饭，我一个决策失误，会砸掉许多人饭碗。这个压力对我太大了。"对 20 岁出头、不具有实干经验的接班人李兆会来说，接手家业完全是被动的，缺少企业的历练，缺少基层的打磨，更缺少父辈的企业家精神，企业传承又如何能够成功呢？

第四，缺乏企业传承的制约、监督机制，李兆会坐拥百亿而无制约，脱实向虚，盲目投资、不当担保等行为，将家族企业置于高风险的情境下，企业败落从而导致家业也一并走向衰落。

"眼看他起高楼，眼看他宴宾客，眼看他楼塌了"，中国古典戏曲《桃花扇》里的一句名句，可谓成了许多中国家族企业的真实写照。通过分析中国家族企业 40 多年来的发展路径，可以得到如下的结论：

1. 复杂的政商关系，制约中国家族企业的可持续积累和安全。对于最初的创一代来说，生意的拓展和资本积聚能力，远不如政商关系的保持能力重要。

2. 家族企业往往忽视债务隔离，成为债务风险重灾区。当家族企业经营需要融资时，无论是通过银行贷款还是股权融资，很多企业主及其配偶往往被要求提供个人无限连带责任担保。对债权人来说，这是风险控制的一个手段，但对企业主及家庭来说，则意味着需要承担非常大的风险。一旦企业资不抵债，牺牲的首当其冲就是家庭财富本身，这方面的案例不可谓不多，不可谓不触目惊心。

3. 企业越成功，家族企业面临的风险和所付出的代价就越高。美国的富人们掌握着这样一条秘诀：想要保住辛辛苦苦积攒下来的财富，一生就只结一次婚。而中国的企业家们，还需要重新上一堂“法商”课。近几年频频刷新价码的上市公司股东“最贵离婚案”，就是因为上市公司股东离婚导致手中持有的公司股份被分去一半。更为严重的是，企业的控制权可能会转手于人，创始人彻底出局。

4. 要与时间赛跑，不然未来一大批家族企业将倒在传承失败的路上。有的企业家会说：“我已经立好了遗嘱，所以没什么好怕的了。”其实这也是一个巨大的误区，作为一家企业的掌门人，财富传承规划中不应仅针对现金资产，还应包括公司股权、经营权、不动产、知识产权和商誉等有形资产和无形资产的传承，有时这些资产还横跨境内外，需要进行全球配置。这么多复杂的问题，单凭一纸遗嘱不可能全部解决，需要制订系统化的传承接班方案。

未来 10 年，会有越来越多的家族企业要面对企业传承的问题。处理不好，无论对家族企业本身，还是对中国社会来说，都是难以承受的损失。那么传承密码能否被破解呢？这既是历史的难题，也是时代给我们的考卷，我们需要深入观察和剖析财富保障与传承的维度，才能真正破解传承密码。

二、解码中国高净值客户财富保障与传承三维度

与一般的财富管理事项相比，家族企业财富保障与传承是一个复杂的系统工程，不仅涉及家业和企业的综合安排，还涉及法律、税务和金融等工具的使用，复杂的家庭关系，烦琐的资产梳理和配置等，对财富管理提出了新的较高的要求。

结合笔者为高净值家族提供财富管理服务的实践，大致可以归纳为“风险隔离、保值增值和个性化传承”三个维度。

维度一：风险隔离。风险隔离是基础，是财富管理大厦的地基。

风险隔离的核心是确保资产的合法性和安全性。对法律和税务政策的不了解、家业不分、家庭关系复杂、个人隐性负债和不当担保等问题，给中国高净值人士进行财富传承带来很大困扰。因此，风险隔离是财富保障与传承最基本的需求。

维度二：保值增值。保值增值是财富管理大厦遮风挡雨的屋檐，屋漏大厦倾。

保值增值的核心是已积累财富的长期稳定增值和可持续性。在财富积累期，中国的高净值人士习惯于追逐高收益，但是当财富管理的主要目的从创富转向守富和传富时，财富管理的目标已发生转变。一方面，需调整对回报和波动率的预期；另一方面，财富的代际传承也伴随着资产配置不断多元化和分散化的过程。而家族企业主们还需要通过企业所有权、经营权和受益权的合理安排，最大限度实现企业平稳过渡和家族持续受益。将家族财富或家族企业平稳地交给下一代，达到“保值增值”的财富管理目标。

维度三：个性化传承。个性化传承是财富管理大厦的柱石。

个性化传承的核心是满足高净值客户财富传承的具体意愿。中国人极为重视血缘亲情，许多高净值人士财富传承的目的不仅是要保障子孙后代生活无忧，更希望后辈品行正直，有所成就，永续家风。因此，在财富传承中，往往需要通过设计财富分配条款，在保证子女基本生活的同时，激励或规范继承人的行为。对于继承者们可能违背自己传承意愿或有悖家风的行为进行规制和惩罚，有则改之，无则加勉。不仅要富过三代，而且还要传承家风，获得尊重。

1.3 寻找“富过三代”和“基业长青”之道

根据国家工商总局统计数据，截至 2015 年 5 月底，中国的企业数量是 1959.4 万家。中国每天有 1 万多家企业注册，平均每分钟诞生 7 家企业。但是，中国企业的存活率却很低。截至 2012 年年底，14.8% 的企业存活期不到 1 年，28.8% 的企业存活期不到 2 年，近一半（49.3%）企业的存活期不到 4 年。2018 年乃至未来的几年，中国企业的存活率仍不会高于这个数据。很多企业会走上“一年发家，二年发财，三年倒闭”之路。[①] 但实际上，“富不过三代”不是我们中国的特有现象。从世界范围来看，大量的传承失败案例和数据告诉我们，把

---

① 搜狐网 . 为什么任正非不到 2% 的股权，还能控制公司？［R/OL］.（2017-12-23）［2018-4-17］. https://www.sohu.com/a/212330413_481789.

家族财富代代相传、打造长青基业，是一个世界性难题。

其实，“富过三代”和“基业长青”是财富管理目标的一体两面。有家族企业为支撑的高净值人群，努力以“基业长青”为目标，没有家族企业背景的高净值人群，或者当家族企业“基业长青”的目标无法实现之时，“富过三代”则成为财富管理的最终目标。那么，无论是“富过三代”，还是“基业长青”，究竟有没有一个普遍适用，可供参考借鉴的方法呢？如果确有这样的一套方法，那为什么取得成功的家族企业和高净值人群如此之少呢？

一方面，由于财富管理需求的复杂性，高净值家庭需要依赖专业机构，提供高度定制化和综合化的解决方案，过去在企业经营和家庭财富投资决策上，展现出来的高自主性特征在财富管理新时代已不再适用。专业机构、专业知识和专业渠道，是财富管理不可或缺的方法和工具。

另一方面，许多高净值人士，特别是那些不用参与商业日常经营活动的客户，有着深层次的金融知识，他们无法容忍不专业的财富管理建议。高净值人士喜欢缜密的规划和高效的服务，而目前提供财富管理服务的咨询师水平严重不足，基础的财务规划和传统投资（如股票、债券和现金等）无法满足高净值人士的需要。

“富过三代”与“基业长青”的财富管理目标，道阻且长，需要大智慧和大魄力，才能隔离好风险，安全抵达彼岸。

案例 1-3-1

“杨协成”（英语：Yeo Hiap Seng，品牌为 YEO’S，SGX：Y03），是一个在东南亚久负盛名、至今具有一百多年历史的饮料品牌。

1900 年，杨景连在福建漳州开创一家酱油厂，从此揭开了杨协成企业发展的序幕。杨协成公司创始人杨景连，膝下共有 5 子 3 女。杨景连将企业取名为“杨协成”，是希望杨家子女能同心协力办成事业。

1935 年，71 岁高龄的杨景连因身体状况无力掌管家族企业，将家族企业的重担交班给当时年仅 22 岁的长子杨天恩，杨天恩成为“杨协成”第二代掌门人。

20 世纪 30 年代中期，中国政局动荡不安，内忧外患，杨天恩将家族企业迁往新加坡，从此开启了“杨协成”企业发展新纪元。

正当企业日渐红火之时，1956 年，杨天恩将杨协成酱油厂改为杨协成罐头酱油厂有限公司，并将家族资产平均分为 7 份，由 5 兄弟和长孙以及另一与叔父辈创业有功的孙辈各得一份。

20 世纪 60 年代，“杨协成”进入高速发展的全盛时期，业务扩展到中国香港甚至欧美各国，成为新加坡本地公司走向跨国经营的先驱。

1969 年，“杨协成”经社会化改造成公共公司，并于 1971 年在马来西亚投资建厂。

1975 年，“杨协成”在马来西亚股票交易所上市。

1985 年，杨天恩过世，杨天成拒绝董事会邀请出任主席席位，转由杨天恩之子杨至耀接受委任，成为“杨协成”第三代掌门人，担任公司董事会主席兼总裁。

家族企业传承到第三代之后，家族内部矛盾日益凸显，杨至耀又将企业改为私人有限控股公司，但实际股份由 7 个家庭合伙所有。尽管“杨协成”采用多数形式的集体决策方式，但因家庭成员不断壮大，叔侄辈对于企业的投资决策与管理理念存在极大分歧，各为自己小家的利益盘算，内部争权夺利更为激烈，矛盾日益激化，不可调和。

1994 年，永泰控股有限公司提出收购“杨协成”，导致杨氏家族关系彻底破裂。

1994 年 7 月 1 日，最终由法院宣判解散杨协成控股私人有限公司。至此，一个历经近百年的海外知名华人家族企业就此瓦解。①

“杨协成”这样的一个百年大家族从繁荣走向衰败的家族史，有许多失败的经验值得深思和研究：

第一，家族成员众多，诸子均产的“分家”习俗为“杨协成”破败埋下伏笔。杨天恩接手“杨协成”家族企业后，将家产均分为 7 份，股权分散，股权架构

① 顶亚商务 . 百年家族企业“杨协成”传承失败的教训［R/OL］.（2016-05-09）［2018-04-08］. http://www.gsc-offshore.com/post-1727.html.

不合理，又没有相应激励和约束机制，导致家庭内斗严重。

第二，杨天恩生前未通过遗嘱和公司章程等方式安排接班人，导致过世之后叔侄、同辈均参与公司管理与决策，分歧极大，接班人难以服众且能力有限。不重视家族治理、公司治理和系统性风险管理，导致家族企业无法永续发展。

第三，在企业的传承过程中，不注重家族文化和精神的传承，家族的社会人脉、管理经验与知识等无形资产也没有提前做好培养与传承，使得与企业创始人杨景连命名“杨协成”的初衷相违背，家族内讧严重，各个家庭均只在意自己的利益，缺乏家族凝聚力，不能一致对外。

杨协成的案例还从另一个侧面告诉我们，无论是中国的家族企业，还是高净值家庭，如今都普遍面临着金融、产业、姻缘和血缘等风险的交互影响，习惯于过去规则与经验的民营企业家和高净值人士感觉到了明显的压力，需要重新思考和制订系统化的财富保障与传承方案。

1.4 结束语

财富管理新时代，最大的特点就是一切都在改变之中，财富管理方式再也不能像以往一样蒙眼狂奔。中国高净值人群需要认真思考、认真筹划，综合运用各类财富管理方法，如税务筹划、房产配置优化、家族法律顾问、人寿保险、家族信托和全球资产配置等，从而满足财富保障与传承的三个维度，筑造家族财富的护城河。唯有如此，面对风险、诱惑和不确定性时，方能保持清醒，进退有据，实现“富过三代”和“基业长青”的目标。

第二章

私人财富保障与传承风险管理

风险管理的本质在于，它让我们能够控制结果的领域最大化，从而使我们绝对没有办法控制结果的领域最小化……

——彼得·L. 伯恩斯坦

2.1 如何定义风险

案例 2-1-1

2010 年以前，一个以橘色面具为图腾的视频网站——土豆网，曾是中国网络视频行业的领军品牌，是中国最早和最具影响力的网络视频平台。

2010 年 12 月 8 日，土豆网的竞争对手优酷在美国纽交所上市，优酷的总融资额最终为 2.33 亿美元，扣除发行费用的净融资额为 2.19 亿美元。月底，优酷宣布以每股美国存托凭证（ADS）48.18 美元的价格，发行 1231 万 ADS，融资总额达 5.93 亿美元，上市后股价持续走高，回报惊人，最高点曾达 69.95 美元，较发行价 12.8 美元上涨了 546%。

然而优酷这份荣誉本该属于土豆网。其实早在 2009 年年底，土豆网 CEO 王微就赶在竞争对手优酷之前递交纳斯达克上市申请，没想半路杀出妻子杨蕾的一纸离婚诉状，要求对王微的股份进行诉讼保全，使得王微名下三家公司的股权遭到冻结。①

据媒体报道，王微与前妻于 2007 年 8 月结婚，2008 年 8 月由王微提出离婚，此时土豆网已经完成前四轮融资。2010 年 3 月，双方正式离婚，王微向前妻支付 10 万元人民币。

双方婚姻存续期间，土豆网成立了上海全土豆网络科技有限公司（以下简

---

① 北青网 . 土豆网 CEO 王微离婚剖析：是噩梦还是忠告？［R/OL］.（2011-06-28）［2018-07-12］. http://roll.sohu.com/20110628/n311914581.shtml.

称全土豆公司），王微在该公司中占股95%。这部分股份中，有76%涉及夫妻共有财产问题，王微前妻递提起诉讼，对这部分股份的一半予以权利主张，法庭随后冻结了该公司38%的股份进行保全，禁止转让。

2011年6月24日，双方以王微补偿杨蕾700万美元就此案达成和解，王微对所持全土豆公司的多数股份拥有完全控制权。但是，如果王微不履行和解协议条款的规定，那么法庭可能会要求他将所持全土豆的部分或全部股份都转让给其前妻。①

在王、杨两人的离婚诉讼纠纷期间，恰逢土豆网高速发展时期，由于股权分割存在重大权属争议，对公司的控制权等的稳定造成了巨大冲击，导致了一路抢跑的土豆网梦碎纳斯达克敲钟前夜，上市进程整整搁置半年有余，并被竞争对手优酷抢占上市先机。

2011年重启首次公开募股（IPO）的土豆网，却不幸遭遇美国资本市场冰河期，不足一年，就被缠斗多年的竞争对手优酷吞并。同时，在此次婚变中遭殃的还有当年参与土豆网四轮融资的私募股权投资者们，其中2007年土豆网在第三轮融资中获得了今日资本等创投机构共计1900万美元融资，三年的等待原是理想的回报周期，不成想王微半路闹出离婚事件，让私募股权投资者们措手不及，顿时梦碎。

杨蕾在土豆公司上市前的财产保全做法，曾引起极大争议，但毕竟其是在法律框架内行使权利，在法律上无可厚非。土豆网事件给人们敲响警钟，尽管影响一个公司发展的因素很多，但是婚姻变故及其必然引起的财产分割对公司发展尤其在公司发展的关键时期所产生的巨大影响，须引起企业家及风险投资者的极大重视。②

近年来，中国屡现“天价”离婚案，企业主或大股东“婚姻风险”不仅会

① 新京报.创始人离婚案和解　土豆网或重启上市［R/OL］.（2011-06-18）［2018-07-12］. http://www.bjnews.com.cn/finance/2011/06/18/131574.html.

② 腾讯证券.土豆网冲击纳斯达克，CEO王微为离婚输掉IPO［R/OL］.（2017-12-27）［2018-04-08］.http://stock.qq.com/a/20171227/024015.htm.

绑架公司发展，离婚过程中涉及巨额财产分割、股权结构变更等，甚至会引发市场的骚动。从土豆网的案例可以看出，企业想要谋求突破与发展，需提前做好方案筹划，防止因婚姻等风险导致家族企业管理权或股权受到冲击，进而对公司带来不利影响。因此，在日常生活中，婚姻财富风险的防范，对于高净值人群来讲更加普遍和重要。

改革开放 40 余年来，天时地利人和，诸多红利把中国送上了全球经济的第二把交椅，中国的高净值人群数量也稳居全球第二。能够快速致富也许靠机遇、靠努力、靠运气，但想要持续富裕，就需要扎扎实实靠能力和规划了。

比如，在过往几十年中国经济野蛮生长的背后，中国高净值家庭往往青睐于进行不动产配置，囤积几十套房产的大有人在，但房地产带来财富增值的另一个侧面是，中国家庭金融资产的配置严重不足。配置的不平衡，本身就蕴藏着极大风险，更导致家庭资产极度缺乏流动性和应急资金。我们建议未来既需要把不动产配置与金融资产配置相整合，还要把税收筹划和债务风险隔离相整合，长远布局财富的安全性配置和综合传承，否则这么大体量的财富，很难定向传承给目标传承人，辛苦打拼的基业和付出的心血极有可能付诸东流。

案例 2-1-2

周女士是北京人，婚后生育一女。因前夫家族重男轻女，而周女士生了一个女儿后再也不能生育，导致婚姻破裂，与前夫离婚。周女士离婚后，孤身奋斗多年，资产达上千万。

周女士在北京工体附近置办了七套房产，全部属于商铺。同时，周女士还做了一个自认为很聪明的安排：考虑到对房产的控制权，她担心把房产完全登记到女儿名下自己不好控制。如果孩子以后不争气，房子被女儿卖掉自己都不知道。于是她想出了一个办法——联名，就是周女士自己占 1%，孩子占 99%。用这个方法，孩子如果卖掉房子自己也能知道，哪怕将来要交遗产税，女儿也只需交 1% 的额度。

女儿在上海读大学，找了一个家庭条件很差的男朋友，周女士虽然不同意，但是没有办法，女儿的户口落到了深圳，她阻止不了女儿结婚。周女士只得为女儿、女婿在深圳全款又购置了一套房产作为她们的婚房，房子登记在女儿名下。

但是没想到，事隔一年后，女儿在深圳的一次交通意外中身故，这对周女士的打击是极大的。而更让她郁闷的是，她发现她的女婿、前夫和她自己都是她女儿财产的第一顺序继承人。虽然在后来的法院审理中，法院在考虑到这些房产全部是周女士辛苦打拼的，且又失去了唯一能够赡养自己的亲人，已酌情考虑给周女士的份额比较多一些。但对周女士而言，这些财富都是她自己打拼出来的，她还要将财产的一大部分分给她一生中再无瓜葛的两个男人，哪怕是一套房子她都是不甘心的。

然而，现实就是这样残酷，周女士将所有房产与女儿联名，并指定自己占1%的份额，女儿占99%的份额，就意味着这七套房产所有权的99%已经是女儿所有，不再是周女士的资产，这种行为属于合法有效的生前赠与。

当周女士的女儿死亡时，其女儿名下的99%的房产份额和一套婚房就开始了继承，都会作为其女儿的遗产进行分割。按照《继承法》第五条[①]的规定，没有遗嘱的，按法定顺序继承，第一顺位的继承人是父、母、配偶和子女。所以，周女士、周女士的前夫和女婿都是其女儿名下99%房产份额的合法继承人，且份额均分，周女士是哑巴吃黄连有苦说不出。[②]

周女士遇到的是高净值家庭最为常见的风险之一——继承风险。当然，“风险”种类繁多，我们经常说到的“风险”，在专业文献中并没有唯一的定义。无论是经济学家、行为学家，还是法学家、税务师和保险精算师等，各行各业，都有他们对风险独特的定义。

风险曾在传统上被定义为“不确定性”，但1921年，富兰克·奈特在他的

---

① 该条对应《民法典》第一千一百二十三条、第一千一百二十七条。

② Eddy. 母亲给女儿买了8套房，女儿意外离世，房产却要和最恨的两个男人平分［R/OL］.（2018-04-07）［2018-04-09］.http://www.sohu.com/a/220702884_709410.

《风险、不确定性与收益》一书中第一次提出，风险代表的是一种可量化的概念，换句话说，风险经常被用于出现某种结果的概率具有一定确定性的情况，而“不确定性”则被用于无法计算概率的情况，富兰克·奈特的观点第一次明确地告诉人们，只要方法得当，风险是可以被量化、损失也是可控的。

由于风险含义的模糊，许多学者和风险管理师开始使用“损失风险”一词来定义潜在风险。损失风险是指任何可能发生损失的情况，而不论损失是否真实发生。借助损失风险理论，我们能够在财富管理中给风险下一个相对具有可操作性和确定性的定义：风险是可能给财富带来潜在损失的一种情况。在财富保障与传承的过程中，“潜在损失”发生的可能性越低，财富就会越安全、越有保障。

2.2 风险管理目标

案例 2-2-1

自 2020 年年初以来，新型冠状病毒导致的肺炎疫情弥漫全球，对世界经济的冲击前所未有，已成为 21 世纪以来最大的黑天鹅事件。从微观层面来看，一些财富家庭也深受其害，主要集中在三类：

1. 企业现金流破裂，风险隔离不当，老板（股东）对企业债务承担连带责任；
2. 投资过于“多元化”，商业地产、股票、基金、比特币、艺术品、海外投资等，种类丰富，但基本没有避险资产，没有达到风险对冲的效果；
3. 财富配置杠杆率过高，没有进一步优化和腾挪的空间。

更为危险的是，如果全球疫情难以在短期内控制，上述状况会进一步恶化，过往积累的财富将不复存在。

在人类社会发展进程中，对历史和社会产生重大影响的通常都不是我们已知或可以预见的东西。孔飞力在《叫魂》一书中写道：“我们不能预见未来，然而构成未来的种种条件就存在于我们的周围，只是它们似乎都被加上了密码，使我们在没有密码本的情况下很难解读。”纳西姆·尼古拉斯塔勒布在其名作《黑天鹅》一书中写道：“不可预测，只能适应。”财富保障与传承如果没有提前做好防范和对冲黑天鹅事件的机制，生命和财富就可能遭遇万劫不复的后果。

面对“损失风险”，我们不能做一只埋头沙堆的鸵鸟，应当把风险防控和处置运用到日常财富管理实践中，要懂得“不要把鸡蛋放在一个篮子里”，分散投资、综合投资、全球配置和风险对冲等，方有可能最大限度地保障财富的安全。以笔者服务客户的样本来看，在本次疫情危机中能够处变不惊，且快速复苏的大致有如下共同点：

1. 不动产配置合理且杠杆较低；

2. 投资理念保守，投机属性少，对于之前市场热炒的比特币、部分高风险的互联网金融理财产品等均避而远之；

3. 在家庭资产配置中，有不低于家庭总财富10%的避险资产，诸如大额保单、黄金等金融资产。

当然，降低“损失风险”发生的可能性是一项巨大而复杂的工程，我们所谓的“风险”，其内涵和外延十分广泛，如意外风险、投机风险、战略风险、经营风险和财务风险等，本书无意于对所有风险进行全面的展示和剖析，我们关注的重心和目标是：高净值人士和家族企业最可能面临的核心法税风险，并力图通过真实的财富保障与传承案例，场景化展示解决方案。笔者认为，只有知道核心风险在哪里，有效的解决方案是什么样子，才能做到有的放矢，达成财富规划目标。

现在，我们正经历一个百年未有之大变局时代，在这样的时代巨浪中，财富面临的风险会更加复杂和多样。积极进行财富保障与筹划已刻不容缓，记住：风险管理就是识别财富发生损失的可能性，并选择最合理、最有效的方法来化解风险。唯自助者，天助之。

2.3 风险管理中的核心法律风险

案例 2-3-1

真功夫餐饮管理有限公司，被誉为中式快餐第一品牌，是中国快餐行业前五强中唯一的本土品牌。该公司由蔡达标、潘宇海、潘敏峰三人于1994年始创于广东东莞长安镇。迄今为止门店已逾500家，遍布40多个城市，在中国餐饮市场上被誉为“真功夫快餐帝国”，与肯德基、麦当劳鼎足而立。

真功夫创始人蔡达标和潘宇海于1994年联手在广东东莞长安镇创办了第一家“168蒸品店”。继“蒸品店”发展后，蔡达标和潘宇海又联手成立了双种子公司，蔡达标和潘宇海各占50%的股份，由蔡达标任董事长。

2004年，真功夫试运营。真功夫表达了蔡达标把中国优秀饮食文化带到世界各地、致力于打造全球华人餐饮连锁第一品牌的雄心壮志和美好愿景。

2006年6月，中国烹饪协会——快餐联盟网评选出“2005年度中国快餐20强”，真功夫排名第6位，居本土快餐品牌第一。2006年10月，当选“中国快餐十佳品牌企业”。

2007年，蔡、潘两家重组真功夫，并成功引进了今日资本（香港）和中山联动两家风投，各占股份3%。挂牌“中外合资经营真功夫餐饮管理有限公司”，由蔡达标出任董事长兼总裁。公司重组后，双种子保留，并作为合资公司其中的一个持股公司，股份依然是蔡、潘各一半。梳理下来，蔡达标和潘宇海在“真功夫”里各占股份47%，剩下的6%分别由今日资本和中山联动平均持有，也就是说这两家公司各占3%。重组后的蔡达标雄心勃勃，立志3—4年股票上市，下定决心让真功夫这个中国快餐的品牌走向全世界。

2006年，蔡达标已经与妻子潘敏峰协议离婚，离婚协议不涉及真功夫股份。后来，潘家对外披露蔡达标是使用了欺骗的手段，骗取了潘敏峰的股份。对此，蔡家又有不同的版本解读。蔡家认为潘宇海为了抢夺股权，恶意利用了早已结束的一段婚姻。尽管潘敏峰在公司里没有股份，但仍有职务，并享有薪水。同时，副董事长潘宇海的妻子窦效嫘也在公司担任监事。这种复杂的关系，束缚了蔡达标的绝对控制权，蔡达标因此免去前妻和窦效嫘的职务。蔡达标此举惹怒了潘家，从此麻烦不断。

同样是为了公司上市和争夺绝对控股权，2007 年，蔡达标通过个人独资的东莞赢天公司，成功地收购了握有真功夫 3% 股权的中山联动公司。收购完成后，2009 年 11 月，中山联动的第一大股东，由持股 40% 的中山联动变更为持股 66.67% 的赢天公司。蔡达标通过中山联动的绝对控股权，使自己的股权略超过潘宇海，这也是引发后来“蔡达标案”的重要导火索。

2010 年 9 月，为打破公司僵局，蔡达标、潘宇海与今日资本签订三方框架协议《真功夫餐饮有限公司股权转让及后续事宜框架协议》。潘宇海将双种子的部分股份卖给蔡达标，将真功夫的部分股份卖给今日资本，总额约为 5 亿元。其中，蔡达标购买双种子股份需支付现金 7520 万元。外界一些人认为蔡达标就是为了打破与潘家僵持多年的局面，急于筹措款项才踩了红线，触犯了法律。但是潘家不这样认为，他们认为蔡达标是想独吞真功夫，与蔡达标已经没有什么股东协议可谈，必须使用斗争的手段。如果前述股权转让框架协议生效，潘宇海将失去并列第一大股东的地位，蔡达标将成为不折不扣的第一大股东，掌握绝对的控股权。但是，拿到 7520 万元的副董事长潘宇海，不但没有把双种子的股份交割给蔡达标，反而让妻子窦效嫘向公安机关举报蔡达标经济犯罪。2011 年 4 月 22 日，蔡达标被执行逮捕。

为此，蔡达标认为潘宇海是故意陷害他。蔡达标说：“出让股份是潘宇海首先主动提出来的，拿到钱后，既不交割股份，又不退回钱款，反而让他的妻子去公安局举报我，目的就是在资金上困死我，骗我卖出股份。”蔡达标坐牢已近四年，拿到 7520 万元的潘宇海，也已经顺利坐上了真功夫董事长的位置，但是这笔钱仍然没有退回蔡家。外界有人质疑，协议在那里摆着，既不卖出股份，又不退回钱款，这算怎么一回事呢？蔡达标为了筹措钱款，从银行借贷，潘家这边钱未退回，银行贷款的利息蔡家还得照样还。蔡家人承认经济已经十分困难，蔡达标的股份有可能被拍卖。为此，蔡、潘两家又不得不为 7520 万元再次走进法庭。

潘家掌权后，利用公司雄厚的财力、人力开始揭发蔡达标，该下属部门“真功夫法务中心”“真功夫安保公司”等官方微博，连续发表“蔡达标案真相”系列文章，在二审宣判前，累计超过十篇。真功夫官方微博把前董事长描写得丑恶不堪，贪婪、忘恩负义、好色、生活糜烂……为此，蔡家亦有反驳，双方利用微博隔空对阵，公司股权矛盾及个人隐私都贡献给了互联网。

2011 年 3 月 21 日凌晨，蔡达标的女儿蔡慧亭开通新浪博客，公开向媒体和社会求助：“求求你们了！放过我家人吧，不要赶尽杀绝啊！大家一家人，何必自相残杀呢？”蔡慧亭直接曝光这场内斗的根源是父母婚变。她恳求母亲、舅舅、舅母放过蔡家及被牵连的公司高管。

2012 年 11 月 30 日，今日资本将旗下今日资本投资（香港）有限公司所持有的“真功夫”3% 的股权，转让给润海有限公司。

2013 年 8 月，真功夫第 500 家直营店在北京首都机场 T3 航站楼开业，企业规模继续领跑中式快餐行业。

2014 年 6 月，法院认定蔡达标职务侵占和挪用资金两项罪名成立，判处有期徒刑 14 年，没收个人财产 100 万元。

随着一审、二审的公开审理，关注蔡达标案的人越来越关注蔡、潘两家矛盾的根源，并由此反思中国的股权制度。蔡达标栽了，栽得很难翻身。但是，潘宇海赢了吗？至今，蔡达标仍然是真功夫的大股东。潘宇海做了董事长后，蔡家人进不了真功夫大厦，之后一纸诉状把潘宇海告上了法庭，法庭判蔡家胜诉，维护了蔡家作为大股东的知情权。[①]

真功夫的案例，给我们全方位地展示了一个家族企业可能涉及的风险，如经营风险、股权风险、传承风险、婚姻风险和刑事风险等，但追根溯源，风险源头在于真功夫股权架构存在的天然缺陷——股权比例对半分，正是这样的股权架构，才引发了后来一系列的故事。

一方面，在“真功夫”股权架构上，蔡达标与潘宇海股权相当，两家风投又

---

① 许丹 . 真功夫你不要学［M］. 北京：经济日报出版社，2015.

各为其主，从而形成了对等股权，在过往恩怨及个人利益的驱动下，两大股东互相抗衡，互不相让，谁也没有绝对的控制权，导致双方对企业控制权的争夺十分惨烈。股东内斗严重，导致“真功夫”元气大伤，未能及时抓住发展的良好机遇。

另一方面，从企业的改革发展意义上来讲，“真功夫”的“去家族化”战略如果运用得当，确实对企业的发展能产生正面的影响，但是真功夫最终也没有将企业成功转变为内部管理规范的制度企业。两大股东为个人私利争抢企业控制权，并不惜触犯法律，导致家企之殇。

真功夫的案例揭示出家族企业遭遇风险损失带来的严重后果，但损失风险绝不限于家族企业本身，实际上，对于高净值个人和家庭而言，损失风险的影响尤为巨大，风险的防范更为重要。我们在日常的财富管理法律服务中发现，财富管理专业人士所谈论的风险是基于专业的视角，而高净值人士本身往往是在一个感性的层面上谈论问题的紧迫性，根据我们的观察和实践，即使是很成功、很老练的高净值人士，也很难全面懂得和使用风险管理方法。

正如前文所说，中国正处于前所未有之大变局时代，无论是高净值人士本身，还是金融机构专业人士都到了必须“改变”的时候。只有拥抱改变、提前布局的人，财富才会安全，才能持续富有。

2.4　结束语

大量的案例和教训表明，财富保障和传承领域的风险不可小觑。疏于规划和安排，不仅会导致资产灭失、被侵占，严重的甚至会使一个高净值家庭或家族企业最终走向万劫不复的深渊。

本书根据中国财富管理法律实践中高净值家庭（个人）和家族企业两类风险承担主体的需求，重点剖析和解决其婚姻风险、继承风险、债务风险、税务风险和养老风险五大核心法税风险。我们认为，在中国财富管理的风险体系中，除去政治政策风险和黑天鹅事件等，五大核心法税风险是高净值人群首先应面对和解决的风险。

第三章

私人财富保障与传承的传统法律利器——遗嘱

我不认为巨额财富对孩子成长有实质性的帮助，在我看来，我将我的相当一部分财产让我的孩子去继承，我不认为这对社会或者他们自身是有利的。当然，我会保证足够的资金去照顾他们，让他们能够在一个舒适的环境中成长。

——比尔·盖茨

根据《民法典》第一千一百二十二条的规定，遗产是自然人死亡时遗留的个人合法财产。遗产如何安全合法地传承给子孙，是许多高净值人士非常关心的话题，也是近几年家事纠纷高发的领域。司法实践中，能够合法清晰地对身后之事提前规划的仍是一小部分人，财富传承之路任重而道远。

案例 3-0-1

2015 年 6 月 25 日，山西著名的“焦炭大王”阎吉英因为脏器衰竭，在北京医治无效死亡，但他生前并未立下遗嘱。随后，两位“妻子”和各自的儿女对股权展开争夺。三佳能源平静不再。

7 月 13 日，阎吉英出殡后，三佳能源内部矛盾陡然升级，出现了“有人组织”的员工拉条幅讨薪、警察抓人、电脑丢失等事件。

8 月 1 日，阎吉英的法定妻子曹玉莲和五个子女，聘请河南某审计师事务所对集团下属一子公司进行财务审计中，遭到阎吉英另一个“妻子”郭秋梅和儿子郭利炜为首的一方的反对和阻挡，致使部分子公司停产。

8 月 5 日，当地警方介入调查，带走该审计师事务所 19 人，随后又立即释放。警察走后，该事务所带来的 3 台笔记本电脑丢失。

三佳能源位于山西省介休市义安镇义安村，企业创立于 20 世纪 80 年代，创始人为阎吉英。起初以炼制土焦起家，后升级改造为机焦，并被有关部门确定为“三佳”焦炉，得到环保部门的肯定。1995 年，阎吉英开始投资开发绵山旅游。绵山，又称介山，因晋国大夫介子推被焚的故事而成为名山，该山位于介休城东南 20 公里处，山势陡峭，多悬崖绝壁，苍松翠柏，最高海拔 2571 米。绵山早在北魏之时就有寺庙建筑，唐初时已具有相当规模的佛教禅林。阎吉英累计投入 20 多亿元，目前绵山资产等价值为 60 多亿元，已是 5A 级风景名胜区。

此外，三佳能源还涉足煤化、硅化工等多种行业。旗下共有10家关联子公司和两家参股公司。其中母公司三佳能源注册资金2亿元，阎吉英出资1.2亿元，占60%的股份；自称是阎吉英另一"妻子"的郭秋梅出资4000万元，占20%的股份；郭秋梅的儿子郭利炜出资4000万元，占20%的股份；子公司三佳煤化注册资金1.02995亿元，阎吉英出资2575万元，占25%的股份；介休绵山，注册资金1.7667亿元，其中三佳能源控股97.48%，阎吉英出资254.98万元，占1.44%的股份，郭秋梅持股1.08%；三佳化工新材料注册资金2.1亿元，阎吉英出资7000万元，占33.33%的股份；内蒙佳辉注册资金3亿元，阎吉英出资1亿元，占33.33%的股份；四子王旗注册资金2.5亿元，阎吉英出资7500万元，占30%的股份。

这次股权争夺的原因，是阎吉英的法定妻子曹玉莲及其5个子女认为，按照法律，他们应该全部继承阎吉英在集团公司60%的股份，而且还应进入董事会。

不过，阎吉英去世后，郭秋梅方实际控制着三佳能源，曹玉莲一方则选出主要领头人阎慧辉参与股权之争。曹玉莲称，如果郭利炜能拿出亲子鉴定等证明材料，他们可以认同郭利炜为阎吉英的婚外子女。

为了使三佳能源这个"巨人"继续站着，8月3日，介休市某副市长曾组织三佳能源有关负责人在市政府开协调会，主要协调三佳能源股权继承和变更等相关问题，但没有取得预期效果，5个主要参会人员都没有在该协调会备忘录上签字。双方聘请了山西的知名律师，给出了关于股权分割的建议，但遗憾的是双方至今无法达成共识。①

家族企业三佳能源之所以会发生争产闹剧，最根本的是掌舵人阎吉英没有任何财富保障和传承的意识，百亿身家和庞大的企业，生前竟然连一份遗嘱也没有订立，更别说具体的家族企业传承规划方案了。根据我国《民法典》

① 凤凰资讯.山西"焦炭大王"病逝　两妻7子女争百亿资产[N].(2015-08-10)[2018-04-23]. http://news.ifeng.com/a/20150810/44388043_0.shtml.

第一千一百二十三条规定，如果没有遗嘱安排，所有遗产将会产生法定继承的后果。而按照《民法典》第一千一百二十七条的规定，遗产按照下列顺序继承：

第一顺序继承人	①配偶	
	②子女	包括婚生子女、非婚生子女、养子女和有扶养关系的继子女
	③父母	包括生父母、养父母和有扶养关系的继父母
	④对公、婆尽了主要赡养义务的丧偶儿媳	
	⑤对岳父、岳母尽了主要赡养义务的丧偶女婿	
第二顺序继承人	①兄弟姐妹	包括同父母的兄弟姐妹、同父异母或者同母异父的兄弟姐妹、养兄弟姐妹、有扶养关系的继兄弟姐妹
	②祖父母	
	③外祖父母	

此外，根据《民法典》第一千一百二十八条的规定，被继承人的子女先于被继承人死亡的，由被继承人的子女的直系晚辈血亲代位继承。被继承人的兄弟姐妹先于被继承人死亡的，由被继承人的兄弟姐妹的子女代位继承。这也就意味着，民法典新增了侄、甥可代位继承的规定，扩大了家族遗产继承人的范围，体现了对自然人私人财产的尊重，但更多亲属成为法定继承人，也加大了家族财富传承的复杂性。

3.1 遗嘱的定义

遗嘱起源于3000年前的埃及，应当是世界上最早的财富管理工具。遗嘱在中国的历史同样悠久，但对于大多数中国人而言，对遗嘱重要性的认识是一个缓慢而艰难的过程。一方面，中国人注重吉祥愿景，忌讳谈论生死，相应地，不愿意在生前考虑身后事的安排。另一方面，由于高净值人士对法律规定知之甚少，即使很多人自认为已订好的遗嘱，因订立或执行得不好，最终成了法庭上引发子女、亲人们争议的焦点。

案例 3-1-1

刘家兄弟姐妹 5 人（案例中名字均为化名）。刘纲排行老大，刘畅排行老二，在五兄妹中，两兄弟感情最好。20 世纪 90 年代初，刘纲在外赚了第一桶金后，和弟弟刘畅商量共建一套房子，给两家和父母日后养老用。后来两兄弟在广州某区购得一块宅基地，并建了一座四层楼的房子。两兄弟事前已商量好，因为哥哥出钱，弟弟出力，房子建好后，哥哥占 1—3 层，弟弟占第 4 层。房子的宅基地证上登记的是哥哥刘纲一个人的名字，兄弟之间也没签过什么出资或合建协议。

后来哥哥刘纲移居香港，并在中国香港娶妻生子。房子一直由刘畅一家人居住在第四层，并代哥哥打理 1—3 层，两兄弟一直相安无事。20 多年过去了，房子早已升值几十倍，而且听闻政府即将对房子所在区域进行拆迁，届时房子价值更将翻番。

2006 年，哥哥刘纲从中国香港回到广州，和弟弟提到自己年纪已大，最好两家补充签个协议，不然万一自己有什么意外，自己的老婆孩子“可能”会找弟弟的麻烦。刘畅也知道大哥近几年身体不太好，也早想向大哥提出补签协议，但一听大哥主动这样说，自己反倒不好意思起来，还反过来安慰大哥说，这个不着急，让大哥也不要想太多，相信嫂子和侄子女们不会不顾亲情，不讲道理。

2008 年，刘纲心脏病突发，在中国香港去世，也没留下遗嘱。也就在大哥去世后不久，刘畅的大嫂从中国香港赶回广州，要求刘畅归还“自己家”的四层房子。刘畅万万没想到大哥尸骨未寒，大嫂竟真的作出抢夺自己房产的事，两人大吵一架后不欢而散。不久，刘畅便接到了法院的开庭通知，刘畅大嫂起诉要求他返还所谓的“被侵占”房屋。

我们团队接到这个案件后，给刘畅全面分析了案件的利弊，指出其中最大的问题有两点：一是当时建房，两兄弟的合建协议是口头约定，没有书面的证据，而宅基地证登记的是刘纲一个人的名字，后来也没有补签协议，对刘畅十分不利；二是刘纲去世突然，没有留下书面的遗嘱，使得大嫂能够充分利用这一点，通过诉讼抢夺财产。

从刘畅的角度来说，中国的家庭伦理关系，长兄为父，如果大哥刘纲不建议或没有意识去签订书面协议，刘畅“不好意思”主动提；甚至当大哥主动提出来时，刘畅又“不好意思”立即答应，这种传统家族观念，既是兄弟情深的表现，也给变故发生后，刘畅的财产被大嫂抢夺埋下了伏笔。从刘纲的角度来说，自己虽然身体不好，也了解自己的老婆孩子可能会在自己百年后找弟弟的麻烦，但一直很忌讳主动立遗嘱，也从未想过咨询专业律师的意见，导致一拖再拖，最终上演了妻子抢夺弟弟合法财产的闹剧。

而当初无论是两兄弟补签书面的“合建”协议，还是哥哥有立一份有效的遗嘱，都不会导致这个本不该发生的家族内斗给刘畅一家人带来无穷无尽的烦恼。在刘畅大嫂发起的“返还原物”诉讼官司中，在我们律师团队的精心代理下，刘畅取得了完胜，案子被法院依法驳回，但随后刘畅大嫂在其代理律师的“建议”下，又以“继承纠纷”再次提起诉讼，案子经过一审二审，难免走到“法定继承”的结局。对于刘畅来讲，花钱花精力去保护本属于自己的财产，而且面对的是大哥的老婆孩子，昔日的一家人，亲情早已荡然无存，百感交集。

案例 3-1-2

2007 年 6 月 23 日，著名相声演员侯耀文因心脏病突发去世，因他生前未留下遗嘱，造成亲属之间的遗产分配问题，侯耀华（侯耀文兄）、侯瓒（侯耀文大女儿）、妞妞（侯耀文小女儿）均卷入其中。

侯耀文的女儿侯瓒及其妹妹认为伯父侯耀华等三人侵占自己父亲的遗产，将对方告至法院。

在诉状中，侯瓒及其妹妹为原告；侯耀华为第一被告，侯耀文的生前好友牛成志为第二被告，侯耀文的弟子郭晓小则为第三被告。

侯瓒在申请中称，父亲去世后，侯耀华第一时间赶到父亲生前居住的玫瑰园，主持料理后事，并实际控制玫瑰园的所有遗产和证件，没有将剩余遗产分配给两位继承人的意图；牛成志取走其父名下多笔银行巨款，郭晓小夫妇二人使用私家车辆和搬家公司，先后拉走了玫瑰园别墅的所有物品。

侯瓒认为，上述遗产和物品，均属遗产范围。三被告未经其同意就擅自处分，涉嫌侵权；遗产的实际控制人侯耀华不履行确定遗产范围和分配的义务，并同他人擅自处分遗产，侵害了其姐妹的财产继承权。她们请求法院责令侯耀华等三人返还相应遗产，并承担侵权责任。在历经一年多的诉讼之后，2010年最终以双方和解告终。

此遗产纠纷令侯耀文的骨灰一直未能入土安葬。直至2011年3月23日，去世近4年的侯耀文终于下葬。葬礼上侯耀华与侯瓒拥抱表示和好，令人感叹不已。[①]

按照《民法典》第一千一百二十三条的规定，对于遗产继承，继承开始后，有遗嘱的，按照遗嘱继承或者遗赠办理；无遗嘱、遗赠的，按照法定继承办理。侯耀文家族继承案例中，就是因为侯耀文生前没有对自己拥有的财产进行梳理明晰，没有留下书面的遗嘱，导致女儿侯瓒不得不通过诉讼的方式要求查明父亲的遗产，一场本可避免的家族争产纠纷最终爆发。司法实践告诉我们，遗嘱订立宜早不宜迟，宜细不宜粗。面对财富的继承风险，正视没有遗嘱给家庭财富保障与传承造成的风险，千万不要讳疾忌医。

我们可以大致总结一下高净值人士在财富管理中，不立遗嘱的风险：

第一，不订立遗嘱导致传承功能偏离。根据《民法典》第一千一百二十七条的规定，第一顺序继承人为配偶、父母和子女。所以，一旦高净值人士发生意外，能继承他们财富的不仅有子女，还有父母和配偶。这样一来，自己的子

---

① 凤凰娱乐.侯耀文遗产风波［R/OL］.（2009-07-22）［2018.04.17］.http://ent.ifeng.com/special/star/houyaowenyichan/news/200907/0722_7477_1261934.shtml.

女并不能继承全部的遗产，这恐怕是很多高净值人士始料未及的。

第二，遗产未经梳理，引发猜忌和矛盾。账目不清，往往是导致家族争产诉讼发生的主要原因。如果能留有遗嘱和遗产清单，所有财产都能明确，会使至亲反目、家庭不宁的悲剧减少很多。

案例 3-1-3

夏A与戴B系夫妻，生育了夏甲、夏乙、夏丙、夏丁四个女儿。夏A于2008年7月4日死亡，戴B于2012年6月24日死亡。戴B遗有上海市宝山区陆翔路产权房屋一套，于2010年11月24日办理的房屋产权登记手续，产权登记在戴B一人名下。

戴B于2011年6月22日立有代书遗嘱一份，该遗嘱载明："……本人戴B，立此遗嘱，对属于本人的财产作如下处分：本人与丈夫夏A共生有夏丁、夏甲、夏乙、夏丙四个女儿。丈夫夏A已去世。坐落在上海市陆翔路的房屋产权属本人所有。因长女夏丁在动迁开始之后对本人最为关心照顾，在本人去世后，上海市陆翔路房屋全部由夏丁一个人继承。"该遗嘱由案外人上海某律师事务所律师黎某某代书，并由上海某律师事务所律师黎某某、杨某某见证及签名，立遗嘱人落款处有戴B字样的签名及捺印。

戴B去世后，夏丁按照遗嘱准备继承房屋，引起三个姐姐夏甲、夏乙、夏丙的不满，并将夏丁告上法庭。三个姐姐认为夏丁提供的律师见证书中的见证笔录不符合笔录形式要件的要求，被继承人委托律师的手续不全且未提供律师收费凭证，故见证过程存在瑕疵，律师见证书应为无效；对于夏丁诉称的遗嘱，被继承人生前从未告知其他子女曾立有遗嘱，且夏丁也未能提供立遗嘱时的录音及录像相印证；对于遗嘱上被继承人的签名，与被继承人平时的书写习惯不同，被继承人习惯简写"戴"字，而遗嘱中为完整规范的"戴"字，故不能证明是戴B本人字迹，遗嘱是伪造的，不是被继承人的真实意愿。夏甲等三人请求对被继承人的遗产进行法定继承。

经夏甲、夏乙、夏丙申请，人民法院委托了华东政法大学司法鉴定中心就2011年6月22日见证遗嘱中戴B的签名是否为其本人书写进行鉴定，鉴定意见为：检材《律师见证书》上“立遗嘱人”处的“戴B”签名字迹与样本检材上供比对的“戴B”样本签名字迹系出自同一人的笔迹。夏甲、夏乙、夏丙支付鉴定费人民币12200元。

夏丁则声称遗嘱符合代书遗嘱的形式要件和实质要件，自己对被继承人尽了较多的照顾和赡养义务，所以房子才会只给自己继承，是被继承人真实意思的表示。

法院经审理后认为，本案遗嘱系被继承人生前委托两名律师代书和见证，在律师谈话笔录及遗嘱上均签字，两份材料中的意思表达一致，客观反映了被继承人身后处分个人财产的意思。遗嘱上被继承人的签字经有资质的鉴定机构进行鉴定，确认系被继承人书写。夏甲、夏乙、夏丙主张遗嘱系伪造，但未提供相应证据予以证明，法院不予支持。

人民法院最终作出判决：被继承人戴B名下的上海市宝山区陆翔路房屋产权由夏丁继承，归夏丁所有；办理房屋产权登记等手续所产生的费用由夏丁负担，夏甲、夏乙、夏丙应尽协助义务。①

法定继承“一刀切”的分配方法会使得逝者传承意愿落空，不仅损失了财产，还带来诸多本能避免的麻烦，未雨绸缪，利用遗嘱等传承工具对财富进行提前规划很重要。所以，遗嘱的本质在于能够真实反映被继承人生前对其死亡后个人财产所作处分的意思表示，因此，在财富管理中，我们可以这样定义遗嘱：遗嘱是高净值人士按照自己的意愿，在生前对个人全部或部分资产进行传承安排的基础性法律工具。

法条链接

◇《民法典》

第一千一百二十二条 遗产是自然人死亡时遗留的个人合法财产。

---

① 上海市第二中级人民法院.〔2013〕沪二中民一（民）终字第2667号.http://wenshu.court.gov.cn/content/content?DocID=9ba43537-b304-48a5-846c-718994df3567&KeyWord.

依照法律规定或者根据其性质不得继承的遗产，不得继承。

第一千一百二十三条 继承开始后，按照法定继承办理；有遗嘱的，按照遗嘱继承或者遗赠办理；有遗赠扶养协议的，按照协议办理。

第一千一百二十四条 继承开始后，继承人放弃继承的，应当在遗产处理前，以书面形式作出放弃继承的表示；没有表示的，视为接受继承。

受遗赠人应当在知道受遗赠后六十日内，作出接受或者放弃受遗赠的表示；到期没有表示的，视为放弃受遗赠。

第一千一百二十七条 遗产按照下列顺序继承：

（一）第一顺序：配偶、子女、父母；

（二）第二顺序：兄弟姐妹、祖父母、外祖父母。

继承开始后，由第一顺序继承人继承，第二顺序继承人不继承；没有第一顺序继承人继承的，由第二顺序继承人继承。

本编所称子女，包括婚生子女、非婚生子女、养子女和有扶养关系的继子女。

本编所称父母，包括生父母、养父母和有扶养关系的继父母。

本编所称兄弟姐妹，包括同父母的兄弟姐妹、同父异母或者同母异父的兄弟姐妹、养兄弟姐妹、有扶养关系的继兄弟姐妹。

第一千一百二十八条 被继承人的子女先于被继承人死亡的，由被继承人的子女的直系晚辈血亲代位继承。

被继承人的兄弟姐妹先于被继承人死亡的，由被继承人的兄弟姐妹的子女代位继承。

代位继承人一般只能继承被代位继承人有权继承的遗产份额。

第一千一百二十九条 丧偶儿媳对公婆，丧偶女婿对岳父母，尽了主要赡养义务的，作为第一顺序继承人。

3.2 如何起草一份好的遗嘱

一个人订立遗嘱，就意味着要思考人生的各种可能性，即使是超小概率事件发生的可能性。写出一份合法有效的遗嘱，是最基本的要求，一份高水平的遗嘱，还应当能满足财富家庭复杂和个性化的传承需求。有媒体就曾做过调查，在某省的继承诉讼当中，超过半数的遗嘱由于形式不符合法律规定，最终被认定为无效，这说明大部分订立遗嘱的人，不但达不到“好”的要求，超过“及格线”都比较困难，遗嘱效力的问题也越来越引起人们的关注。

案例 3-2-1

南京的彭某去世后，其第二任妻子程某和亲生儿子彭甲各拿出一份遗嘱，分别声称要独自继承彭某的遗产。程某拿出的遗嘱表明，彭某的全部遗产归程某一个人继承，彭甲不分。彭甲拿出的遗嘱表明，彭某的全部遗产归彭甲一个人继承，程某不分。两个人为此多次争吵，最终闹到法庭。

庭审中，彭甲声称程某有遗弃被继承人彭某的情况，应该丧失继承权。程某为了独占彭某的所有财产，在其住院治疗期间，拒绝对其抢救，反而办理出院手续，剥夺了彭某可能生存的人身权。

程某则声称彭甲混淆事实，谎话连篇。她自始至终陪伴彭某走完最后一程，从开始治疗到最后抢救都是以医生的专业意见为主、彭某的兄弟姐妹意见为辅，进行治疗抢救。彭某患病多年且为癌症末期，并非她不愿意抢救。反而，彭某治疗期间，彭甲对父亲不闻不问，经常与其争吵，直到父亲去世，在多人催促下也不来见父亲最后一面。

本案中，彭甲主张应按照其持有的遗嘱进行继承。从该“遗嘱”的形式来看，除彭某和程某的签字外，其他内容均为彭甲书写，而非被继承人彭某所写，故该遗嘱属于代书遗嘱。依照《继承法》第十七条的规定[①]，代书遗嘱应当有两个以上见证人在场见证，而彭甲所持的“遗嘱”缺乏上述法定形式要件，故认定该“遗嘱”无效。

程某所提供的遗嘱没有析产，无法区分哪些是彭某的个人财产；形式上，除彭某的签字外，内容为打印版本，并非彭某手写。且根据程某的证言，彭某从

---

① 该条对应《民法典》第一千一百三十五条。

其枕头底下拿出一张遗嘱，遗嘱上已经有一个人签了名并按了指印，也就是说程某并未看见彭某在遗嘱上签字捺印的过程。对此，人民法院认为，该遗嘱上彭某的签印是否其本人所为无法确定。法院要求程某进一步举证、进行笔迹和捺印鉴定以证明遗嘱的真实性，程某明确表示不同意鉴定，其依法应承担不利后果。据此，人民法院认为，仅凭程某的证言无法确定遗嘱中彭某签字捺印是否其本人所签，从而也无法认定该份遗嘱是否为彭某的真实意思表示，该遗嘱不符合自书遗嘱由遗嘱人亲笔书写签名的实质要件，该遗嘱效力认定为无效。

人民法院查明事实后，最终认定：遗嘱无效部分所涉及的财产按照法定继承办理。[①]

在我国，根据《继承法》第十七条的规定[②]，合法的遗嘱形式包括公证遗嘱、自书遗嘱、代书遗嘱、录音遗嘱和口头遗嘱共 5 种遗嘱形式，但审判实践中出现了大量的打印遗嘱，对其效力也有很多争议，甚至出现了部分同案不同判的现象。本案因为无法确定打印遗嘱中签字捺印是否为立遗嘱人本人所签，从而也无法认定是否为立遗嘱人的真实意思表示，所以对遗嘱效力不予认定。

《民法典》颁布后，增加了对打印遗嘱和录像遗嘱的规定。也就是说，民法典对打印遗嘱和录像遗嘱的形式要件做了明确规定，顺应了时代的发展与民众的实际需要，更有利于实现遗嘱人的遗愿，减少诉讼纠纷和家庭矛盾。

遗嘱继承的形式

遗嘱形式	设立方式	有效条件
自书遗嘱	由遗嘱人亲笔书写、签名并注明年、月、日。	

① 江苏省高级人民法院 . 民事裁定书〔2016〕苏民申 3718 号 .http://wenshu.court.gov.cn/content/content?DocID=8ecb5601-236f-47ff-96ce-5b362de49ced&KeyWord.

② 该条对应《民法典》第一千一百三十四条至第一千一百三十九条。

续表

遗嘱形式	设立方式	有效条件
打印遗嘱	有两个以上见证人在场见证。遗嘱人和见证人应当在遗嘱每一页签名，注明年、月、日。	遗嘱人未曾设立与之内容相冲突的公证遗嘱，且该遗嘱为遗嘱人最后设立的遗嘱。
代书遗嘱	应当有两个以上见证人在场见证，由其中一人代书，并由遗嘱人、代书人和其他见证人签名，注明年、月、日。	
录音录像遗嘱	录音录像形式立的遗嘱，应当有两个以上见证人在场见证。遗嘱人和见证人应当在录音录像中记录其姓名或者肖像，以及年、月、日。	
口头遗嘱	口头遗嘱应当有两个以上见证人在场见证。	口头遗嘱为遗嘱人在危急情况下设立的最后遗嘱；危急情况解除后，遗嘱人能用书面或录音形式设立遗嘱的，所立的口头遗嘱即告无效。
公证遗嘱	由遗嘱人经公证机关办理。	

案例 3-2-2

张伯有三个孩子，分别是两个女儿和一个儿子。基于传统观念，张伯认为儿子才是传家人，但经新闻了解到，我国法律规定，男女享有同样的继承权，所以，张伯决定立一份遗嘱，明确遗产归儿子所有，还去做了公证，公证遗嘱拿了一份给儿子。

儿子学习成绩不错，大学毕业后去了英国留学，一直读到博士，其间找了个英国女朋友，最后选择定居英国，因为工作繁忙，加上路途遥远，儿子很少回国。

张伯身体还算硬朗，而且觉得女儿是外家人，一直不愿意去跟两个女儿共同生活。独居期间，张伯在一次洗澡后因浴室地面湿滑而摔倒，导致腰椎骨折，不得不接受手续治疗。生病期间，两个女儿、女婿轮流照顾，儿子从未回来看望过一次。

这次生病，让张伯意识到，自己未来的养老主要靠两个女儿了，儿子鞭长莫及，如果遗产都归儿子，对两个女儿太不公平了。出院回家后，张伯就在房间里手写了一份遗嘱，明确遗产的20%给儿子，80%由两个女儿均分。写完遗嘱后，张伯还把两个女儿叫过来，当着她们的面签名、写日期，并捺了手印。

两个女儿对张伯照顾有加，但这次腰椎骨折对张伯身体状况影响极大。两年后张伯去世了，儿子也回国来奔丧了。料理完后事，三姐弟开始处理父亲的遗产，张伯的儿子拿出公证遗嘱，认为父亲的遗产均归自己所有，张伯的两个女儿则拿出父亲的自书遗嘱，认为父亲立了新的遗嘱，应当以后面这份遗嘱为准。

如果适用《继承法》规定，公证遗嘱效力优先于其他遗嘱，张伯后立的遗嘱因与公证遗嘱相抵触，以公证遗嘱为准，儿子赢；但《民法典》删除了“公证遗嘱效力优先”规定，也就是说公证遗嘱不再具有效力上的优先性，法院在判定各份遗嘱之间的效力时，以最后订立的遗嘱为准。因此，本案中，张伯最后的自书遗嘱有效。

应当说，《民法典》废除公证遗嘱效力优先的规定，既是充分尊重公民对个人合法财产支配权的表现，也强化了财富传承法律工具运用的本质属性，“法律不保护在权利上睡觉的人”，要想传承好财富，只能靠自己的智慧和行动，认真思考，及时行动。

此外，笔者想要提醒的是，虽然在现实生活中自书遗嘱简便易行、保密性强，但因立遗嘱人教育水平、法律知识所限，选择自书遗嘱存在的风险隐患也相对较高。全国各地发生的自书遗嘱被判无效的案件，时时见诸媒体。遗嘱订立无小事，建议聘请专业的财富律师代为起草，才能最大限度地保障财富的有序传承，降低风险。

案例 3-2-3

吴老伯与老伴共生有 3 个子女，老伴很早便去世了。吴老伯生前共向单位申请了 3 套住房，其中他和小儿子一家住一套三居室，大儿子和二女儿分别住着另外两套房屋。2013 年 2 月，吴老伯写下遗嘱，其中对房产的处理表述为“我和老伴一直住三居室，小儿子一家对我们都很孝顺，我去世后愿意把这房留给他们一家人，其他子女都分给两居室另过”。谁知，就是这句话，却引发兄弟姐妹之间一场官司。小儿子认为，父亲的意思是把三居室留给自己，而另外两套房只是由哥哥姐姐居住，但产权仍归父亲，因此要求按照法定继承处理那两套房屋。

对于吴老伯“模棱两可”的遗嘱表述，法院认为，虽然吴老伯的遗嘱中对财产处分的表述不符合法定用语，但考虑到老人年纪较大，又缺乏法律知识，因此应该通过对遗嘱用语的合理解释去探求和尊重当事人真实意思表示。而通过解释可以看出，老人的意思就是要将生前居住的三居室留给小儿子，而另外两套房屋分别由大儿子和二女儿继承，法院最终也据此作出了裁判。

实践中，自书遗嘱中经常充斥着大量生活用语，有的用词用语不仅不符合法律措辞，甚至都不符合一般的语法句法。虽然审判中法院以尊重遗嘱人真实意思表示为原则，但如果遗嘱内容表达得过于隐晦或者模糊，法律效力往往难以认定。

自书遗嘱由于形式的私密性，导致是不是“亲笔书写”往往成为继承纠纷中的争议焦点。在司法实践中，一方提交自书遗嘱，另一方否定的，法院往往会向否定方作出说明，由否定方申请笔迹司法鉴定。而鉴定机构对于遗嘱的对比样本要求较高，一般需要与立遗嘱时间相差不大的时间跨度内的遗嘱人的笔迹作为对比检验材料。有的遗嘱持有人往往消极对待笔迹鉴定，不配合提供合适的对比样本，或是不认可异议人提交的样本，这些都导致鉴定难以有效进行，进而使自书遗嘱效力的认定陷入无穷无尽的纠纷中。

案例 3-2-4

王女士与订立遗嘱人刘先生是半路夫妻。刘先生去世后，刘先生与前妻所生的女儿刘小姐起诉到法院，要求按照父亲自书遗嘱处理遗产，可王女士却坚持认为，刘先生没有立过遗嘱，刘小姐拿出的遗嘱是伪造的。经王女士申请，法院决定对遗嘱中刘先生的签名进行笔迹鉴定。可先后选定的两家鉴定机构，都因为鉴定对象缺乏相应的对比检验材料，无法进行鉴定。法院最终只得按照"谁主张谁举证"的证据规则，认为王女士否定遗嘱真实性却无法提交任何反证，没有支持王女士的诉求。

生活实践当中，除了自书遗嘱以外，代书遗嘱也是被普遍采用的遗嘱形式，特别是在遗嘱人因病卧床或者年老体衰、不识字等情形下，通常都会请别人根据自己的意思表示代为书写遗嘱。这类遗嘱中"合法见证人"是最为关键的形式要件。在代书遗嘱见证人的择选上需格外谨慎，继承人和与继承人有利害关系的人都不能作为见证人，包括继承人的朋友、亲属、同事等。相反，遗嘱人的朋友、同事、邻居等与继承无利害关系的人，是可以作为见证人的，但如果有条件，最好是请专业人士进行见证并留档保存。

此外，由于录音遗嘱和口头遗嘱形式比较特殊，极易引起"无效"争议，现实生活中也较少被人们使用，所以不推荐在财富管理中使用此两种遗嘱形式。

案例 3-2-5

2019 年上半年，上海市第二中级人民法院关于"李 1、钦某某等遗嘱继承纠纷二审民事判决书"引起了业界的广泛关注，在该案的二审判决中，二审法院认为："李某 4 于 2015 年 8 月 1 日所订立的涉案遗嘱属单方民事法律行为，系无相对人的意思表示行为。一审法院经审理，针对遗嘱的具体内容，分析了其所产生的相应法律效力，进而认为该遗嘱中的财产内容符合信托法律特征，并就遗嘱的效力根据原继承法和信托法的规定进行了认定，本院认为一审法院的观点符合法律对无相对人意思表示行为解释的规范要求。尽管涉案遗嘱中部分文字表述不尽严谨与规范，但一审法院通过对涉案遗嘱通篇内容的把握与解释，将立遗嘱人在遗嘱中的财产安排定性为信托，符合该遗嘱的整体意思与实质内容。故对钦某某、李某2关于李某4实际系欲成立基金会，一审判决对遗嘱的理解及处理背离被继承人本意的意见本院不予采纳。在对涉案遗嘱内容解释为信托的基础上，一审法院依据我国信托法的相关规定，结合李某4设立信托之目的、形式、内容等对涉案遗嘱作了详尽分析，进一步认定涉案遗嘱为有效信托文件，本院认为于法有据，予以认同，理由亦不作赘述。本案中，李某4以遗嘱形式设立信托，信托委托人则系李某4，一审法院根据涉案遗嘱内容及所涉本案当事人的各自意愿，确定李某5、李某6、李某7为信托受托人，并无不当，而钦某某、李某2认为本案各当事人信托身份设置存在冲突的说法于法无据，本院不予支持。另，钦某某在一审中曾向一审法院明确表示拒绝担任李某4所立遗嘱指定的遗嘱执行人、信托管理人及受托人，在二审审理期间却又申请要求成为信托管理人之一，此举实悖诚信原则，故本院对其该申请不予采纳支持。至于钦某某、李某2对李某5、李某6、李某7年龄及理财能力等提出的质疑观点，均属于两人就信托设立后对信托运作的担忧，然这些主观担忧既无事实及法律依据，也不影响基于涉案遗嘱所成立之信托的效力，故本院对钦某某、李某2的相关观点不能采信认同。但本院在此需向本案信托受托人李某5、李某6、李某7指出的是：三人均应当遵守信托文件的规定，为受益人的最大利益处理信托事务，而受托人管理信托财产，必须恪尽职守，认真履行诚实信用、谨慎有效管理的义务。受托人如若实施违反信托目的处分信托财产，或因受托人违背管理职责、处理信托事务不当，致使信托财产遭受损失，或者出现受托人将信托财产转为其自有财产等违法行径，受益人均可依法要求受托人承担恢复原状、赔偿损失等法律责任。”

虽《信托法》第十三条第一款规定：“设立遗嘱信托，应当遵守继承法关于遗嘱的规定。”但在实践中，几乎没有遗嘱信托的实际案例，因此该案被业界称为国内遗嘱信托可查“第一例”，开创了我国法院对民事信托进行司法审判监督的先河。在《民法典》第一千一百三十三条规定："自然人可以依照本法规定立遗嘱处分个人财产，并可以指定遗嘱执行人……自然人可以依法设立遗嘱信托。"虽然只有短短一句话，但结合《信托法》和司法实践目前的发展可以看到，本条将深刻影响中国家族信托的未来，重塑中国家族财富传承的法律工具形态，相较于遗嘱、遗赠，遗嘱信托适用范围更加广泛和灵活，遗嘱信托将会被中国财富家庭所广泛采用。

除了满足个性化需求之外，起草遗嘱还应避免遗嘱未能执行的风险。在过往的法律实践中，大量遗嘱未得到有效执行，或在执行中争议颇多，如遗产涉及夫妻共同财产之部分，需将配偶一方的财产分割后，才能确认为遗产，若有债务或夫妻共债的，也需要在遗产继承范围内清偿后继承，遗产因在执行纠纷中长期搁置而无法及时继承，遗产贬损或流失时有发生。

《民法典》第一千一百四十五条设立了"遗产管理人"制度，规定继承开始后，遗嘱执行人为遗产管理人；没有遗嘱执行人的，继承人应当及时推选遗产管理人；继承人未推选的，由继承人共同担任遗产管理人；没有继承人或者继承人均放弃继承的，由被继承人生前住所地的民政部门或者村民委员会担任遗产管理人。这说明遗产管理人是法律规定必设的，如果在遗嘱中指定了遗嘱执行人，被继承人死亡后，被指定的遗嘱执行人自动成为遗产管理人。如果被继承人未指定，将通过其他方式产生遗产管理人。遗产管理人的职责，有点类似于"清算"程序，《民法典》第一千一百四十七条规定了遗产管理人应当履行的六项职责：

（1）清理遗产并制作遗产清单；

（2）向继承人报告遗产情况；

（3）采取必要措施防止遗产毁损、灭失；

（4）处理被继承人的债权债务；

（5）按照遗嘱或者依照法律规定分割遗产；

（6）实施与管理遗产有关的其他必要行为。

高净值人士的家族遗产涉及的类别往往复杂和专业性较强，包括但不限于：不动产、企业股权、债权、现金存款、动产、知识产权、有价证券和文玩珠宝等，如此大体量且复杂的财富继承，亟须从制度上提供保障，定分止争，因此遗产管理人制度的设立，既是一次立法的全新尝试，也对财富管理提出了更高的专业要求。中国高净值人士需要转变观念，提前筹谋，尽早寻找并委托专业可靠的遗产管理人，也要求相关财富管理律师不断提升专业能力，为有需要的当事人提供遗产管理人服务，满足专业需求。

总结：一份好的遗嘱，除了要满足《民法典》对遗嘱形式要件的基本规定以外，还应满足复杂的家庭财富传承需求，这就需要同时满足以下几个条件：

（1）在设立遗嘱时遗嘱人必须具有遗嘱能力，且遗嘱人的意思表示必须真实。这要求遗嘱人应在年富力强时就开始考虑财富保障与传承的具体问题，并在未来的岁月中不断调整和完善；

（2）遗嘱必须符合法定形式的要求，在目前的司法实践中，推荐自书遗嘱、打印遗嘱和录像遗嘱，或者将自书遗嘱和录像手段，打印遗嘱和录像手段结合起来，减少不确定性；

（3）尽量采取系统化和结构化的手段，订立遗嘱，包括但不限于在遗嘱设计中通过继承人受益比例、概率条件和大额保单、信托等进行结合，实现个性化传承需求。

拟定遗嘱材料准备清单

1. 立遗嘱人的户籍资料复印件和身份信息资料复印件；

2. 立遗嘱人的配偶情况、传承意愿、是否同意拟定夫妻共同遗嘱；

3. 遗嘱继承人或者受遗赠人的身份证复印件；

4. 拟办理遗嘱财产凭证复印件：

①银行存款：提供存款储蓄所在行、银行账号、存款余额；

②房产：提供不动产权证复印件；如未出证，则需提供房屋买卖合同、购房发票等购房凭证；（注：房产信息需明确、完整）

③股权：明确哪个公司股权及占股比例、工商登记信息等；

④收藏品：收藏证书等；

⑤车辆：提供车辆登记证书、车牌号等信息；

⑥其他需要放入遗嘱中的财产信息资料。

自书遗嘱模板

遗　　嘱

立遗嘱人：韩梅梅，女，汉族，______年______月______日出生，身份证号码：________________________，住址：________________

遗嘱内容：

1. 本人为避免子女因遗产继承问题发生争议，决定我以下个人财产待本人百年后，指定由我女儿李小雷个人所有，不作为其夫妻共有财产：

①坐落在广东省深圳市______________房产一套〔不动产权证号：粤（201）深圳市不动产权第000×××××号〕；

②坐落在广东省广州市______________房产一套〔不动产权证号：粤（201）广州市不动产权第000×××××号〕；

2. 本遗嘱委托本人的姐姐韩兰兰（身份证号码：________________________，住址：________________________）为遗嘱执行人。

（以下无正文）

立遗嘱人：

______年______月______日

代书遗嘱模板

遗　　嘱

立遗嘱人：姓名______、民族______、性别______、年龄______、住址____________________、身份证号____________________________________

为了防止遗产继承纠纷，特请张甲和李丙作为见证人，并委托张甲代书遗嘱如下：

一、由于本人经常出差且患有高血压，为防止意外死亡和遗产继承纠纷，特立本遗嘱。

二、本人现有主要财产如下：

1.坐落于 ×× 市 ×× 南路 ×× 号 ××× 大厦 ×× 室房屋一套，面积 ×× 平方米；

2.×× 银行定期存款 ×× 万元，账号：××；

3.轿车一辆，车牌号：××；

4.股票若干，×× 证券公司，账号：××。

三、对于上述财产，本人处理如下：

1.××× 大厦 ×× 室房屋由 ×× 继承；

2.×× 银行存款 ×× 万元及利息由 ×× 继承；

3.轿车由 ×× 继承；

4.×× 公司股票由 ×× 继承；

5.其他财产由 ×× 继承。

四、希望大家尊重本人的遗愿，和平处理遗产继承事宜。

五、本遗嘱一式三份，由张甲、李丙及本人各保存一份，具有同等法律效力。

立遗嘱人：______（签字）______年______月______日

代书人：______（签字）______年______月______日

见证人：______（签字）______年______月______日

法条链接

◇《民法典》

第一千一百三十三条 自然人可以依照本法规定立遗嘱处分个人财产，并可以指定遗嘱执行人。

自然人可以立遗嘱将个人财产指定由法定继承人中的一人或者数人继承。

自然人可以立遗嘱将个人财产赠与国家、集体或者法定继承人以外的组织、个人。

自然人可以依法设立遗嘱信托。

第一千一百四十条 下列人员不能作为遗嘱见证人：

（一）无民事行为能力人、限制民事行为能力人以及其他不具有见证能力的人；

（二）继承人、受遗赠人；

（三）与继承人、受遗赠人有利害关系的人。

第一千一百四十五条 继承开始后，遗嘱执行人为遗产管理人；没有遗嘱执行人的，继承人应当及时推选遗产管理人；继承人未推选的，由继承人共同担任遗产管理人；没有继承人或者继承人均放弃继承的，由被继承人生前住所地的民政部门或者村民委员会担任遗产管理人。

第一千一百四十六条 对遗产管理人的确定有争议的，利害关系人可以向人民法院申请指定遗产管理人。

第一千一百四十七条 遗产管理人应当履行下列职责：

（一）清理遗产并制作遗产清单；

（二）向继承人报告遗产情况；

（三）采取必要措施防止遗产毁损、灭失；

（四）处理被继承人的债权债务；

（五）按照遗嘱或者依照法律规定分割遗产；

（六）实施与管理遗产有关的其他必要行为。

3.3 遗嘱继承遗产的步骤

一、析产

如前所述，遗产是公民死亡时遗留的个人合法财产。所以在遗产分割中，如果遗产属于夫妻在婚姻关系存续期间所得的共同所有的财产，除有约定的外，应当先将共同所有的财产的一半分出归配偶所有，其余的才是被继承人真正的遗产。

案例 3-3-1

李玉（化名）与王广（化名）系夫妻关系，双方生育一子王大海（化名）、一女王美艳（化名）。王大海于 1996 年结婚并分家生活，王美艳于 1998 年结婚。王广于 2009 年去世。李玉与王广在结婚时共有房屋一套，2010 年该房屋被拆迁，拆迁补偿款共计 36 万元由李玉和王大海领取。王美艳认为该拆迁补偿款属于家庭共有财产，其中应有其份额，遂将李玉与王大海诉至法院，要求分家析产即分割房屋拆迁补偿款 36 万元。

诉讼中，原告王美艳变更诉讼请求，要求依法继承王广的遗产。

江苏省宿迁市宿豫区人民法院审理认为：本案涉及析产和遗产继承两个法律关系。首先，该涉案拆迁款 36 万元是李玉与王广的夫妻共同财产，而并非包含王大海、王美艳在内的家庭共有财产，故对于该 36 万元不应作为家庭共有财产进行分割，而是作为李玉与王广的夫妻共同财产进行分割。其次，因王广去世，导致李玉夫妻共同共有关系解体，并导致遗产继承的发生。在该拆迁补偿款 36 万元中，李玉享有该拆迁款中的 18 万元，王广所享有的拆迁款中的 18 万元应作为王广的遗产进行继承。最后，王广的第一顺序继承人为原告王美艳、被告李玉、王大海，三人对于王广的遗产 18 万元享有等额继承权利，即各继承 6 万元。据此法院判决如下：一、李玉、王大海于本判决生效后十日内给付王美艳 6 万元；二、驳回王美艳的其他诉讼请求。

案例 3-3-2

赖某（女）与王某（男）于 1999 年登记结婚。婚后，赖某与王某的父母王父、王母共同生活。赖某于 1997 年外出务工，平均工资 500 元 / 月。赖某于 2000 年、2006 年分别生育两个女儿。赖某生育女儿后帮王父、王母经营日用百货店，2003 年至 2004 年在加油站工作，工资为 300 元 / 月。现因夫妻感情不和，赖某与王某发生离婚纠纷，法院正在审理之中。赖某起诉王父、王母要求分割家庭共有财产（法院通知王某作为第三人参加本案诉讼），并主张家庭共同财产有住宅一栋、土地一宗、某公司的投资15万元、日用百货铺一间、小汽车一辆。

赖某与王某结婚后，在与王父、王母共同生活期间，赖某、王某以及王父、王母取得的财产性质应属于家庭共同共有财产。关于家庭共有财产的分割，《最高人民法院关于贯彻执行〈中华人民共和国民法通则〉若干问题的意见（试行）》第九十条规定："在共同共有关系终止时，对共有财产的分割，有协议的，按协议处理；没有协议的，应当根据等份原则处理，并且考虑共有人对共有财产的贡献大小，适当照顾共有人生产、生活的实际需要等情况。"因赖某与王某已产生离婚纠纷，家庭共有财产的基础丧失，属于共有关系可以终止的情形。同时，当共有关系终止的情形出现时，即便作为共有人之一的王某并没有提出分家析产的请求，但因赖某、王某作为家庭共同财产中一个夫妻共有主体，共有人中的任何一方依法享有单方管理财产的权利和义务。因共有财产产生债权债务，在对外关系上，共有人享有连带债权、承担连带债务。故作为儿媳的赖某，可以单方请求将夫妻共同财产从家庭共同财产中析出，这也将为赖某与王某的离婚纠纷中认定夫妻共有财产范围提供事实依据。

从这两个案例中我们可以看到遗产继承和分家析产的区别：

1. 引发遗产继承和分家析产的法律事实不同。遗产继承是由于被继承人死亡而引发。分家析产是由于家庭成员因为生活和生产需要等各种原因，不需要或不能够再在一起生活，而要求分割家庭共有财产所引发，而人的死亡仅仅是引发分家析产的法律事实之一。

2. 所处分的财产的性质不同。遗产继承中继承的遗产是被继承人的个人合法财产，而分家析产中所涉及的财产是家庭共有财产。

3. 参与的人员不同。遗产继承中的参与人是法律规定或遗嘱指定的继承人；而分家析产中的参与人员是财产的共有人。例如，遗产继承中，儿媳一般不作为第一顺序继承人，而儿媳作为家庭财产共有人的分家析产中，儿媳作为参与人之一参与财产分割。

4. 产生的时间不同。遗产继承自被继承人死亡或被宣布死亡之时开始，而分家析产既可以在被继承人死亡之前也可以在被继承人死亡之后，对此没有限制。

5. 适用的法律不同。遗产继承的法律依据是《民法典》继承编，按照法定继承顺序或是遗嘱继承顺序进行继承，而分家析产依据的是《民法典》物权编关于共同共有的规定进行，往往是对财产根据人数或需求平均分割。

二、被继承人债务的清偿

被继承人生前负有债务或欠缴税款的，继承人在继承遗产前，要对被继承人的债务进行清偿。根据《民法典》第一千一百五十九条："分割遗产，应当清偿被继承人依法应当缴纳的税款和债务；但是，应当为缺乏劳动能力又没有生活来源的继承人保留必要的遗产。"当然，如果继承人放弃继承财产的，对被继承人依法应当缴纳的税款和债务可以不负偿还责任。

案例 3-3-3

孟某在一次交通事故中死亡，身为父母继承了儿子的财产，谁知儿子生前的债主找来，要求还钱。这钱是还还是不还？日前，新疆哈密地区中级人民法院民事审判庭审理了这样一起被继承人债务清偿纠纷案件。

林某和孟某原是一个单位的同事。从 2010 年 5 月起，孟某多次向林某借款，为保证按时还款，双方不仅在每次借款时签订借款协议书或借款合同书，孟某还将自己的工资卡交给林某保管，用工资偿还借款。截至 2012 年 9 月，孟某向林某借款达 12.4 万元，通过工资卡共偿还林某 8.36 万元，剩余欠款未付。2013 年 6 月，孟某在一次外出工作中，发生交通事故死亡。按照法律规定，孟某的父母是儿子的第一继承人。

此外，2010 年 2 月，孟某与一房地产开发有限责任公司签订商品房买卖合同，孟某购买该公司住宅商品房一套，该房地产开发有限责任公司收到孟某缴纳的 2.21 万元购房首付款。2010 年 3 月，孟某办理了公积金贷款，贷款金额 8.6 万元，至孟某出事时，孟某工资已扣还了 9400 元贷款。

2013年7月，孟某的母亲提取了孟某的个人公积金账户余额2.3万元，并于同日缴清了剩余房款。同月，孟某的母亲取得了该房屋的土地证和房产证。林某得知孟某的父母继承了孟某的财产，即要求其父母代为偿还儿子的债务，孟某的父母不知道儿子生前究竟有没有欠款这回事，也不敢轻易相信林某出示的借款合同书，于是拒绝了林某的追偿。

2013年9月2日，林某向伊吾县人民法院提起诉讼，将孟某的父母作为被告，申请财产保全，请求依法查封、扣押两名被告继承孟某的住房一套。伊吾县人民法院作出民事裁定书，裁定：查封、扣押、冻结被告商品房一套。

法院一审通过对比原告林某提交的孟某工资卡取款明细与法院调取的农业银行卡明细，对原告林某提交的借款合同（协议）书和工资卡取款记录的真实性予以确认，认定原告林某与孟某之间借款关系真实有效。于是判决孟某的父母在孟某遗产范围内对孟某所负债务进行偿还，支付原告林某2.89万元。

原审法院宣判后，孟某的父母不服，向哈密地区人民法院提起上诉称，原审判决认定事实不清，适用法律不当，要求发回重审或改判驳回被上诉人的诉讼请求。哈密地区中级人民法院民事审判一庭组成合议庭，对该案进行梳理后一致认为，孟某的父母作为儿子的第一顺序继承人，负有清偿儿子债务的责任。于是主持调解，促使原被告双方最终达成协议，由孟某父母一次性支付林某借款1.74万元，利息6000元，合计2.34万元，于2014年2月27日付清。①

三、遗产的分割

1.继承开始后，知道被继承人死亡的继承人应当及时通知其他继承人和遗嘱执行人。继承开始后，继承人放弃继承的，应当在遗产处理前，作出放弃继承的表示。没有表示的，视为接受继承。

① 网易新闻.儿子交通事故中死亡　父母继承了儿子的财产后被告还债［R/OL］.（2014-03-24）［2018-04-02］.http://news.163.com/14/0324/09/9O3H6A8F00014Q4P.html.

2. 遗产分割采取作价分割价值或实物分割；不宜分割的遗产，可以采取折价、适当补偿或者共有等方法处理。

3. 保护其他人合法权益。遗产分割时，应当保留胎儿的继承份额。为胎儿保留的遗产份额，如胎儿出生后死亡的，由其继承人继承；如胎儿出生时就是死体的，由被继承人的继承人继承。对继承人以外的依靠被继承人扶养的缺乏劳动能力又没有生活来源的人，或者继承人以外的对被继承人扶养较多的人，可以分给他们适当的遗产。

案例 3-3-4

1998 年 3 月 3 日，李某与郭某顺登记结婚。2002 年，郭某顺以自己的名义购买了涉案 306 室房屋。

2004 年 1 月 30 日，二人共同与南京军区南京总医院生殖遗传中心签订了人工授精协议书，对李某实施了人工授精，后李某怀孕。

2004 年 5 月 20 日，郭某顺立下自书遗嘱，遗嘱中声明他不要这个人工授精生下的孩子，并将306室房屋赠与其父母郭某和、童某某。5月23日，郭某顺病故。10 月 22 日，李某产下一子，取名郭某阳。

原告李某无业，每月领取最低生活保障金，另有不固定的打工收入，并持有夫妻关系存续期间的共同存款 18705.4 元。被告郭某和、童某某系郭某顺的父母，居住在同一个住宅小区的 305 室，均有退休工资。2001 年 3 月，郭某顺为开店，曾向童某某借款 8500 元。涉案 306 室房屋经评估价值为 19.3 万元。

原告李某诉称：306 室房屋是其与被继承人郭某顺的夫妻共同财产，郭某顺因病死亡后，其儿子郭某阳出生。郭某顺的遗产，应当由妻子李某、儿子郭某阳与郭某顺的父母即被告郭某和、童某某等法定继承人共同继承。

被告郭某和、童某某辩称：郭某顺生前留下遗嘱，明确将 306 室赠与二被告，郭某顺在遗嘱中声明他不要这个人工授精生下的孩子，应由李某对孩子负责，不能将孩子列为郭某顺的继承人。

人民法院认为：被继承人郭某顺死亡后，继承开始。鉴于郭某顺留有遗嘱，本案应当按照遗嘱继承办理。《继承法》第二十六条第一款[①]规定：“夫妻在婚姻关系存续期间所得的共同所有的财产，除有约定的以外，如果分割遗产，应当先将共同所有的财产的一半分出为配偶所有，其余的为被继承人的遗产。”《最高人民法院关于贯彻执行〈中华人民共和国继承法〉若干问题的意见》第三十八条规定：“遗嘱人以遗嘱处分了属于国家、集体或他人所有的财产，遗嘱的这部分，应认定无效。”登记在被继承人郭某顺名下的306室房屋，已查明是郭某顺与原告李某夫妻关系存续期间的夫妻共同财产。郭某顺死亡后，该房屋的一半应归李某所有，另一半才能作为郭某顺的遗产。郭某顺在遗嘱中，将306室全部房产处分归其父母，侵害了李某的房产权，遗嘱的这部分应属无效。

此外，《继承法》第十九条[②]规定：“遗嘱应当对缺乏劳动能力又没有生活来源的继承人保留必要的遗产份额。”郭某顺在立遗嘱时，明知其妻子腹中的胎儿而没有在遗嘱中为胎儿保留必要的遗产份额，该部分遗嘱内容无效。《继承法》第二十八条第一款[③]规定：“遗产分割时，应当保留胎儿的继承份额。”因此，在分割遗产时，应当为该胎儿保留继承份额。综上，在扣除应当归李某所有的财产和应当为胎儿保留的继承份额之后，郭某顺遗产的剩余部分才可以按遗嘱确定的分配原则处理。

最终，人民法院判定：涉案的306室房屋归原告李某所有。李某于本判决生效之日起30日内，给付原告郭某阳33442.4元，该款由郭某阳的法定代理人李某保管；李某于本判决生效之日起30日内，给付被告郭某和33442.4元、给付被告童某某41942.4元。[④]

虽然该案件发生在《民法典》生效之前，但根据《民法典》第一千一百五十五条规定：“遗产分割时，应当保留胎儿的继承份额。胎儿娩出时是死体的，

① 该条对应《民法典》第一千一百五十三条。
② 该条对应《民法典》第一千一百四十一条。
③ 该条对应《民法典》第一千一百五十五条。
④ 本案为最高人民法院指导案例50号。

保留的份额按照法定继承办理。”该案例适用的遗产继承规则没有发生具体的变化。

四、既无人继承又无人受遗赠的遗产的处理

《民法典》第一千一百六十条规定：无人继承又无人受遗赠的遗产，归国家所有，用于公益事业；死者生前是集体所有制组织成员的，归所在集体所有制组织所有。

案例 3-3-5

赵大爷是孤寡老人，也没有什么来往密切的朋友，一直独自生活。前段时间，邻居发现他好几天没有露面，晚上家里也没有亮灯，叫来警察破门进去一看，赵大爷躺在床上，已经去世了，在家里也没有发现遗书。邻里们帮衬着把赵大爷的后事办了，但如何处理他的遗产，却众说纷纭：有的说遗产应该归居委会，有的说应该由帮忙的人分了，有的说应该归左邻右舍……过了几天，左邻钱先生见没人搭这茬，竟然把赵大爷的遗产搬自己家去了，碰巧被右舍孙先生发现了。孙先生要求自己分给一半，钱先生拒绝了。孙先生到法院起诉钱先生，要求法院把赵大爷的遗产判给自己一半，理由是自己住得离赵大爷最近、平常总照顾赵大爷。人民法院通过对案件事实的梳理，认定赵大爷无法定继承人，既没有留下遗嘱，也没有与他人签订遗赠扶养协议，不但驳回了孙先生的起诉，还判决赵大爷的遗产归国家所有。①

上述案例中，赵大爷既无亲属，也无长期与其共同生活的人，还没有留下遗嘱，而且他不属于任何集体所有制组织的成员，因此他的遗产依法归国家所有。

① 韩炜 . 无人继承又无人受遗赠　遗产收归国家或集体所有［S/OL］.（2011-06-13）［2018-04-03］.http://ftqfy.chinacourt.org/public/detail.php?id=4183.

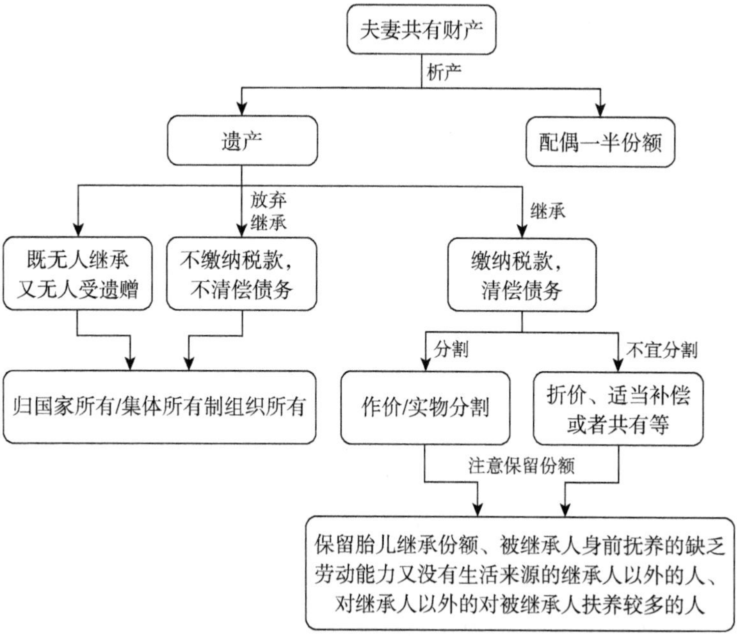

遗产分割步骤图

法条链接

◇**《民法典》**

第一千一百四十一条　遗嘱应当为缺乏劳动能力又没有生活来源的继承人保留必要的遗产份额。

第一千一百五十三条　夫妻共同所有的财产，除有约定的外，遗产分割时，应当先将共同所有的财产的一半分出为配偶所有，其余的为被继承人的遗产。

遗产在家庭共有财产之中的，遗产分割时，应当先分出他人的财产。

第一千一百五十五条　遗产分割时，应当保留胎儿的继承份额。胎儿娩出时是死体的，保留的份额按照法定继承办理。

第一千一百五十九条　分割遗产，应当清偿被继承人依法应当缴纳的税款和债务；但是，应当为缺乏劳动能力又没有生活来源的继承人保留必要的遗产。

第一千一百六十条　无人继承又无人受遗赠的遗产，归国家所有，用于公益事业；死者生前是集体所有制组织成员的，归所在集体所有制组织所有。

第一千一百六十一条　继承人以所得遗产实际价值为限清偿被继承人依法应当缴纳的税款和债务。超过遗产实际价值部分，继承人自愿偿还的不在此限。

继承人放弃继承的，对被继承人依法应当缴纳的税款和债务可以不负清偿责任。

第一千一百六十二条　执行遗赠不得妨碍清偿遗赠人依法应当缴纳的税款和债务。

第一千一百六十三条　既有法定继承又有遗嘱继承、遗赠的，由法定继承人清偿被继承人依法应当缴纳的税款和债务；超过法定继承遗产实际价值部分，由遗嘱继承人和受遗赠人按比例以所得遗产清偿。

3.4　弄清遗嘱、遗赠和遗赠扶养协议的区别

《民法典》第一千一百二十三条规定，继承开始后，按照法定继承办理；有遗嘱的，按照遗嘱继承或者遗赠办理；有遗赠扶养协议的，按照协议办理。前文针对法定继承和遗嘱继承已做了较为详细的介绍，不再赘述。但遗赠和遗赠扶养协议具体是什么呢？又该如何适用呢？

案例 3-4-1

刘老先生的老伴早已去世，虽有一个女儿，但与刘先生不怎么来往。后来，刘老先生请了一位保姆照顾自己。刘老先生去世前，将自己的住房、存款等财产在遗嘱中表明留给照顾自己的保姆，并进行了公证。刘老先生去世后，保姆办理了继承手续，但刘老先生的女儿将保姆告上法庭，刘老先生的女儿认为：保姆不是父亲的法定继承人，单凭一份遗嘱，保姆无权继承父亲的财产，要求保姆返还财产。

那么，本案中，刘老先生女儿的观点对不对呢？这就涉及遗嘱和遗赠的区别了。

遗嘱继承，是指被继承人生前通过遗嘱，将个人合法财产指定由法定继承

人的一人或数人继承的一种继承方式。而遗赠是指被继承人通过遗嘱方式，将其遗产指定由法定继承人以外的个人或者组织继承的一种继承方式。

1. 遗嘱继承

（1）在遗嘱继承中，遗嘱继承人只能是法定继承人中的一人或数人，具体包括第一顺位的配偶、子女、父母以及特别规定中“对公、婆，对岳父、岳母尽了主要赡养义务的丧偶儿媳或丧偶女婿”，第二顺位的兄弟姐妹、（外）祖父母；

（2）在遗嘱继承中，继承人在继承开始后，遗产分割处理前，明确作出放弃继承的意思表示才视为放弃继承，没有意思表示的皆视为接受继承。也就是说，遗嘱继承中的继承人并不需要明确作出接受继承的意思表示，只要在遗产分割处理前，继承人没有明确作出放弃的意思表示，就视为接受继承。

2. 遗赠继承

（1）受遗赠人则是国家、集体组织或法定继承人以外的人，并且受遗赠人的范围并不限于自然人。通过对涉事主体身份的判断，可以较快对遗嘱继承与遗赠作出初步界定。

（2）遗赠中，受遗赠人只有依法在法定期间，即自受遗赠人知道受遗赠事项后的 60 日内，明确作出接受的意思表示时才视为接受遗赠，到期未表示的，视为放弃接受遗赠。

前述案例中，刘老先生的女儿在父亲生前没有尽到赡养老人的义务，老人通过法律工具排除了女儿的继承权，而把自己的财产遗赠给了对自己尽心赡养的保姆，并且保姆已在合法期限内完成了继承手续，符合法律规定，刘老先生的女儿状告保姆的官司是打不赢的。

案例 3-4-2

被继承人管某盛、孙某美系夫妻关系，婚后育有五个女儿分别为管某英、管某兰、管某贞、管某书、管某爱。管某盛于 2015 年 12 月去世、孙某美于 2014 年 11 月去世，管某盛、孙某美生前留有位于黄岛区平房 4 间。2004 年 3 月，经管某盛夫妇同意，管某英的四儿子袁某出资对该房屋进行了翻建。

2005 年 6 月，管某盛立遗嘱一份，内容为：“……黄岛区黄岛办事处某村有四间房屋登记在我名下。四十年前我和老伴孙某美指定女儿管某英和女婿袁某友养老送终，当时已经写了一份养老协议，由村干部作为在场见证并代笔写下协议。女儿管某英夫妇这些年来很孝顺，对我照顾很好，我经过慎重考虑，仍然决定在我去世后，位于某村的四间房屋由管某英夫妇继承……”

管某盛、孙某美去世时，由管某英、袁某友夫妇为其送终。管某英提交由本社区17名居民联名出具的证明一份，称管某英结婚时，管某盛、孙某美夫妇将管某英之夫袁某友招为养老女婿，当时并立下协议一份，内容为管某英夫妻二人为管某盛、孙某美夫妇养老送终，管某盛夫妇去世后，其所有家产及房屋归管某英夫妇所有。

法院判决管某盛、孙某美名下的平房四间归管某英夫妇所有。但其余四个女儿对此协议存有异议，她们表示，管某盛、孙某美当年所立的遗嘱，只是肯定了管某英夫妇对他们的赡养照顾的事实，但并未明确提出先前订立的遗赠抚养协议的具体内容，管某英夫妇也并没有出示该份遗赠抚养协议的原件以供证明，四间房屋应按照法定继承进行分配，于是一纸诉状将管某英夫妇告到了法院。

法院经审理查明，被继承人管某盛夫妇的遗嘱中明确表明与管某英夫妇已立有遗赠抚养协议，且管某英夫妇实际上业已履行了协议的义务，虽然没有找到这份协议书，但有相关证人作证，证据之间相互印证，因此法院判决管某盛、孙某美名下的平房四间归管某英所有。①

遗赠扶养协议是我国继承法律的一个独创，符合我国国情，可以避免遗嘱的某些弊端，减轻社会负担，弥补社会救济的不足。本案中，虽然遗赠扶养协议因年代久远遗失，但是作为养老女婿的袁某友对被继承人夫妇尽到了生养死葬的义务，被继承人亦在遗嘱中确认了与袁某友夫妻签订遗赠扶养协议及其尽到赡养义务的事实，法院判决按照遗赠扶养协议执行，由袁某友夫妻继承被继承人的财产。

---

① 城市信报.因房屋纠纷，母子五年没说话［R/OL］.（2018-03-07）［2018-07-11］.http://xinbao.qdxin.cn/html/20180307/14.html.

3. 遗赠扶养协议的效力优先于遗嘱

在财富管理的法律实践中，许多人往往无法准确区分遗嘱、遗赠和遗赠扶养协议的区别，而这三份法律协议的差别和错误适用，往往会造成家庭纷争，使得财富传承的目标无法达成。

根据《民法典》第一千一百五十八条规定："自然人可以与继承人以外的组织或者个人签订遗赠扶养协议。按照协议，该组织或者个人承担该自然人生养死葬的义务，享有受遗赠的权利。"根据司法实践和相关规定，被继承人生前与他人订有遗赠扶养协议，同时又立有遗嘱的，继承开始后，如果遗赠扶养协议与遗嘱没有抵触，遗产分别按照协议和遗嘱处理；如果有抵触，按协议处理，与协议抵触的遗嘱全部或部分无效，即若签订了遗赠抚养协议，那么在遗产继承时会按照遗赠抚养协议的约定办理。

遗赠扶养协议模板

遗赠扶养协议

甲方（遗赠人）：姓名______、民族______、性别______、年龄______、住址________________________、身份证号__________________________________

乙方（受赠人）：姓名______、民族______、性别______、年龄______、住址________________________、身份证号__________________________________

甲乙双方就遗赠事宜达成协议如下：

一、甲方名下个人所有的坐落在××省××市××街××号的房产×栋×间，房产证号：××（写明遗赠财产的基本情况），在甲方死亡后赠送给乙方。

二、乙方应于每月5日前给付甲方生活费××元，医疗补助费××元（可以约定其他费用），在甲方死后负责料理甲方身后事。

三、乙方应在甲方去世后六十日内办理赠与财产的所有权转移手续。逾期不办的，视为拒绝遗赠，受赠房屋可按法定继承处理。

四、甲方应负对遗赠财产的维护责任，不得随意处理遗赠的财产。如果甲方故意将财产损坏或者送给他人的，乙方有权要求甲方修理、更换或者收回；甲方拒不修理、更换或者收回的，乙方有权终止协议，并要求甲方返还乙方累计已向甲方支付的扶养费用。

五、乙方应当按时给付甲方费用。逾期给付的，甲方有权要求乙方履行协议。如果累计三个月不给付费用的，甲方有权终止协议，已收取扶养费用不返还。

六、本协议自 ×× 日起生效（可以写自公证之日起生效）。本协议一式叁份，双方各执一份，见证人留一份存档，具有同等的法律效力。

甲方：×××（签字、盖章）　　×年×月×日

乙方：×××（签字、盖章）　　×年×月×日

见证人（如有）：×××（签字、盖章）　　×年×月×日

法条链接

◇《民法典》

第一千一百二十三条　继承开始后，按照法定继承办理；有遗嘱的，按照遗嘱继承或者遗赠办理；有遗赠扶养协议的，按照协议办理。

第一千一百二十四条　继承开始后，继承人放弃继承的，应当在遗产处理前，以书面形式作出放弃继承的表示；没有表示的，视为接受继承。

受遗赠人应当在知道受遗赠后六十日内，作出接受或者放弃受遗赠的表示；到期没有表示的，视为放弃受遗赠。

第一千一百五十四条　有下列情形之一的，遗产中的有关部分按照法定继承办理：

（一）遗嘱继承人放弃继承或者受遗赠人放弃受遗赠；

（二）遗嘱继承人丧失继承权或者受遗赠人丧失受遗赠权；

（三）遗嘱继承人、受遗赠人先于遗嘱人死亡或者终止；

（四）遗嘱无效部分所涉及的遗产；

（五）遗嘱未处分的遗产。

第一千一百五十八条　自然人可以与继承人以外的组织或者个人签订遗赠扶养协议。按照协议，该组织或者个人承担该自然人生养死葬的义务，享有受遗赠的权利。

3.5 继承权公证难关

1. 遗嘱公证和继承权公证的区别

遗嘱公证，是指公民生前对自己的财产作出安排，并经国家公证机关公证，于死亡时立即发生法律效力的法律行为。简单来说，就是通过国家公证机关进行了公证的遗嘱。

遗嘱继承权公证，是指立遗嘱的人去世后，遗嘱生效时，指定的继承人要获得财产，需要所有继承人配合完成的一道烦琐程序。

二者具体区别如下：

1.时间不同。遗嘱公证发生在继承开始前，而继承权公证发生在继承开始后，是在被继承人死亡以后为继承遗产而发生的。

2.主体不同。遗嘱公证是遗嘱人本人启动的，由遗嘱人向公证机关提出申请，对遗嘱的真实性予以见证。而继承权公证一般由继承人启动。

3.产生的法律效力不同。依据《继承法》规定，经公证的遗嘱与其他未经公证的遗嘱相比，效力是最高的，其他未经公证的遗嘱与公证遗嘱内容相抵触的，相抵触的部分只能按公证遗嘱办理。但《民法典》施行后公证遗嘱效力将不再优先。而继承权公证则是确认继承人的继承权，为实现财产所有权的转移提供有力的法律凭证。

案例 3-5-1

秦先生是当地小有名气的企业家，他和前妻育有一个儿子。离婚后，秦先生遇到了同样离异的许女士，两人重新组建家庭。许女士带着与前夫所生的3岁的小女儿和秦先生一起生活。在小女儿10岁时，秦先生被查出直肠癌晚期。他担心自己时日无多，又想尽量把财产留给子女，于是自己书写了一份遗嘱交由许女士保管。

一年后，秦先生病逝，许女士拿着遗嘱到不动产登记中心要求将秦先生名下的房产过户到自己名下。不动产登记中心的工作人员告诉她，必须先去公证处做继承权公证，再拿着继承权公证书来不动产登记中心办理产权过户手续。然而，继承权公证需要全部继承人（包括遗嘱继承人和法定继承人）的共同配合。秦先生的大儿子是遗嘱继承人之一，他质疑遗嘱的真实性，不肯配合做继承权公证，更提出小女儿并不是秦先生的亲生女儿，没有资格继承财产。遗产继承一时间陷入继承权公证僵局。

2. 继承权公证——绕不过去的坎

《办理继承公证的指导意见》第三条和第十四条，虽为办理遗嘱继承公证确定了流程和所需的材料，也树立了一道财富继承的难关。继承权公证，是国家公证机构根据当事人的申请，依照法律规定证明哪些人对被继承人的遗产享有继承权并证明其继承活动的真实性和合法性。继承权公证根据被继承人生前有无遗嘱分为依遗嘱继承、依法定顺序继承。

因此，即使在存有遗嘱的情况下，继承人要继承遗产，相关部门也会要求继承人拿着遗嘱到公证部门进行继承权公证，由公证部门审查相关遗嘱的效力后，出具继承权公证书。立遗嘱虽然能实现按自己意愿将财产给到指定的人，但并不能免去继承的烦琐程序。

案例 3-5-2

霞姐已去世二十年的丈夫名下，有一套房产。霞姐现在想要把房产过户到自己的名下，房管局工作人员告知，需要先办理继承权公证或者提供与办理继承权公证类似的材料，考虑到霞姐丈夫名下还有其他遗产，建议霞姐办理继承权公证。

霞姐去到当地公证处，提出要办理继承权公证，被告知要准备诸多材料，包括死亡证明、亲属关系证明、其他法定继承人放弃继承声明等。这些材料可把霞姐给难住了。

公证处的工作人员告知霞姐：

第一，亲属关系证明，需要证明霞姐丈夫的父母、配偶（配偶是原配还是再婚的）、子女情况，因为这些人都是霞姐丈夫的法定继承人。

第二，霞姐的公公婆婆是在霞姐的丈夫去世之后才去世的，霞姐的姥爷又是在霞姐的婆婆去世之后才去世的，所以不仅需要霞姐丈夫的死亡证，还需要霞姐的公公、婆婆、姥爷三人的死亡证明。

第三，霞姐的公公婆婆享有的房产份额，霞姐丈夫的三个兄弟姐妹均为继承人，需他们到公证处做一个放弃继承的公证，哪怕他们的份额非常少，也需要他们明确同意放弃继承这个份额，霞姐才能办理继承权公证。

仅仅是霞姐的丈夫、公公婆婆、霞姐丈夫的姥爷共4份死亡证明，就已经难住了霞姐，但公证处的工作人员表示，涉及的其他权利人的面非常大，不光是霞姐丈夫的子女父母，还涉及他的兄弟姐妹，所有人都是权利人，所有的权利都应该得到维护，他们必须按规定办事。

3. 继承权公证的步骤

根据法律规定和相关实践，办理继承权公证的大致步骤如下：

（1）继承人向公证处提出遗产继承申请；

（2）公证处对被继承人的亲属关系进行尽职调查；

（3）全体第一顺位继承人均同意办理继承权公证（如任何一方不配合，必将引发争产诉讼）；

（4）继承权公证所需材料全部收集齐全；

（5）全体第一顺位继承人共同前往公证处办理相关手续（如任何一方不配合，将无法顺利公证）。

按照这个步骤所示，继承权公证需要涉及的所有继承人（无论其是否为遗嘱继承人）共同配合前往公证处进行继承权公证，领取继承权公证书后持该公证才能办理相关继承财产的过户。在继承法律实践中，在继承权公证时，只要有一位继承人对遗嘱分配不认可或不配合，或者由于各种原因而联系不上，都有可能导致整个继承过程的中断，结果往往是亲人互相起诉到法院进行旷日持久的继承诉讼大战，不仅长时间无法办理继承过户手续，而且在遗产继承诉讼的漫长时间里，不少资产还会发生损耗，企业可能陷入衰败，股票早就贬值，有些资产可能被某一位继承人转移……此外，继承案件涉及的法院诉讼费、律师费、鉴定费等花费也是十分巨大的。

2016年7月5日，司法部正式发布通知，明确废止1991年发布的《司法部、建设部关于房产登记管理中加强公证的联合通知》，表明房产继承已无强制做继承权公证的要求。但根据《不动产登记暂行条例实施细则》第十四条“因继承、受遗赠取得不动产，当事人申请登记的，应当提交死亡证明材料、遗嘱或者全部法定继承人关于不动产分配的协议以及与被继承人的亲属关系材料等，也可以提交经公证的材料或者生效的法律文书”之规定，如果不提供继承权公证文书，则房管部门会要求继承人直接向房管部门提供死亡证明、亲属关系证明等与办理继承权公证基本一致的材料。如果没有遗嘱的，需要提供全部法定继承人关于不动产分配的协议。因此，继承不动产仍然存在一定难度。

因此，在高净值人士财富传承方案中，遗嘱虽然有着不可替代的基础性作用，但按现行继承法律实践，继承权公证几乎是不可逾越的难关。换句话说，仅仅凭借一份遗嘱是不能保证财富的稳定性和确定性传承的。笔者特别建议高净值人士在传承财富时，除了订立一份完善的遗嘱以外，还要学会将金融工具和法律工具进行系统化和结构化的使用，才能逾越继承权公证这一难关。

那么什么样的金融工具配置，可以使财富的传承不需要进行继承权公证呢？以人寿保险为例，根据《保险法》第四十二条规定：“被保险人死亡后，有下列情形之一的，保险金作为被保险人的遗产，由保险人依照《中华人民共和国继承法》的规定履行给付保险金的义务：（一）没有指定受益人，或者受益人指定不明无法确定的；（二）受益人先于被保险人死亡，没有其他受益人的；（三）受益人依法丧失受益权或者放弃受益权，没有其他受益人的。受益人与被保险人在同一事件中死亡，且不能确定死亡先后顺序的，推定受益人死亡在先。”

由此我们知道，保险配置中，只要明确指定受益人，保险受益人可以获得的保险金就不属于遗产，那么被保险人百年后，受益人从保险公司领取保险金就不用提交继承权公证书，即成功翻越继承权公证这个传承关卡，顺利实现资产定向传承。越是大额保单，越可以承载更多的无须继承权公证的资产。

财富保障与传承，与其说是法律工具和金融工具的组合方案，不如说它是金融和法律综合的艺术，方法总比困难多，越是技艺高超的艺术作品，越值得我们努力思考和不断实践。

法条链接

◇《办理继承公证的指导意见》

第三条 当事人申请办理继承公证，应当提交下列材料：

（一）当事人的身份证件；

（二）被继承人的死亡证明；

（三）全部法定继承人的基本情况及与被继承人的亲属关系证明；

（四）其他继承人已经死亡的，应当提交其死亡证明和其全部法定继承人的亲属关系证明；

（五）继承记名财产的，应当提交财产权属（权利）凭证原件；

（六）被继承人生前有遗嘱或者遗赠扶养协议的，应当提交其全部遗嘱或者遗赠扶养协议原件；

（七）被继承人生前与配偶有夫妻财产约定的，应当提交书面约定协议；

（八）继承人中有放弃继承的，应当提交其作出放弃继承表示的声明书；

（九）委托他人代理申办公证的，应当提交经公证的委托书；

（十）监护人代理申办公证的，应当提交监护资格证明。

本条所称“死亡证明”，是指医疗机构出具的死亡证明；公安机关出具的死亡证明或者注明了死亡日期的注销户口证明；人民法院宣告死亡的判决书；死亡公证书。

本条所称“亲属关系证明”，是指被继承人或者继承人档案所在单位的人事部门出具的证明继承人与被继承人之间具有亲属关系的证明；基层人民政府出具的证明继承人与被继承人之间具有亲属关系的证明；公安机关出具的证明继承人与被继承人之间具有亲属关系的证明；能够证明相关亲属关系的婚姻登记证明、收养登记证明、出生医学证明和公证书。

第十四条 公证机构办理遗嘱继承公证，应当按照下列方式审查确认遗嘱的效力：

（一）遗嘱为公证遗嘱的，公证机构应当对遗嘱内容是否符合法律规定进行审查，并向全体法定继承人核实，核实的内容包括询问被继承人有无其他遗嘱或者遗赠扶养协议，法定继承人中有无缺乏劳动能力又没有生活来源的人。

法定继承人对公证机构的核实没有回复的，或者无法与法定继承人取得联系的，公证机构在对遗嘱进行审查后，可以确认遗嘱的效力；

（二）遗嘱为公证遗嘱以外的其他符合法定形式的遗嘱的，公证机构应当取得全体法定继承人对遗嘱内容无异议的书面确认，并经审查认为遗嘱的内容符合法律规定，可以确认遗嘱的效力；

（三）遗嘱为在境外所立的遗嘱的，公证机构应当根据法律、法规及司法部的有关规定确认遗嘱的效力。

3.6　遗嘱在财富保障与传承中的应用

一、遗嘱定向传承财富

案例 3-6-1

据新闻报道，北京时间2020年5月26日，港、澳地区知名爱国企业家何鸿燊在香港养和医院逝世，享年98岁，留下5000亿港元的身家。消息传出后，博彩股发生异动，何鸿燊旗下的信德集团股价收盘大涨21.88%，最新市值为94.3亿港元。

何鸿燊生前有4位太太和17个子女，他们曾多次因为家庭矛盾和财产纠纷登上娱乐版和商业版的头条。这也留下一个悬念：其5000亿港元的身家到底如何分配？据传闻，何鸿燊早已订立遗嘱，并成立了家族信托来管理千亿资产并分配资金。那么，巨额财产委托给信托基金后，这个钱就属于基金所有，遗产不会被继承人轻易挥霍殆尽，但何家世代仍然可以享受红利。

从财富传承的角度而言，一个人的成功不在于累积过多大的资产量，而在于能够保全和传承了多少资产。如前所述，财富人士可以通过遗嘱的财产清单功能，将自己所有的种类繁多的财产进行整理，按照自己隐秘和具体的意愿，分别进行传承。遗嘱指定了财产分配的形式和指定继承对象，反映了被继承人生前对财产处理的愿望，能将财富精准定向传承。可以说，遗嘱的定向传承功能是对个人财产所有权予以全面保护的最佳体现。能够让人认真思考和面对百年之后传承的困惑，在充分掌控财富分配主动权的情况之下，通过传给谁、不传给谁，给谁多、给谁少，完成家族财富的转移和奖惩。

可以说，遗嘱是兼具感性与理性的法律工具。遗嘱以外的财富传承工具，可能因为种种原因无法全面覆盖所有的家庭财产，不能一揽子解决财富布局。唯有遗嘱，不但可以将所有财产覆盖在内，还可以对接其他法律和金融工具，如人寿保单、家族信托等，充分实现委托人意愿。遗嘱甚至可以和家族精神和文化相得益彰，承载精神财富的传承，这些优势都是其他传承工具无法比拟的。

二、遗嘱规避二代婚姻风险

以笔者团队的法律实践经验来看，在我们为高净值客户提供遗嘱配置中，几乎所有的客户都倾向于不把遗产百年后留给女婿或儿媳，换句话说，防儿媳或防女婿成了财富传承的一个隐秘而又核心的痛点。相关数据表明，近年来，国人订立遗嘱的意愿对比过往已经得到显著提高，但为何国人在订立遗嘱时几乎从不指定女婿或儿媳做继承人呢？

我们认为，这既和中国文化传统有关，也和近年来中国高居不下的离婚率有关系。根据民政部 2014—2018 年的数据统计可以看到，结婚率呈逐年下降趋势，而离婚率呈逐年升高趋势。2019 年，中国结婚登记人数为 947.1 万对，离婚登记人数为 415.4 万对，离结比高达 44.1%。婚姻风险已经变成导致高净值家庭财富外流的一个非常重大的风险。

案例 3-6-2

南方某省的民营企业主方先生，60岁左右，已婚，家族经营铝业，身家几十亿元。但方先生只有一个儿子，35岁，未婚。儿子刚开始接管家族企业，但是经营能力很一般，话语权弱，大事还要交由方先生决断。

儿子现在与女朋友在恋爱中。对方是名护士，比儿子小十几岁，家境一般，工作一般，只是长得漂亮。听儿子的意思有结婚的打算。这让方先生很头疼，即使将来家族企业可以不传承给儿子，聘请职业经理人或者变卖套现，但他就这一个独生子，家族的资产总是要交到儿子手中。方先生很怕自己百年后，一旦儿子发生婚姻风险或意外，自己辛苦打拼的基业和家族财富大部分会外流。

笔者认为，越是高净值家庭，家庭财富的种类越复杂，数额也越高，而一旦遇到婚姻风险或意外风险，遭受到的财富损失当然也就越大。高净值人士辛苦一生积累的财产，不想因子女的婚姻风险而外流。因此，一份列明财产清单并指定自己子女专属继承的遗嘱就成为财富保障与传承的标配。

利用遗嘱确定百年后自己的身家只由子女独自继承，无论子女是未婚还是已婚状态，财富传承后都只作为自己子女的个人资产，不作为子女的夫妻共同财产，让财富锁定在自己家族中，是中国高净值人士财富传承的普遍目标。

三、利用遗嘱指定监护人和遗产管理人

一方面，当独生子女家庭被监护人只剩下唯一的父亲或母亲，而该母亲或父亲也可能得了绝症快去世时，如何保障被监护人的成长和生活呢？根据《民法典》第二十九条的规定，被监护人的父母担任监护人的，可以通过遗嘱指定监护人。也就是说，父或母可以通过立遗嘱给子女指定“新监护人”来给子女带来保障。需要注意的是，可以通过遗嘱指定监护人的主体必须是监护人的父母，父母之外的监护人无权通过遗嘱指定监护人。如果未成年被监护人的父母均健在且都有监护能力，那么父母均是法定的监护人，都有监护的职责，故任何一方不得单独立遗嘱指定监护人，否则就会剥夺另一方的监护权。

另一方面，如前所述，鉴于中国财富家庭遗产种类越来越庞大和复杂，有时又和夫妻共同债务、对外债务相交叉，为了避免纠纷，顺利继承遗产，《民法典》创设了遗产管理人制度，从风险管理和财富传承确定性的角度来说，立遗嘱人应当在立遗嘱的同时，尽早选择专业人士参与订立遗嘱并担任遗产管理人。

四、遗嘱搭配法律协议、人寿保险和家族信托，综合传承财富

遗嘱，是家族财富保障与传承的制度性工具。在案例 3–6–2 中，遗嘱仅仅是为方先生家族财富保障与传承起到基础性防范作用。对于方先生这种超高净值家庭来说，仅仅运用遗嘱是远远不够的。如果想要把不动产、企业股权、艺术品和现金等，既稳妥安全地交给儿子，又能防范儿子的婚姻风险、挥霍风险和意外风险等，甚至将来顺利传承给第三代、第四代，还需要综合性地考虑将遗嘱、大额保单和家族信托等结合起来，重新设计家族财富的持有架构，把风险隔离做得更彻底，真正做好家族财富保障与传承。

法条链接

◇《民法典》

第二十九条 被监护人的父母担任监护人的，可以通过遗嘱指定监护人。

第三十条 依法具有监护资格的人之间可以协议确定监护人。协议确定监护人应当尊重被监护人的真实意愿。

第三十八条 被监护人的父母或者子女被人民法院撤销监护人资格后，除对被监护人实施故意犯罪的外，确有悔改表现的，经其申请，人民法院可以在尊重被监护人真实意愿的前提下，视情况恢复其监护人资格，人民法院指定的监护人与被监护人的监护关系同时终止。

第一千零七十条 父母和子女有相互继承遗产的权利。

第一千一百四十五条 继承开始后，遗嘱执行人为遗产管理人；没有遗嘱执行人的，继承人应当及时推选遗产管理人；继承人未推选的，由继承人共同担任遗产管理人；没有继承人或者继承人均放弃继承的，由被继承人生前住所地的民政部门或者村民委员会担任遗产管理人。

3.7 结束语

在中国，高净值人士往往希望自己去世后能把资产留给自己的至亲，也想当然地认为直接适用法律规定的法定继承没什么值得担心的，但大量的家事争产案例和教训告诉我们，财富的保障和传承风险不容小觑。忽视遗嘱在家族财富保障与传承中基础性作用，会给财富带来巨大的损失风险。如果说私人财富是一栋高楼大厦的话，遗嘱无疑就是大厦的地基。地基虽不能永久保障大厦稳固，但没有地基，高楼大厦不可能平地而起。中国高净值人群只有对法定继承与遗嘱继承的区别、对遗嘱与遗赠等法律工具的运用有一个完整的认识，才能在财富保障与传承中，思谋深远，有的放矢。

第四章

私人财富保障与传承的未雨绸缪工具——法律协议

法律的基础有两个，而且只有两个——公平和实用。

——伯克

4.1 财富管理中的法律协议

法律协议（合同）属于双方法律行为，是双方当事人意思表示一致的结果。《民法典》第四百六十四条规定：“合同是民事主体之间设立、变更、终止民事法律关系的协议。”根据《民法典》合同编的有关规定，合同可分为有名合同与无名合同。有名合同又称典型合同，是指法律专门设有规范，并赋予一定名称的合同，如买卖合同、赠与合同、借款合同和委托合同等。无名合同又称非典型合同，是指立法上没有确定名称的合同，如借用合同、教育合同、美容合同等。在私人财富管理领域中的法律协议（合同）既包含有名合同，也包含无名合同。

在财富保障与传承法律实践中，往往需要根据解决风险的不同，来选择和搭配不同的法律协议。比如，以转移和传承财富为目的，经常要用到赠与协议（有名合同）和家庭协议（无名合同）。以防范婚姻风险和保障婚姻财富为目的，经常使用夫妻财产协议、离婚协议和忠诚协议（皆为无名合同）。为隔离债务或隐藏财富等，又经常使用到代持协议（无名合同）等。

每种法律协议（合同）都有它独特的价值和功用。越是财富种类繁多、家庭关系复杂和有财富管理个性化需求的家庭，越要综合性地使用好传承工具，不要仰仗或依赖单一工具解决一切问题。在财富保障与传承的路途上，思维懒惰、惧怕麻烦等往往会在未来风险爆发时，引发不可挽救的灾难后果。

4.2 赠与协议

案例 4-2-1

2005 年，王某将自己名下的房子过户给大儿子王文（化名），产权登记人变更为王文，希望性格内向、文化水平不高的儿子，以后出外打拼、无力买房时有家可回。2010 年，王文与打工认识的李丽（化名）相识 30 天闪婚，领了结婚证后回老家办了喜宴。不到半年，李丽以性格不合为由要求离婚，并要求分割王文名下的房产。

案件最终以双方离婚收场，王文名下的房产归其个人所有。王某在王文婚前通过赠与的方式，将房产过户至儿子个人名下，并约定属于赠与儿子的个人资产，使得房产能够安全地传递到下一代，防止儿子婚变导致的财产外流。

案例 4-2-2

王女士和赵先生于 2008 年 8 月结婚，婚后都在深圳工作，一直租房居住。2010 年 12 月，随着女儿的出生，他们决定在深圳买套房子。因为王女士家庭经济条件优越，所以她的父母首付出资 30 万元，后续的贷款则是王女士和赵先生负责偿还，每个月还 4000 元左右。房产登记在王女士名下。

2013 年，王女士经常出差，后来赵先生发现妻子和高中一男同学发生了婚外情。赵先生对此气愤不已，提出离婚。谈到分割夫妻共同财产时，王女士竟然说这套房子是她父母出资购买的，属于她的个人财产，只愿意补偿赵先生 20 万元。赵先生当然不同意，因为现在这套房已价值将近二百万元。

法院认定，30 万元首付视为王女士父母对其个人的赠与，双方婚后共同还贷支付的款项及其相对应财产增值部分应予以分割。

为什么同样的赠与行为，产生了两种完全相反的法律后果呢？这就涉及赠与协议的定义和具体法律实践了。

一、赠与

法律上的赠与是一种合意，是双方的法律行为。在现实生活中，也会出现一方出于某种考虑而不愿接受对方赠与的情形，遇到这种情况，赠与就不能成立。

为高净值家庭提供法律服务过程中，根据实际情况的需要，赠与财产既可以采取直接交付的方式，也可以采取签订书面赠与协议或附条件赠与协议的方式。最为常见的是直系亲属间无偿赠与现金、古董、艺术品、房产和股权等行为。

回到案例 4-2-2 中，赵先生婚后所购买的这套房女方父母只出了首付，属于部分出资购房的情形。该房屋并不是王女士的个人财产，相反该房屋的产权和增值都应属于夫妻婚后共同财产。而女方父母所出的 30 万元首付，则视为女方父母对女方个人的赠与，应作为其个人财产在房屋分割中先将其扣除。

具体分割方式是：如果双方对房屋的价值没有异议，不需要进行评估。在房屋现值的基础上，先扣除女方个人财产 30 万元和未偿还完的贷款，剩余的部分由王女士和赵先生两人平均分割。如果离婚后房屋所有权归赵先生所有，则需要支付王女士 30 万元及剩余价值一半的补偿金；如果房屋所有权归王女士所有，则王女士需支付赵先生剩余价值一半的补偿金。

二、赠与协议和附条件赠与协议

《民法典》第六百五十七条规定，赠与合同是赠与人将自己的财产无偿给予受赠人，受赠人表示接受赠与的合同。在一般情况下，赠与协议仅由赠与人负有将自己的财产给予受赠人的义务，而受赠人并不负有义务。但在附条件的赠与协议中，赠与人负有将其财产给付受赠人的义务，受赠人还应满足协议约定的条件。法律赋予赠与人赠与协议的撤销权，目的在于对赠与人权利的保护和对受赠人不履行法定义务的惩罚。

案例 4-2-3

张某与孙某系夫妻关系，二人育有一女张甲。2008 年 5 月，张某、孙某与张甲签订赠与合同，将张某名下一套房产赠与张甲，并约定由张甲照料父母生活，并承担张某、孙某嗣后的医疗费用。该赠与合同进行了公证，房屋产权亦在不久后变更登记于张甲名下。此后张甲并未与父母共同居住生活。2011 年，张某因病住院，张甲以工作繁忙为由，拒绝前往医院照料，张某要求张甲承担住院相关费用，张甲亦予以拒绝。张某与孙某因此诉至法院，以张甲对父母未尽到约定义务为由，请求法院撤销赠与合同。

法院认为，张某、孙某与张甲所签订的赠与合同系附义务的赠与合同，该合同中对于受赠人所应承担的义务有明确的约定，即由张甲照料张某、孙某生活并承担张某、孙某嗣后的医疗费用。张甲签订合同以后并没有与张某、孙某共同居住，或以其他方式照料二人生活，在张某因病住院后，张甲也没有尽到照料义务并拒绝承担张某的医疗费用，张甲的行为违反了赠与合同约定的义务，因此准许张某、孙某撤销对张甲的房屋赠与。

本案中，不论赠与是否已经公证，即使赠与房产已完成过户，受赠人对赠与人有扶养义务而不履行的，赠与人也可向人民法院请求以不履行扶养义务为由撤销赠与。

三、附条件赠与协议与遗赠扶养协议的区别

遗赠扶养协议是遗赠人与扶养人之间订立的，确定遗赠与扶养民事权利义务关系的协议。这里的“扶养人”是指法定继承人以外的其他公民或集体所有制组织。遗赠扶养协议规定，扶养人承担遗赠人生养死葬的义务，并于遗赠人死后取得其遗产。一般来说，这里的遗赠人是没有子女或子女不在身边、独立生活存在困难而需要他人照顾的老人，享有受扶养人扶养的权利，负有死后将其遗产遗赠给扶养人的义务。

遗赠扶养协议、附条件的赠与协议虽然都是双方共同的意思表示，但遗赠

扶养协议和遗嘱、遗赠是一个道理，只有当被扶养人死亡后，其财产才由扶养人取得；而附条件赠与协议的赠与人在生前已经将财产交付给（动产已经交付、不动产已经过户）被赠与人，只是被赠与人还应满足协议约定的条件。

四、赠与协议在财富保障与传承中的作用

1. 通过赠与协议进行定向传承

如果说遗嘱解决的是高净值人士的身后事，那么赠与协议就是解决高净值人士的生前事。和遗嘱一样，赠与协议也可以按照高净值人士的财富传承意愿进行定向传承，把自己的财富在生前通过直接交付的方式给到自己想给的人。在赠与过程中，诸如直接赠与现金、珠宝首饰或古董等动产，由于私密性强，外人几乎无法知晓，符合传承的保密性需求，甚至在某种意义上，还达到了“避税”的效果。

2. 通过赠与协议搭配金融工具

使用赠与协议进行财富转移和传承，对于财富种类和家庭关系比较简单的情况，是一种有效且方便的方式，但是对于财富体量较高、关系复杂的家庭来说，仅使用赠与协议难以达到理想效果。

我们在为客户提供财富传承方案的过程中，面对复杂的资产类别和家庭关系，往往针对不同的目标，将赠与协议搭配其他法律工具和金融工具一并使用，从而将财富传承过程中的风险降到最低，实现财富的安全传承。

案例 4-2-4

企业家张某从事汽车配件批发生意，赶上前几年经济环境好，赚了不少钱。但是生意场上得意，情场却不尽如人意。在与前妻离婚之后，独自照顾婚生子张明（化名）。后与现任妻子相识半年走入婚姻的殿堂，没想在生育小女儿张萌（化名）后，与现任妻子的婚姻也走到了尽头。现张某独立经营着企业，独自抚养两个未成年孩子。经历两次离婚风波后，名下有三套房产，银行存款 2000 万元。

从张某的家庭关系来看，单一的赠与协议无法实现财富的安全传承。张某的财富传承主要存在以下风险：

1. 债务风险。张某如果未能将个人的财产与企业的资产加以区分与隔离，可能导致个人财产与公司财产的混同，那么公司爆发债务风险之后，张某的个人财产可能会被用来偿还公司债务。

2. 继承风险。因为张某两个孩子均未成年，尚未有能力管理财富，且孩子未来读书需要较大的资金投入。

面对日益繁重的工作，张某为了防止自己发生意外，两个孩子孤苦无依，财产被分流，张某通过以下方式规划资产：

1. 通过赠与，将房产赠与儿子两套，女儿一套，并办理了房屋过户手续，确保财富的定向传承，隔离个人债务。

2. 通过代持协议，将名下部分现金资产与股权交由第三人代持，隔离企业债务风险。

3. 通过购买大额年金保单，自己做年金保单的投保人和被保险人，给自己和孩子提供现金流。

4. 设立遗嘱，将名下其他财产指定由两个孩子分别继承，并指定遗嘱执行人，防止自身出现意外时孩子未成年，无能力管理巨额遗产。

张某通过遗嘱、赠与合同、代持协议和大额年金保单的工具组合，为自己财富的保障和传承筑起了坚实的防火墙。

3. 通过赠与进行个税筹划

（1）无偿赠与房屋

案例 4-2-5

孙依与刘桐是夫妻，2009 年，年过七旬的刘父感到自己的身体状况一年不如一年，于是想在自己意识尚清醒时将所有的财产以赠与的形式分配给子女，好让自己走得安心。于是，2009 年 10 月 14 日，刘父将自有的五间住房的其中一间半赠与刘桐，并对赠与协议进行了公证。房屋赠与协议的主要内容为："赠与人刘 × 系受赠与人刘桐的父亲，现赠与人愿将本人所有的房屋五间中的一间半赠与受赠人刘桐所有，受赠与人刘桐自愿接受赠与，本协议由双方签字后生效，自公证后赠与人不得撤销。"

人算不如天算，赠与协议公证后的第五天，刘桐遭遇车祸，经抢救无效离世，中年丧夫，老年丧子，孙依和刘父都感觉很悲痛，尽量不去触碰这个伤口。不久，孙依就搬到另一城市去生活，最初孙依还经常打电话问候刘父，逢年过节也会去拜访，但两年后她结识了新的伴侣，很快两人就结婚了，她与刘父间的关系也越来越远，慢慢就断了联系。

2017 年，孙依偶然得知刘父的房屋正在拆迁，突然想起之前刘父与刘桐的房屋赠与协议，于是要求刘父继续履行协议，将 1 间半房屋的份额改由自己承受。刘父怒斥孙依，并拒绝了她的要求。

孙依将刘父诉至法院，她认为刘父与刘桐的赠与协议已生效，且在赠与协议中因未明确只归刘桐一方的财产，依据《婚姻法》第十七条[①]之规定，应属孙依与刘桐的夫妻共同的财产，因此，请求法院判决该 1 间半房屋的 1/2 归其所有，且另外 1/2 由其依法继承 1/2 的份额。刘父答辩认为："赠与协议并未发生法律效力。在没有接受赠与财产、更没有依法办理过户登记手续前，受赠人就已死亡，致使该赠与合同无法履行而终止，又因受赠人是唯一的特定的，赠与人在受赠人死亡后又没做出新的意思表示，所以该赠与协议属于已经终止的无效合同。"请求法院驳回孙依的诉讼请求。后法院判决，刘桐与刘父双方签订的赠与协议，是双方的真实意思表示，并在协议中签字捺手印，受赠与人刘桐已经接受了赠与，赠与合同订立后经公证的，赠与人不得任意撤销。另该协议中虽然写的赠与给刘桐，没有包括孙依，但该赠与行为发生在刘桐和孙依婚姻关系存续期间，且协议中未明确约定只归刘桐一人所有，故应认定为系夫妻共同财产，因此判决支持孙依全部诉讼请求，将该 1 间半房屋的 2/3 判归孙依所有。刘父不服上诉，最终二审法院维持原判。

父母与子女之间，通过赠与方式传承财富比较普遍。随着中国房地产市场的发展，房屋的价值占据了家庭财富中很重要的一部分。现实生活中，父母出资给子女买房，或是父母将名下的房屋赠与子女的行为十分普遍。那么，父母出资为子女配

---

① 该条对应《民法典》第一千零六十二条。

置房产，到底该采取什么方法才能防止因子女婚姻风险导致的财富外流呢?

第一，如果子女已经结婚，想要将财富给子女，又担心子女婚姻发生纠纷导致财富外流的，需要书面协议明确赠与自己的子女，写到这里还不够，记得再加上一句“只归他 / 她一方的财产，不属于夫妻共同财产”。那么，即使将来子女婚变，父母赠与自己子女买房的出资也不会被分割，从而保护自身财产权益。

第二，出资应直接从银行转账给房屋出卖人。父母为购房出资了，就要证明钱是父母出的，银行转账是最好的证明，尽量避免交付现金的方式。

第三，房屋产权应登记在自己子女一方的名下。如果房屋能登记在父母与子女名下，则更有利于保护父母的权益。在房屋购买时房屋登记在父母和子女的名下，则父母和子女对房屋属于按份共有，那么因加名等对房屋的处置行为就需要其他共有人的同意，可以防止自己子女在未征得父母同意的情况下擅自加名，从而保护父母及自己子女的合法权益。

此外，对于父母无偿赠与房屋给子女，实际上是有节税优势的。根据《财政部　国家税务总局关于个人无偿受赠房屋有关个人所得税问题的通知》（财税〔2009〕78 号）的相关规定，除法定情形外，房屋产权所有人将房屋产权无偿赠与他人的，受赠人因无偿受赠房屋取得的受赠所得，须按照“经国务院财政部门确定征税的其他所得”项目缴纳个人所得税，税率为 20%。其中，78 号文规定的法定“免税”情形为：

（一）房屋产权所有人将房屋产权无偿赠与配偶、父母、子女、祖父母、外祖父母、孙子女、外孙子女、兄弟姐妹；

（二）房屋产权所有人将房屋产权无偿赠与对其承担直接抚养或者赡养义务的抚养人或者赡养人；

（三）房屋产权所有人死亡，依法取得房屋产权的法定继承人、遗嘱继承人或者受遗赠人。

上述情形下，对当事双方均不征收个人所得税，也即赠与人针对上述特定对象无偿赠与房屋，不需要缴纳个税。

（2）无偿赠与股权

根据 2014 年 12 月 7 日国家税务总局发布的《股权转让所得个人所得税管理

办法（试行）》（国家税务总局公告 2014 年第 67 号）规定，对于“申报的股权转让收入明显偏低且无正当理由的”，主管税务机关可以核定股权转让收入，其中，“不具合理性的无偿让渡股权或股份”属于“股权转让收入明显偏低”法定情形之一。所谓“正当理由”，依据 67 号文，主要包括以下几种情形：

（一）能出具有效文件，证明被投资企业因国家政策调整，生产经营受到重大影响，导致低价转让股权；

（二）继承或将股权转让给其能提供具有法律效力身份关系证明的配偶、父母、子女、祖父母、外祖父母、孙子女、外孙子女、兄弟姐妹以及对转让人承担直接抚养或者赡养义务的抚养人或者赡养人；

（三）相关法律、政府文件或企业章程规定，并有相关资料充分证明让价格合理且真实的本企业员工持有的不能对外转让股权的内部转让；

（四）股权转让双方能够提供有效证据证明其合理性的其他合理情形。

对于受赠人而言，依然处于税法的“真空地带”，目前并无明确规定，依据“法无明文规定即禁止”的原则，不应纳入征税范围。

案例 4-2-6

王太太在王先生去世后继承了他名下的一套房屋，并顺利办理了产权过户登记手续。他们的儿子小王则继承了王先生在某公司的股权。后来王女士因经济原因欲出售该继承来的房产。王太太是否需要缴纳个人所得税？缴多少？小王继承股权是否需要缴纳个人所得税？

首先，王太太继承丈夫的房屋后又卖掉，需不需要缴个人所得税呢？继承不需要，但出售需要。因为根据我国个人所得税法的相关问题以及解释规定：继承人转让该房屋时，以转让房屋的收入减除原房屋产权所有人取得该房屋的实际购置成本，以及继承和转让过程中继承人支付相关税费后的余额，为继承人的应纳税所得额，依法按照 20% 的税率缴纳“财产转让所得”个人所得税。只有转让的房屋为个人自用 5 年以上且为家庭唯一生活用房，免征个人所得税。

其次，小王继承父亲的股权，就其性质而言属于被继承人的遗产，我国现行法律没有针对遗产所得予以征税的法律规定，而根据《股权转让所得个人所得税管理办法（试行）》（国家税务总局公告 2014 年第 67 号）第十三条规定，继承或将股权转让给其能提供具有法律效力身份关系证明的配偶、父母、子女、祖父母、外祖父母、孙子女、外孙子女、兄弟姐妹以及对转让人承担直接抚养或者赡养义务的抚养人或者赡养人的，股权转让收入明显偏低可视为有正当理由，不缴纳个人所得税。因此，小王也无须缴纳个人所得税。

五、财富支持：赠与好还是借款好

根据《民法典》和相关法律规定，当事人结婚后，父母为双方购置房屋出资的，该出资应当认定为对夫妻双方的赠与，但父母明确表示赠与一方的除外。该条规定事实上推定父母出资性质为赠与，但有个前提是父母出资意思不明确，即没有证据证明父母出资有其他的意思表示。

如果有明确的证据证明父母是以借贷出资的，离婚时可以提出属于夫妻共同债务，要求对方共同偿还。条文中的“应当认定”是在父母实际出资时，其具体意思表示不明的情形下，从社会常理出发，推定为赠与。若当事人有证据证明其与出资人之间形成的是借贷关系的，则不能适用该条规定。当然，该证据应当是在当事人离婚诉讼前形成的，离婚诉讼中父母作出不是赠与意思表示的陈述或证明，尚不足以排除赠与的推定。

案例 4-2-7

浙江绍兴诸暨的赵老太太将自己的儿子儿媳告上法庭，要求归还当年自己给小夫妻买房时垫付的购房款 136 万余元。赵老太太表示，儿子儿媳在 2013 年 11 月登记结婚后，打算在杭州滨江买下一套公寓，但小夫妻俩的积蓄不够，于是赵老太太代为支付了首付、装修等款项共计 161 万余元。赵老太太认为，这是暂时借给儿子儿媳渡过难关的，但是在儿子儿媳看来，该部分出资被用于购买婚房和装修，结合“男方首付，共同还贷”的风俗，“理所当然”就是作为母亲的原告对夫妻俩的赠与行为，不应认定为借款。庭审中，赵老太太出示了当时的借条证明其出资是借款，而儿媳主张赵老太太讨要房款是因为小夫妻俩正在闹离婚，老太太是要通过这种方式串通儿子损害她的利益，但并未提供有力的证据证明赵老太太的出资是赠与。

事件的焦点集中在：当时垫付的购房款究竟是赠与还是借款。儿媳妇认为钱是赠与，婆婆认为钱是借款，经过一审、二审，法院认为，父母出资款并非必然就应定性为赠与性质。在父母出资之时未有明确表示出资系赠与的情况下，应予认定该出资款为对儿女的临时性资金出借，目的在于帮助儿女度过经济困窘期，儿女理应负担偿还义务。最后绍兴中院判决，房款应视为借款。

笔者建议，父母赠与给子女房产，可以按照如下方式进行：

1. 若父母出资的本意是想拥有房屋的所有权，则应签订一份出资协议，明确表明父母的出资份额和比例、明确对房屋享有占有、使用、收益和处分的权利。并在产权证上登记父母的名字，以确认对房屋的所有权。

2. 若父母出资的本意是借贷，应明确告知夫妻另一方，此为夫妻共同债务，并保留配偶一方认可出资为借贷的证据。签订借款合同就更为明确。

3. 父母如果婚后出资购房，但想把房子留给自己的子女，需要写份书面赠与协议，对出资金额、用途、性质、赠与的对象予以明确说明。协议应当让子女以及子女的配偶签字确认，最好经过公证，否则在将来的离婚诉讼中要承担举证不能的后果。

赠与协议模板

赠与协议

甲方（赠与人）：姓名______、民族______、性别______、年龄______、住址________________________、身份证号__________________________等信息

乙方（受赠人）：姓名______、民族______、性别______、年龄______、住址________________________、身份证号__________________________等信息

为明确甲乙双方本次赠送 ×××（赠与的标的物，如赠与房屋，应写明房地产权证、地址等，如其他物品，也应写明该赠与物是什么、在什么位置）的权利义务，甲乙双方本着诚实信用的原则，并根据有关法律法规，制订本协议，

以资共同遵守。

第一条　甲方决定将________（写明赠与财产的具体情况，如赠与房产写明产权证号、地址等；如赠与股权则写明哪个公司的股权及占股比例等）无偿赠与给乙方（如仅赠与乙方个人，则应写明“只赠与乙方个人所有，不视为对乙方夫妻双方的赠与”），乙方同意接受此赠与。

第二条　甲方保证其对上述赠与财产拥有完整的所有权。

第三条　甲方保证本次赠与并无任何恶意，而且已将其所知的一切包括瑕疵在内的注意事项告知乙方（但甲方不保证本次赠与物完全无瑕疵）。

第四条　在本协议生效后，甲方应在________日内向乙方移交上述赠与财产；并应在________日内协助乙方到有关登记管理部门办理有关权属变更登记的手续。乙方逾期办理，则视为放弃赠与（也可约定其他情形）。

第五条　乙方无须向甲方支付任何费用，但与移交上述赠与财产产生的有关的费用及契税应由乙方负担。

第六条　违反本协议的约定为违约行为，应承担违约责任。违约方应向守约方赔偿因违约行为导致的一切经济损失。

第七条　如双方因本协议发生纠纷，由双方协商解决，如协商不成，则任何一方均有权利向________人民法院起诉。

第八条　本协议一式两份，双方各持一份，具有同等法律效力。

第九条　本协议在双方签字后（也可约定自公证之日起）生效。

甲方：（签字）________　　　　乙方：（签字）________

________年____月____日　　　　________年____月____日

签订地点：____________________________________

附条件赠与协议模板

附条件赠与协议

甲方（赠与人）：姓名______、民族____、性别____、年龄____、住址____________________、身份证号______________________________

乙方（受赠人）：姓名______、民族____、性别____、年龄____、住址____

______________、身份证号______________________________

甲乙双方就赠送__________（写明赠与标的物名称）事宜达成协议如下：

第一条　甲方将其名下个人所有的__________（写明赠与物名称）赠与乙方。甲方保证其对上述赠与财产拥有完整的所有权。

第二条　赠与物的基本情况（写明赠与标的物的具体情况，如赠与房产则写明房地产权证号、地址等；如收藏品则写明存放地址等）。

第三条　甲方保证本次赠与已将其所知的一切包括瑕疵在内的注意事项告知乙方（但甲方不保证本次赠与物完全无瑕疵），否则，愿意对因此给乙方造成的损失承担赔偿责任。

第四条　在本协议生效后，甲方应在______日内向乙方移交上述赠与财产；并应在______日内协助乙方到有关登记管理部门办理有关权属变更登记的手续。乙方逾期办理，则视为放弃赠与（也可约定其他情形）。

第五条　乙方的义务（可协商赠与的条件）：

1. 受赠后乙方应当赡养甲方夫妻直至甲方夫妻死亡，并将房屋租赁所得的每月租金于每月的______日前交付给甲方，如果其他特殊情况出现，则双方可重新酌商前述约定。

2. 乙方无须向甲方支付任何费用，但与移交上述赠与财产所产生的有关费用及契税应由乙方负担。

第六条　乙方如有下列情形之一时，甲方可撤销本协议：

1. 乙方无法履行第五条约定的义务时。

2. 乙方严重侵犯甲方夫妻权益、对甲方夫妻犯下重大罪行等。

第七条　乙方若违反协议约定导致本协议被撤销，则应当及时辅助甲方办理相关手续，将赠与物返还给甲方，不得将赠与物转让或者办理其他权利负担，否则应承担由此造成的甲方的全部损失。

第八条　违反本协议的约定为违约行为，应承担违约责任。违约方应向守约方赔偿因违约行为导致的一切经济损失。

第九条　如双方因本协议发生纠纷，由双方协商解决，如协商不成，则任何一方均有权利向________人民法院起诉。

第十条　本协议一式两份，双方各持一份，具有同等法律效力。

第十一条　本协议在双方签字后（也可约定自公证之日起）生效。

甲方：（签字）________　　　　乙方：（签字）________

________年____月____日　　　　________年____月____日

签订地点：________________________________

法条链接

◇**《民法典》**

第四百六十四条　合同是民事主体之间设立、变更、终止民事法律关系的协议。

婚姻、收养、监护等有关身份关系的协议，适用有关该身份关系的法律规定；没有规定的，可以根据其性质参照适用本编规定。

第六百五十七条　赠与合同是赠与人将自己的财产无偿给予受赠人，受赠人表示接受赠与的合同。

第六百五十八条　赠与人在赠与财产的权利转移之前可以撤销赠与。

经过公证的赠与合同或者依法不得撤销的具有救灾、扶贫、助残等公益、道德义务性质的赠与合同，不适用前款规定。

第六百五十九条　赠与的财产依法需要办理登记或者其他手续的，应当办理有关手续。

第六百六十一条　赠与可以附义务。

赠与附义务的，受赠人应当按照约定履行义务。

第六百六十三条　受赠人有下列情形之一的，赠与人可以撤销赠与：

（一）严重侵害赠与人或者赠与人近亲属的合法权益；

（二）对赠与人有扶养义务而不履行；

（三）不履行赠与合同约定的义务。

赠与人的撤销权，自知道或者应当知道撤销事由之日起一年内行使。

第六百六十五条　撤销权人撤销赠与的，可以向受赠人请求返还赠与的财产。

4.3 夫妻财产协议

婚姻关系，包括人身关系和财产关系。婚姻关系带来最大、最直接的风险，就是婚姻财产风险。

案例 4-3-1

郭华与冯璐两人结婚多年，后因感情不和，且因在财产分割上两人分歧较大，最终提起离婚诉讼，庭审中，人民法院查明财产如下：

1. 郭华婚前开设股票账户，登记时市值 21 万元，婚后经常买进卖出，离婚时市值 36 万元。

2. 郭华婚前持有某公司股权，婚后共计分红 300 万元。

3. 郭华婚前购买黄金 100 万元，离婚时涨了 2 倍。

4. 郭华婚前出资 100 万元购买一幅名画，离婚时价格涨到 200 万元。

5. 郭华婚后定期购买彩票，因冯璐反对，郭华用婚前积蓄购买，中奖 100 万元，扣税后 80 万元。

6. 冯璐婚前买了 18 万元基金，婚后一直未操作，市值 20 万元。

7. 冯璐婚前继承爷爷遗产 500 万元，婚后借款给朋友，每年利息 80 万元，共收取利息 240 万元。

经调解无效后，人民法院一审认定：

1. 郭华股票账户婚前 21 万元，离婚时 36 万元，增值 15 万元属于夫妻共同财产；

2. 郭华婚前取得的股权属于个人财产，股票市值的变化并非完全取决于资本市场的波动，其间郭华进行了资本运作并经过审批机关的批准，该股权婚后取得的分红属于夫妻共同财产；

3. 郭华购买的黄金及名画，认定为个人财产；

4. 郭华购买彩票中奖属于夫妻共同财产。

5. 冯璐的基金一直未操作，属于自然增值，基金增值仍然属于个人财产；

6. 冯璐婚前继承爷爷遗产，婚后赚得的借款利息是本金产生的法定孳息，与投资收益风险性及确定性性质不同，增值部分属于个人财产；

后二人均提起上诉，二审维持了原判。

根据《民法典》和相关法律规定，夫妻一方个人财产在婚后产生的收益，除孳息和自然增值外，应认定为夫妻共同财产。

1. 孳息包括天然孳息和法定孳息。天然孳息是依据物的自然性能或者物的变化规律而取得的收益。例如，母鸡生的蛋、果树长出的果子。法定孳息是指由法律规定产生了从属关系，物主因出让所属物一定期限内的使用权而得到的收益。例如，存款得到的利息、出租房屋或物品得到的租金。

2. 当事人以个人财产购买的房产、股票、债券、基金、黄金或古董等财产，在婚姻关系存续期间，因市场行情变化抛售后产生的增值部分，属于个人财产的自然增值，由于这些财产本身仅是个人财产的形态变化，性质上仍为个人所有之财产，抛售后的增值是基于原物交换价值的上升所致，仍应依原物所有权归属为个人所有。此外，一方财产用于借贷而于婚后取得的利息属于法定孳息，离婚时应当认定为个人财产。

如果从防止个人财产与夫妻共同财产发生混同的角度来讲，可以将个人婚前账户与婚后共同账户予以隔离。

为了保障婚姻财富，我国《民法典》第一千零六十五条明确规定了夫妻约定财产制度。夫妻可以在婚前或者婚后，以书面协议的方式，对双方在婚姻关系存续期间所得的财产以及婚前财产所有权（包括存款、现金、不动产、股权、证券等各类财产）的归属、管理、使用、受益和处分，以及债务的清偿等事项作出约定。夫妻财产协议是许多高净值人士和家庭，为防范婚姻风险时使用较多的法律工具之一。

案例 4-3-2

传媒大亨默多克在 2013 年 11 月 20 日正式结束与邓文迪的 14 年婚姻，恢复单身。自此，邓文迪成为默多克的第三位前妻。默多克与邓文迪当天在美国纽约州高等法院露面后，法官格斯默对面前的二位说：“你们能和平解决这件事，我感到高兴。”涉及钱的问题，格斯默显得小心谨慎，以确保两人在完成离婚协议时神志清醒。默多克和邓文迪及其各自律师被要求稍坐片刻，等候文件处理。不到十分钟后，一切都结束了。默多克与邓文迪没有公开离婚协议细节。但美国媒体收集到一些零散信息。

多家媒体报道，现年 44 岁的邓文迪据信将保有位于纽约市曼哈顿区第五大道的一套豪宅。她与默多克 8 年前买入这套住宅时，出价 4400 万美元。另外，默多克位于中国北京的一套房产也将归她所有。归默多克所有的财产包括加利福尼亚州贝弗利希尔斯市的一处房产，以及位于洛杉矶城西富人区贝尔艾尔的葡萄园。后者被《洛杉矶时报》戏称为默多克的“新玩具”。邓文迪喜爱的一艘游艇将被变卖。

离婚后，默多克和邓文迪将共同监护他们的两个女儿。这两个未成年女孩可能将与邓文迪继续住在曼哈顿。如果上述报道属实，邓文迪获得的分手费超过媒体先前预测的不到 2000 万美元。但与默多克第二位前妻安娜得到的分手费相比，邓文迪所得仅是零头。默多克与安娜离婚时支付后者 17 亿美元，为史上最贵离婚费之一。默多克现年 82 岁，已入籍美国。美国《福布斯》杂志报道，默多克家族财富大约 134 亿美元。

2013 年 6 月 13 日，默多克突然提出离婚诉讼。朋友称邓文迪之前毫不知情。

2013 年 11 月 20 日，在各自聘请律师拉锯数月后，两人在法庭结束婚姻关系。据报道，默多克的离婚申请文件仅有一页纸。默多克控制着富可敌国的财富、庞大的家族企业和繁杂的管理事务，以国内经验来看，其离婚需要处理的事务别说一页纸，恐怕一部书也难以容纳，而默多克恰恰做到了，这和两人结婚前的婚前协议有莫大关系。[①]

---

① 搜狐财经 . 邓文迪吻别默多克　离婚所得不足丈夫资产 1%[R/OL] .（2013-11-22）[2018-04-24] .http://business.sohu.com/20131122/n390588187.shtml.

默多克与邓文迪结婚前签署了婚前协议，结婚后又补充了两份协议。根据婚前和婚后协议，默多克与邓文迪离婚不会影响默多克家族企业的管理权、所有权和继承权，邓文迪最终分得默多克不足百分之一的资产。可以看到，默多克在与邓文迪二人的夫妻关系还处于一张白纸的起步阶段，就利用夫妻财产协议等工具清晰地防范了去世、分居、离婚、失踪等各种可能，给予了家族财富最大的保障。没有像国内许多高净值家庭的夫妻那样，面临着错综复杂的财产关系、亲子关系和家族关系，在无休止的你争我夺和互相攻击中消耗时间和生命。

夫妻财产协议是婚姻财产的坚实保障，即使婚姻走到了尽头，双方至少有一个好聚好散的依据，避免了对簿公堂扯不清说不明的尴尬。夫妻生活中，感情也许有对错，但财产约定无所谓对错，因为每个家庭都有自己的故事，每段婚姻也都有自己的特殊性，是否需要进行财产约定，既不用强求，也无须刻意回避。婚姻既需要双方的感情付出，也需要理性对待风险。

一、夫妻财产约定的内容和形式要合法合规

夫妻间订立夫妻财产协议，要重点注意以下三个方面的问题：一是要以双方真实自愿、协商一致为基础，一方不能胁迫另一方办理；二是符合法律规定，不违背公序良俗，不以规避法律或逃避义务为目的；三是协议条款要有具体的可操作性，用词要准确清楚，条款可以操作，避免有歧义，双方才都能遵守。

案例 4-3-3

张某义与侯某于2004年五六月在上海自行相识，2007年4月3日在河南登记结婚。婚后，双方并未生育子女。因双方的年龄、文化背景、社会地位差距较大，婚前并无牢固的感情基础，导致婚后双方因经济问题及个人问题经常争吵，侯某在获得张某义给予的200万元礼金后，仍以各种名义向张某义索取财物，经常无理取闹，打骂甚至威胁张某义。张某义不堪忍受，先后于2007年10月及2008年10月两次起诉至卢湾区人民法院要求与被告离婚。

虽然法院两次均判决不准离婚，但自2007年10月起双方分居至今已有三

年，其间双方既没有任何往来，也没有任何电话或书信联系，夫妻感情确已破裂，现再次起诉要求与侯某离婚。

在案件审理过程中，双方当事人在庭审中均表示婚后无共同财产或共同债权债务，因而婚前签订的财产协议如何履行成为双方分割财产时产生的最大分歧。从协议书的内容及双方当事人在三次诉讼中的庭审陈述来看，该份协议书的约定并非原告基于当时自身的既有财产所作的权利处分，而是原告基于其对自身未来收入的预期而对被告所作的赠与承诺。该份协议书签署于双方结婚之前，原告确实按约向被告给付了礼金人民币 200 万元，但因婚后半年双方感情发生变故，原告不愿意继续履行该协议。综合分析该份协议书的内容及形式，根据法律对于赠与合同的相关规定，本案并不存在原告不得撤销赠与的法定情形，故被告要求原告继续履行协议书的请求不予支持。至于被告要求原告为其解决居住问题的请求，根据原告的举证及被告在法庭上的自认，被告为上海市鲁班路 × 号 × 室房屋的产权人，并不存在居住困难的问题，故本院不予支持。判决准予张某义与侯某离婚。

我国法律规定，赠与人在赠与财产的权利转移之前可以撤销赠与。张某义与侯某在婚前曾签订《财产约定协议书》，协议中张某义曾承诺赠与侯某人民币 2500 万元，但张某义实际支付侯某人民币 200 万元，现双方感情破裂，张某义表示不再愿意赠与侯某钱款，该行为并不违反法律规定。根据本案查明的事实，侯某在本市鲁班路有产权房，侯某可以自行解决居住。①

1. 婚前财产协议是否有效

本案中，原告认为，婚前财产协议的签署违反婚姻以感情为基础的根本宗旨，有违公序良俗，且约定 2500 万元的金额远远超出了普通婚姻家庭正常花费的金额，故不认可协议的效力。被告则认为，原告自愿在婚前与其签订财产协议，同意在婚后每年支付人民币 100 万元，支付 25 年，直至 2500 万元

① 济南中院．夫妻一方将个人财产赠与另一方，离婚时能否撤销赠与？［R/OL］．(2017-07-23)［2018-07-11］.https://www.toutiao.com/i6445796433298719246/.

付清，这是原告真实意思的表示，目的是对其婚姻的一种保障，因而协议是有效的。

判断该份婚前财产协议是否有效的关键在于：其一，协议的签署是否出于双方当事人的真实意思表示；其二，协议是否具有《民法典》合同编关于无效合同规定的几类情形，如以欺诈、胁迫手段订立合同损害国家利益；或恶意串通，损害国家、集体或者第三人利益；或损害社会公共利益；或违反法律、行政法规的强制性规定等。

本案中，双方于婚前对财产的归属问题达成了一致意见，并将该意思表示以书面协议的形式固定下来，双方均签名，同时还邀请了一位律师作为见证人，由此可认定，该份协议是双方真实意思的表示。

2. 婚前财产协议的性质如何认定

认定婚前财产协议的性质是判断协议是否必须继续履行的前提。根据《民法典》婚姻家庭编关于夫妻约定财产制的规定，夫妻双方约定的财产为婚姻关系存续期间所得的财产及婚前财产。换言之，夫妻双方对财产的约定就是处分财产的一种表现方式，而处分的财产必须是既有的财产及可预期的财产，对于不能预期的或实际并不存在的财产则不得约定。本案中，原告婚前是否确实拥有 2500 万元或者将有 2500 万元的财产预期，双方在庭审中均未明确表示。从这一点来判断，双方婚前财产协议并不符合《民法典》约定财产制的基本要件。

3. 婚前财产协议是否必须继续履行

本案中，双方对财产协议的履行约定了期限和条件，如甲方将婚前财产 2500 万元赠与乙方，但甲方以每年 100 万元的方式予以支付，直至 25 年付清或者双方离婚之日起不再支付。可见，判断财产协议是否继续履行的根本在于，该协议是否存在可撤销或可终止履行的情况。经过分析和认定，该婚前财产协议是一份有效的财产赠与协议。

就本案而言，原告在实际转移财产之前不愿再继续履行赠与协议，符合该条款撤销赠与的规定，该协议虽然经过律师见证，但并未经过公证，同时也并不存在原告不得撤销赠与的其他法定情形，故被告要求原告继续履行协议的请求，不予支持。

二、无效的夫妻财产协议

1.“互不负责，搭伙过活”

案例 4-3-4

一对中年恋人到公证处做婚前财产协议公证。公证员看到当事人自己拟定的协议版本之后，有点不敢相信，眼前的两人马上就要步入婚姻殿堂了，但在这份财产协议中，双方当事人不仅明确约定了婚前财产归各自所有，更约定了婚后生活也实行AA制，AA制的内容概括起来就是：我的收入是我的，你的收入是你的；你的孩子你养，你的父母你养，你的家属只与你有关，你有病了就用自己的钱治病……

原来，男女双方均是离异再婚，各有各的孩子。男方是外籍华人，在境外有大量财产。女方的财产则主要在内地。虽然要结婚了，但两人谁对谁的财产状况也不了解，互相也提防着，所以才有了这样“互不负责，搭伙过活”的协议。

根据我国《民法典》婚姻家庭编第一千零五十九条的规定，夫妻之间有经济上供养和生活上扶助的法定权利和义务。当夫妻一方没有固定收入和缺乏生活来源，或者无独立生活能力或生活困难，或因患病、年老等原因需要扶养，另一方要履行扶养义务。而在这样一份“奇葩”的协议中，法律规定的扶助义务荡然无存。这样的规定是不符合法律规定和公序良俗的。婚前财产归各自所有，婚后生活实行AA制，并没有问题，但涉及不履行夫妻扶助义务的内容必须删除或修改才能进行公证。

2. 协议约定净身出户

案例 4-3-5

一天，一对夫妇急匆匆来公证处，双方协议，夫妻共同财产都归女方，请公证员进行公证。仔细一打听，妻子道出原委。她和丈夫结婚十年，感情挺稳定。

丈夫是做生意的，身家几千万。虽然衣食无忧，可这些年，夫妻俩心里，始终有个疙瘩解不开。丈夫重男轻女，总想要个男丁延续香火。可夫妻俩已经生了两个女儿，妻子年纪也大了，想要儿子怕是没戏了。

几天前，丈夫没有任何先兆，突然抱回来一个半岁的小男孩。任凭家人怎么质问，他既不说是私生的，也不说是抱养的，始终不肯透露孩子的身份。平静的家庭生活一下子乱套了。妻子哭哭啼啼闹了好几天，最终也不得不接受现实。她给丈夫开出了一个条件，孩子可以养在家里，但要把全部财产和未来夫妻俩的全部收入都约定归自己所有，丈夫和这个男孩都没份儿。

看了协议，公证员表示不能予以公证。因为这是一份"显失公平"的协议，不管是收养的，还是亲生的，男方对这个孩子都有抚养义务。而且男方对他自己的父母还要尽赡养义务。财产都约定给了妻子，丈夫怎么履行法定义务呢？

婚前协议的内容没有统一内容要求或格式标准。那么，什么样的婚前协议才是有效的呢？我国《民法典》第一千零六十五条规定，男女双方可以约定婚姻关系存续期间所得的财产以及婚前财产归各自所有、共同所有或部分各自所有、部分共同所有。约定应当采用书面形式。没有约定或约定不明确的，适用本法第一千零六十二条、第一千零六十三条的规定。夫妻对婚姻关系存续期间所得的财产以及婚前财产的约定，对双方具有约束力。

三、夫妻财产协议在财富管理中的作用

当被问及财富投资最大的风险时，股神巴菲特也曾直言，最大的风险是婚姻。相爱容易相守难，夫妻之间想要长久地建立安全感就更难了。那么提前制订一套相对完善的婚前筹划方案，就显得尤为重要。

但是否所有人都应该在结婚前签一个婚前协议才好呢？经过多年的法律实践，可以说，绝大多数中国家庭并不需要婚前协议的筹划。对于准新人来说，没准儿一纸婚前协议反而成为双方的精神负担，甚至成为感情的"杀手"。

案例 4-3-6

原告马某与被告张某于 2008 年 4 月 22 日登记结婚，2014 年 8 月 27 日原告诉至法院，请求判令离婚，依法分割夫妻共同财产。被告同意离婚，但双方对财产分割存在分歧。

2006 年 12 月 11 日，被告张某购买了位于青岛市城阳区某小区商品房一套，该房屋于 2011 年 2 月 28 日登记在张某名下。2012 年 12 月 21 日，被告张某与原告马某签订协议书一份，载明位于 × 小区 × 号楼 × 单元 × 室的房屋产权由张某和马某共同共有。原告马某认为，该房屋虽系被告张某婚前购置，但在夫妻关系存续期间双方已经书面约定共同共有，应当作为夫妻共同财产予以分割，故主张涉案房屋 50% 的份额。被告张某对双方签订的协议书的真实性无异议，但认为该涉案房屋应属其婚前个人财产，不应在本案中进行处理。

人民法院审理后认为，涉案房屋系被告张某婚前购买且登记在张某个人名下，应视为其婚前个人财产，双方签订的协议书应视为房屋赠与合同。《最高人民法院关于适用〈中华人民共和国婚姻法〉若干问题的解释（三）》第六条的主旨是夫妻之间赠与房产可以适用合同法[①]的相关规定。相对于物权法及合同法的相关规定，《婚姻法》对夫妻财产的规定[②]属于特别规定，应当优先适用。本案中双方在婚姻关系存续期间对房产作出了约定，按照约定，该房产应为双方的共同共有财产。

法院最终判决准予原告马某与被告张某离婚，位于青岛市城阳区诉争房屋一处归被上诉人张某所有，并对马某折价补偿。[③]

房产权属变更的形式多种多样，像本案中夫妻双方采用书面协议的方式，

---

① 参见《民法典》第三编第十七章关于赠与合同的规定。

② 该条对应《民法典》第一千零六十二条、第一千零六十三条。

③ 搜狐．夫妻财产约定协议与夫妻财产赠与协议的差距竟然这么大！［R/OL］．（2017-05-11）［2018-07-11］.https://www.sohu.com/a/139937563_795936.

对一方的婚前个人房产权属进行约定是较为典型的形式。夫妻之间财产转移行为无论称为约定还是赠与，都是一种基于当事人身份关系的财产法律行为。只要协议本身是夫妻双方合法自愿签订，并没有违反法律的强制性规定，就是受法律保护的。

案例 4-3-7

一小伙原定在“双 11”领证，第二天办婚宴，却没想到被新娘的一纸协议给吓傻了，不但领证前悔婚，就连之前订的 50 桌宴席也取消了。这是怎么回事呢？

据小伙的婚礼主持小可爆料，女方提出的婚前协议书对男方来说简直就是“不平等”条约。协议中不但要求男方婚前所有个人财产在领取结婚证后都归为夫妻共同财产，就连工资发放以及平时的个人自由都被限制。更过分的是，如果男方违反三条守则中的任意一条，女方有开除婚籍的权利，且离婚后，男方需自愿放弃夫妻共同财产份额，净身出户，并且在离婚后赔偿女方 120 万元，一年内付清。

据悉，这份协议是新娘学法律专业的闺密起草，新郎看后表示心都凉了，思考再三决定不结婚了。

对此，网友纷纷表示支持男方，称女方的要求太过苛刻。婚前协议可以有，但得公平啊！凭什么好处都是你的，吃亏都是男方的？这种不平等条约，谁签谁傻。并调侃称这有可能是闺密下的一盘棋，最后闺密和她老公结婚了。当然这都属于网友调侃，但一份真正的、能发挥积极作用的婚前协议，不应如此“冷血”与“拒人于千里之外”。①

是否签订婚前财产协议，绝对是一件需要量体裁衣的事情。在我们过往的法律服务经验中，以下三类情况特别建议在婚前做好筹划。

---

① 网易新闻 . 小伙婚前因新娘奇葩协议悔婚，婚前协议怎么写才有效［R/OL］.（2017-11-15）［2018-04-06］.http://news.163.com/17/1115/08/D394LK98000187VE.html.

（1）一方已经拥有或要从父母处传承重大经营性财产（如股权）的

家族企业即将或已经传承给“接力二代”，或者“二代”通过自己的努力，已经拥有了自己的企业。在这种情况下，双方经济实力悬殊，二代的婚姻会对企业股权的财产性质产生重大影响。如果“二代”结婚，而股权为经营性的资产，在没有婚前筹划的情况下，其婚后的股权收益法定为共同共有。此类情形，建议做婚前筹划。实践中，此类家庭签订婚前财产协议的阻力往往较小，对双方感情不会造成太大伤害。

（2）家庭关系比较复杂，或双方都有意愿签署的

对于夕阳红夫妻或者再婚夫妻，双方此前已有过婚姻风险，现在也有了各自的子女，家庭关系与财产关系都较为复杂。为避免日后的财产争议，可以考虑婚前筹划。

（3）婚姻中一方个人债务风险加大的

婚姻中的债务分为个人债务和夫妻共同债务。家庭日常生活中基于夫妻共同利益管理共同财产产生的支出，性质上属于夫妻共同生活的范围。一方完全与家庭日常生活无关的个人债务，如果处于失控的状态，应当在家庭内部签订好夫妻财产协议，保护未负债方的权益，至少当因负债方连累自己后，用协议保护自己未来的追索权。

虽然说，婚前筹划的主要方式是婚前协议，但婚前筹划绝不等同于婚前协议，婚前配置大额保单、家族信托、股权结构优化、赠与财产等均是婚前筹划的表现形式。相比“冷血”的财产协议，更加具有“温度”和爱。

婚前财产协议模板

婚前财产协议

甲方：姓名______、出生年月______________、身份证号____________________________

乙方：姓名______、出生年月______________、身份证号____________________________

甲乙双方经自由恋爱，即将缔结为婚姻关系。为了明确双方婚前个人财产，

防止今后可能出现的婚前财产纠纷，经双方平等协商，自愿达成如下协议，以资共同遵守：

一、婚前财产范围（列明财产的具体情况）

1. 甲方的婚前财产有：× 车 × 部（写明车牌号码），× 房 × 套（写明房地产权证、地址等），× 银行存款 ×（写明哪个银行，账号是什么，存款余额是多少等）。

2. 乙方的婚前财产有：× 房 × 套（写明房地产权证、地址等），× 银行存款 ×（写明哪个银行，账号是什么，存款余额是多少等）。

二、婚前财产的权利归属

甲方的上述婚前财产归甲方所有，乙方的上述婚前财产归乙方所有。上述双方的婚前财产在婚后所得的收益，均属于双方各自的个人财产。

三、任何一方父母在婚后出资，登记在自己子女名下的房产、股票、基金等有价证券、公司股份、基金理财等财产，均属于出资人对自己子女个人的赠与，不属于夫妻共同财产，相关财产在婚后产生的亏损或收益，无论是否由本人实际管理或经营，亏损均由各自承担，收益均归各自所有。

四、任何一方在婚后继承所得，亦归各自所有，无论是否实际分配到各自名下，均不影响个人财产的属性。

五、任何一方婚前既有债权、债务，仍归各自所有；婚后一方未经另一方签字同意所产生的债务，个人为自己及他人担保产生的债务，经营个人财产亏损时所产生的债务，均属于个人债务；个人使用婚后共同财产偿还了个人债务的，债务人应从个人财产中补偿给另一方。

六、其他。

1. 本协议约定未尽之事宜，双方应另行协商解决。

2. 本协议签订过程中所涉及的公证等有关费用，均由双方均等承担。

3. 本协议书一式叁份，协议双方及公证机关各执壹份，自协议被公证之日起生效。

男方：（签字、手印）　　　　　　女方：（签字、手印）

年　月　日　　　　　　年　月　日

夫妻财产协议模板

夫妻财产协议

甲方：姓名______、出生年月______________、身份证号________________________________

乙方：姓名______、出生年月______________、身份证号________________________________

甲乙双方于××××年××月××日在××市××区民政局办理婚姻登记，现双方为合法夫妻。甲乙双方都愿共筑爱巢，白头偕老。但为防止今后可能出现的财产纠纷，双方经友好协商，达成如下协议：

一、婚内现有房产的约定（列明财产具体情况，并写明归属）

（1）位于某某市的房屋建筑面积×平方米，房屋产权证号为：________，房屋土地证号为：________（房屋取得时间），现房屋产权登记人为____方，是____方个人婚前财产，归____方个人所有。

（2）位于某某市的房屋建筑面积____________平方米，房屋产权证号为：__________________，房屋土地证号为：__________________（房屋取得时间），是甲乙双方共同出资购买，为夫妻双方共同财产。甲、乙双方约定，甲方拥有该房屋________所有权，乙方拥有该房屋________所有权。现房屋产权登记人为____方，____方可随时要求加名。____方负责协助办理加名手续，相关费用双方共同承担。

二、婚内其他共同财产的约定（列明财产具体情况，并写明归属）

婚姻存续期间取得的工资收入、存款、股票及投资收益以及其他收入所得均为夫妻共同财产，甲乙双方共同所有。

三、债务的约定（可自行约定）

婚姻存续期间发生的夫妻共同债务由____方承担，____方在自愿的基础上协助偿还。个人债务由双方各自承担。

四、一方隐瞒或转移夫妻共同财产的责任

双方确认夫妻共同财产在上述第一条、第二条已列明。任何一方应保证以上所列婚内全部共同财产的真实性。

自本协议签订之日起，任何一方不得隐瞒，转移婚内共同财产。如任何一方有隐瞒或转移夫妻共同财产，另一方发现后有权取得对方所隐瞒、转移的财产的全部份额，并追究其法律责任。转移、隐瞒方无权分割该财产。

五、签订本协议，是为了甲、乙双方和睦相处，互敬互爱，希望双方能白头偕老。所以双方必须遵守本协议约定的内容，如有违反则自愿按协议约定的内容执行。

六、双方自愿签订，清楚了解此协议的法律效力，并遵守约定内容。

七、本协议一式两份，双方各执一份，自双方签字之日起生效。

甲方：（签名）　　　　　　　　乙方：（签名）

　　年　月　日　　　　　　　　　年　月　日

法条链接

◇《民法典》

第一千零五十九条　夫妻有相互扶养的义务。

需要扶养的一方，在另一方不履行扶养义务时，有要求其给付扶养费的权利。

第一千零六十二条　夫妻在婚姻关系存续期间所得的下列财产，为夫妻的共同财产，归夫妻共同所有：

（一）工资、奖金、劳务报酬；

（二）生产、经营、投资的收益；

（三）知识产权的收益；

（四）继承或者受赠的财产，但是本法第一千零六十三条第三项规定的除外；

（五）其他应当归共同所有的财产。

夫妻对共同财产，有平等的处理权。

第一千零六十三条　下列财产为夫妻一方的个人财产：

（一）一方的婚前财产；

（二）一方因受到人身损害获得的赔偿或者补偿；

（三）遗嘱或者赠与合同中确定只归一方的财产；

（四）一方专用的生活用品；

（五）其他应当归一方的财产。

第一千零六十五条 男女双方可以约定婚姻关系存续期间所得的财产以及婚前财产归各自所有、共同所有或者部分各自所有、部分共同所有。约定应当采用书面形式。没有约定或者约定不明确的，适用本法第一千零六十二条、第一千零六十三条的规定。

夫妻对婚姻关系存续期间所得的财产以及婚前财产的约定，对双方具有法律约束力。

夫妻对婚姻关系存续期间所得的财产约定归各自所有，夫或者妻一方对外所负的债务，相对人知道该约定的，以夫或者妻一方的个人财产清偿。

4.4 离婚协议

夫妻吵架，大多数床头吵架床尾和，有一些则行动力极强，恨不得当天就签好离婚协议并预约离婚登记。但根据《民法典》第一千零七十七条的规定，自婚姻登记机关收到离婚登记申请之日起三十日内，任何一方不愿意离婚的，可以向婚姻登记机关撤回离婚登记申请，也就是说，想要协议离婚需要经过三十天的离婚冷静期，允许反悔。

如果冷静期过后，两人仍然想离婚，并且有和平分手、分家的气度，那么可以在离婚冷静期期限届满后三十日内，再亲自到婚姻登记机关申请发给离婚证，最终协议离婚。在这个过程中，起草一份相对公平合理并切实可行的《离婚协议》就变得十分重要。

实际上，协议离婚，无论对双方感情、子女，还是从经济成本和时间成本来讲，伤害和负担都是最小的。根据《民法典》第一千零七十六条的规定，离婚协议是双方当事人自愿离婚的意思表示以及对子女抚养、财产及债务处理等事项协商一致而达成的协议或者意见。简单来说，就是离婚时，两个人商量着来并形成书面约定。离婚协议书主要的作用就是表明双方是自愿离婚，以及对子女养育、财产分割、债务处理等问题双方已经协商处理一致，以防离婚后一方反悔纠缠不清。

此外，需要注意的是，离婚协议应由双方在办理离婚证时当场核对全部内容并确认无误后，在民政局工作人员的见证下当面签署，以确认是双方自愿、真实的意思表示。民政局不接受提前签署的协议，提前签署但尚未在民政局备案的协议也不生效。离婚的时候，离婚协议书要一式三份，一份留给民政局留档，其他两份给双方当事人。

一、离婚时，经济成本账要算好

共同财产必然要进行分割，最简单来讲，夫妻共同财产一人一半。较为好分的是可以数清的钱，也就是存款。而对于房产、汽车等不能分割的物，无论是物归一方还是卖后折现，在无法明确价值的情况下，往往还需支付一笔评估费。在只有一套房的情况下，未分得房屋的一方要在离婚后另找住处，如果父母不收留，就要准备一笔在外租房的费用。对于喜好收藏字画、古董的夫妻来说，不仅仅存在评估费用，若要折现还需支付拍卖行费用。股票基金等有价证券，其价值是随着股市的涨落而涨落的，要充分考虑其作为夫妻共同财产的风险以及对夫妻双方的均衡性。一旦股票被套牢，若准备财产分割，这其中所耗费的成本不言而喻。

针对离婚时还没有还完贷款的房产，目前绝大多数银行都拒绝配合办理贷款人变更手续，导致无法在房产登记管理部门办理过户手续。如果没还完房贷确实无法办理过户，则建议双方另行协商一个使得双方权益能确切落实的妥当分割方案，如出售房产后双方分割售房款。

而针对一方婚前以个人财产全款购买但婚后才取得产权证的房产，虽法律性质上为购买一方的婚前个人财产，但为便利房产登记一方在离婚后各项手续的办理，避免对方不配合出具证明甚至可能再通过诉讼解决的风险，最好在离婚协议中明确该房产为登记一方个人所有。

二、离婚后，孩子的抚养义务要承担

对于有未成年子女的离婚夫妻，根据《民法典》第一千零八十四条、第一千零八十五条的规定，父母与子女间的关系，不因父母离婚而消除。离婚后，子女无论由父或者母直接抚养，仍是父母双方的子女。离婚后，父母对于子女仍有抚养、教育、保护的权利和义务。离婚后，子女由一方直接抚养的，另一方应当负担部分或者全部抚养费。简单来说，对于有固定收入的，抚育费一般可按其月收入的20%—30%的比例给付。无固定收入的，抚育费的数额可依据当年总收入或同行业平均收入，参照有固定收入的比例确定。

三、离婚协议的具体应用，相对于是否“公平”，更强调“自愿”

一份自愿签署的离婚协议，女方分到了99%的财产而男方只分到了1%甚至是“净身出户”，如果离婚后男方反悔了，想通过法院重新分割，人民法院原则上也不会支持。由于离婚双方毕竟有过夫妻名分，共同生活过一段时间，可能还育有子女，在订立共同财产分割协议时，除纯粹的利益考虑外，常常会难以避免地包含一些感情因素。因此，人民法院在确认协议可撤销或变更时，不会轻易将协议中一方放弃主要或大部分财产的约定认定为“显失公平”或“重大误解”而予以撤销或变更。

案例 4-4-1

1998年，孙某与黄某登记结婚。双方育有一女黄某乙，现年10岁。因黄某长期与他人保持婚外男女关系，严重伤害女方感情，致使女方难以忍受。2009年5月，双方在浙江省杭州市西湖区民政局办理了协议离婚的登记手续。登记离婚时，刚好是杭州宋城××股份有限公司（以下简称宋城股份公司）申请公开上市的敏感期。鉴于双方共有的核心资产均系登记在黄某名下的公司股份，主要包括杭州宋城××有限公司（以下简称宋城集团）、宋城股份公司以及杭州南奥××有限公司等。这些公司之间均存在控股和被控股的关联性。共同财产的分割，会严重改变拟上市公司的股东结构和实际控制人，从而影响公司的上市发行。为了确保公司上市，离婚协议对登记在黄某名下数以亿计的共同资产，未作处分。

2010年年底，宋城股份公司顺利上市。之后，孙某要求对共同资产进行分割，但黄某以各种理由，拒绝对共同拥有相关公司的股份进行分割。孙某认为，黄某在婚姻存续期间违反道德和法律，与他人长期保持不正当男女关系，为离婚过错方。按照照顾女方和非过错方的原则，理应少分。由于孙某原是电视台员工，对黄某控制经营的十多家公司的具体情况根本不了解，也无法知晓共同财产的总额。黄某在离婚时未具体提及共同财产的数量和范围。对于未分割的共同财产，孙某有要求分割的权利。所以起诉要求分割夫妻共同财产，即要求均等分割以下三个公司对应黄某名下的股份，具体为宋城股份公司3366万股、宋城集团55.534%的股份、南奥××公司65.38%的股份（上述股份在2010年年底净资产值为54621.8万元）。

黄某在法庭中声称，双方已通过“离婚协议”对财产作出明确分割。2009年5月6日，双方因感情不和，在杭州市西湖区民政局办理了协议离婚的登记手续。双方经充分协商，自愿签订了《离婚协议书》。同时，双方还就财产分割问题，签订了由原告亲笔起草的《补充协议》。

人民法院经审查后发现，《离婚协议书》主要内容为：1. 女儿黄某乙归男方抚养，由男方承担全部抚养费。2. 女方名下现有的存款、股票、首饰、衣物全部归女方所有。3. 女方在男方公司拥有的公司所有的股份和债务全部由男方所有和承担。财产分割的补充协议主要内容为：1. 双方在离婚后男方三天内支付给女方一千万元离婚费用，在三个月内再另行支付一千万元离婚费用，共计两千万元。2. 女方在离婚后的一天内将所有的字画归还给男方。至此，双方所有财产已分割完毕，不再以任何理由和条件向对方提出要求。

上述协议对原、被告双方财产分配、小孩抚养、股份所有、债务承担等均作出了明确的约定，且系双方自愿签订，不存在欺诈、胁迫等情况。上述两份协议签订后，黄某已按约全部履行离婚协议。此外，孙某提出的共同财产百分之九十为黄某的婚前财产。双方于1998年结婚，而占被告百分之九十资产的宋城集团成立于1997年，宋城景区于1996年就已建成。此外，孙某提出分割共同财产的诉讼请求已超过一年法定期间。黄某认为，对协议离婚财产分割问题反悔，按照有关法律规定，必须在协议离婚后一年内提出。双方在2009年5月6日协议离婚，而原告在2011年3月才提起诉讼，已超过一年法定期间。

法院认为，双方争议首先在于上述协议涵盖的财产范围，即两份协议是否已对所有夫妻共同财产作了分割。

首先，从原告起诉状中“为了确保公司上市，离婚协议对登记在被告名下数以亿计的共同资产，未作处分”等陈述分析，离婚时原告对被告拥有的公司股份情况是知情的。

其次，原告提出，为了确保宋城股份公司顺利上市，双方在《离婚协议书》第三条中仅约定“女方在男方公司拥有的公司所有的股份和债务全部由男方所有和承担”，而对男方拥有的有关股份未作出分割。既然约定女方拥有的股份归男方所有，则从常理上分析，虽然未写明登记在男方名下的股份和债务归男方所有和承担，但这显然属于双方协议的应有之义。

此外，补充协议的约定内容也进一步印证了上述认定。补充协议约定由被告支付原告2000万元，原告将有关字画归还被告，“至此，双方所有财产已分割完毕，不再以任何理由和条件向对方提出要求”。

综上，可以认定原、被告双方离婚时通过上述两份协议已对所有夫妻共同财产作了分割处理。根据《最高人民法院关于适用〈中华人民共和国婚姻法〉若干问题的解释（二）》第八条第一款规定[①]：“离婚协议中关于财产分割的条款或者当事人因离婚就财产分割达成的协议，对男女双方具有法律约束力。”本案中，上述两份协议系双方自愿签订，应属双方真实意思表示，其中有关财产分割的内容依法对双方具有法律约束力。

依据《最高人民法院关于适用〈中华人民共和国婚姻法〉若干问题的解释（二）》第九条第一款的规定，男女双方协议离婚后就财产分割问题反悔的，应在一年内提出。原告主张补充协议签订于2010年5月9日，其提起诉讼是在2011年3月28日，故未超过一年法定期间。但原告提交的补充协议中落款时间“2010年5月9日”系原告事后添加，且其未提供证据证明补充协议系于该日签订，本院对原告主张的签订时间不予采信。

法院认为，从补充协议“女方在离婚后的一天内将所有的字画归还给男方”

---

① 该条对应《民法典》第一千零七十六条。

的约定、补充协议的性质以及与《离婚协议书》的关联性来看，补充协议的签订时间应系《离婚协议书》签订当天，即2009年5月6日。因此，被告提出的原告行使撤销或变更权已超过一年法定期间的主张成立。

据此，人民法院根据合法有效的《离婚协议书》及补充协议认定，双方已对所有夫妻共同财产分割完毕，判决驳回原告孙某的诉讼请求。[①]

根据《民法典》合同编和婚姻家庭编的相关规定，如果离婚协议是双方真实意思的体现，不存在欺诈、胁迫等情形，双方就夫妻财产分割、孩子抚养义务承担等达成一致意见，签署后离婚的，一方反悔，是得不到法院支持的。本案当中，黄某正是凭借《离婚协议书》及补充协议的签订和履行，避免了后续亿万身家被分割。

最后要说明的是，要注意区分“离婚协议”与“婚内财产协议”。婚内财产协议是夫妻双方在婚姻关系存续期间，对夫妻各自所有及共同所有的财产所有权归属达成的协议，其并非以离婚为生效要件，只要系夫妻双方真实意思表示，约定内容合法，双方一经签字即生效，对双方具有法律约束力，这是和离婚协议最大的不同。另外，婚内财产协议中仅应对特定财产在夫妻关系存续期间是个人财产还是共同财产做陈述性表述，切忌使用诸如“离婚时财产归谁所有”“一方再出轨则净身出户”之类的表述。

离婚协议模板

离婚协议

男方：______男，汉族，________年____月____日生，住址______________

______________，身份证号码：____________________________________

女方：______男，汉族，________年____月____日生，住址______________

______________，身份证号码：____________________________________

---

① 浙江省高级人民法院.〔2011〕浙民初字第1号.http://wenshu.court.gov.cn/content/content?DocID=ffa9ae6f-bccd-4192-80c8-2de344380d95&KeyWord.

男方与女方于________年____月认识，于________年____月____日在________登记结婚，婚后于________年____月____日生育一儿子/女儿，名字为×××。因×××（写明离婚原因）致使夫妻感情破裂，已无和好可能，现经夫妻双方自愿协商达成一致意见，订立离婚协议如下：

一、男女双方自愿离婚。

二、子女抚养、抚养费及探望权

儿子/女儿由____抚养，随同____生活，抚养费（含托养费、教育费、医疗费）由____全部负责，____应于________年____月____日前一次性支付×元给____作为____的抚养费（也可约定____每月支付抚养费×元，____应于每月×日前将____的抚养费交到____手中或指定的××银行账号：×××）。

在不影响孩子学习、生活的情况下，____可随时探望____抚养的孩子。（也可约定____每星期休息日可探望____一次或带____外出游玩，但应提前通知____，____应保证____每周探望的时间不少于一天。）

三、夫妻共同财产的处理

（1）存款：双方名下现有银行存款共×元（存放于××银行，银行账号：×，存款余额为×），双方各分一半（也可约定具体分配比例），为×元。分配方式：依据现存于各自名下的银行存款的金额，采取多退少补的方式于________年____月____日前一次性支付到对方名下，从而保证存款各分一半。

（2）房屋：夫妻共同所有的位于×××的房地产（写明房地产权证、地址、产权人等具体情况）所有权归____所有，房地产权证的业主姓名变更的手续自离婚后一个月内办理，____必须协助____办理变更的一切手续，过户费用由____负责。____应于________年____月____日前一次性补偿房屋差价×元给____。

（3）其他财产：婚前双方各自的财产归各自所有，男女双方各自的私人生活用品及首饰归各自所有（附清单）。

四、债务的处理

双方确认在婚姻关系存续期间没有发生任何共同债务，任何一方如对外负有债务的，由负债方自行承担。（可具体约定一方于________年____月____日向×××所借债务由男/女方自行承担等）

五、一方隐瞒或转移夫妻共同财产的责任

双方确认夫妻共同财产在上述第三条已列明。除上述房屋、家具、家电及银行存款外，并无其他财产，任何一方应保证以上所列婚内全部共同财产的真实性。

本协议书财产分割基于上列财产。任何一方不得隐瞒、虚报、转移婚内共同财产或婚前财产。如任何一方有隐瞒、虚报除上述所列财产外的财产，或在签订本协议之前二年内有转移、抽逃财产的，另一方发现后有权取得对方所隐瞒、虚报、转移的财产的全部份额，并追究其隐瞒、虚报、转移财产的法律责任，虚报、转移、隐瞒方无权分割该财产。

六、经济帮助及精神赔偿

因____生活困难，____同意一次性支付补偿经济帮助金 × 元给____。鉴于____要求离婚的原因（如____过错），____应一次性补偿____精神损害费 × 元。上述____应支付的款项，均应于________年____月____日前支付完毕。

七、违约责任的约定

任何一方不按本协议约定期限履行支付款项义务的，应付违约金 × 元给对方（也可约定按未支付款项的一定比例支付违约金）。

八、协议生效时间的约定

本协议一式三份，自婚姻登记机关颁发《离婚证》之日起生效，男、女双方各执一份，婚姻登记机关存档一份。

九、如本协议生效后在执行中发生争议的，双方应协商解决，协商不成，任何一方均可向 ××× 人民法院起诉。

男方：　　　　　　　　　　　　女方：

________年____月____日　　　　________年____月____日

法条链接

◇《民法典》

第一千零七十六条　夫妻双方自愿离婚的，应当签订书面离婚协议，并亲自到婚姻登记机关申请离婚登记。

离婚协议应当载明双方自愿离婚的意思表示和对子女抚养、财产以及债务处理等事项协商一致的意见。

第一千零七十七条 自婚姻登记机关收到离婚登记申请之日起三十日内，任何一方不愿意离婚的，可以向婚姻登记机关撤回离婚登记申请。

前款规定期限届满后三十日内，双方应当亲自到婚姻登记机关申请发给离婚证；未申请的，视为撤回离婚登记申请。

第一千零七十八条 婚姻登记机关查明双方确实是自愿离婚，并已经对子女抚养、财产以及债务处理等事项协商一致的，予以登记，发给离婚证。

第一千零八十四条 父母与子女间的关系，不因父母离婚而消除。离婚后，子女无论由父或者母直接抚养，仍是父母双方的子女。

离婚后，父母对于子女仍有抚养、教育、保护的权利和义务。

离婚后，不满两周岁的子女，以由母亲直接抚养为原则。已满两周岁的子女，父母双方对抚养问题协议不成的，由人民法院根据双方的具体情况，按照最有利于未成年子女的原则判决。子女已满八周岁的，应当尊重其真实意愿。

4.5 忠诚协议

从宽泛意义上来讲，常见的“忠诚协议”也属于夫妻婚内财产协议的一种，但夫妻忠诚协议会更侧重于情感和精神层面，并量化为物质补偿，具体来说，夫妻忠诚协议是指夫妻双方在婚前或者婚后约定，婚姻关系存续期间，一方违反夫妻忠实义务时，过错方按照约定给付对方若干财产或履行约定的协议。夫妻忠诚协议是《民法典》第一千零四十三条中“夫妻应当互相忠实，互相尊重，互相关爱”规定的具体化。

案例 4-5-1

陆先生和严女士婚后签了一份忠诚协议，“忠诚协议”中关于离婚部分内容大意如下：由于双方感情不和，为了防止发生“某些不好的事情”，男方承诺，如他在没有出轨的前提下提出离婚，则要赔偿女方现金500万元，在此前提下双方和平离婚；如果男方既出轨又提出离婚，则应当赔偿女方现金1000万元，在此前提下双方和平离婚。女方也承诺，今后将关心和爱护家庭，用家庭幸福巩固爱情。

2016年，男方在女方怀孕期间出轨，女方家属为女方打抱不平，对男方大打出手，男方为此向女方提出离婚。女方同意离婚，但要求男方按照忠诚协议向其赔偿现金1000万元，男方认为忠诚协议不具法律效力，双方对此争吵不休，闹到法院。

2017年11月，法庭根据夫妻双方签署的忠诚协议对该起离婚案件进行调解，最终男方基于忠诚协议向女方赔偿200万元，双方离婚。

夫妻忠诚协议意在通过签订协议、互相约束、设定责任等私力手段，在夫妻原有感情的基础上进一步增进信任、互敬互爱并在约定条件成就时自愿接受惩罚。夫妻忠诚协议具有如下特点：

1. 符合民事法律行为构成要素。夫妻忠诚协议符合《民法典》第一百四十三条规定的民事法律行为行为人具有相应的民事行为能力、意思表示真实、不违反法律、行政法规的强制性规定、不违背公序良俗的生效要件，是有效的民事法律行为。当然，如下这些情况中，忠诚协议就不受法律保护：

（1）协议规定限制一方基本人权和人格权，如离婚自由权、人身自由权、隐私权、通信自由权及以暴力作为对“过错方”的惩罚等；如出轨方无权提出离婚，无过错方有权公开过错方的一切过错行为，包括与“暧昧方”的短信等；出轨方必须在家中反省，不得出门等。

（2）约定的违约金或赔偿金数额严重影响过错方的基本生活或超出过错方的实际经济能力，影响其履行赡养、抚养义务以及对第三人的债务履行。

（3）违背公序良俗或明显违背社会常理，如一方出轨，需在门口长跪三天，赔偿对方青春损失费等。

（4）“胁迫”，如在“捉奸现场”，拿出事先准备好的忠诚协议，要出轨方立刻签字，承认出轨等。

2. 符合《民法典》婚姻家庭编的立法精神，无论该条规定的夫妻忠实义务是道德义务还是法律义务，均不可否认法律对“重婚”“有配偶者与他人同居”等违反夫妻忠实义务行为的规制。实现夫妻忠诚协议的内容只是手段，在于达到提示、警醒过错方，修复夫妻感情的目的。

3. 本质属于附条件的协议。《民法典》第一千零六十五条规定，夫妻可以约定婚姻关系存续期间所得的财产以及婚前财产归各自所有、共同所有或部分各自所有、部分共同所有。可见，《民法典》认可夫妻分别财产制。夫妻财产协议约定的财产给付内容以身份关系为前提，本不适用《民法典》合同编的违约条款，但约定条件成就后的财产给付内容便转化为债权债务关系了。

夫妻忠诚协议模板

夫妻忠诚协议书

男方：姓名______、身份证号______________________________

女方：姓名______、身份证号______________________________

为了增强双方的家庭责任感，维持家庭和睦，经双方充分协商，现自愿达成如下协议：

一、在夫妻关系存续期间，男、女双方必须忠诚于婚姻，任何一方不得有下列行为之一（可自行约定，只要不违背公序良俗、剥夺人权等即可）：

1. 与他人谈恋爱，单独约会、接吻；

2. 一夜情；

3. 嫖娼或卖淫；

4. 与他人通奸；

5. 与他人同居；

6. 与他人生育子女。

二、夫妻双方必须真诚、友好地善待对方，不得有意欺骗对方，不得实施家庭暴力。

三、任何一方有本协议第一条六种行为之一，或实施家庭暴力，即为双方婚姻中的过错方，对方为无过错方。在双方离婚分割夫妻共同财产时，过错方分割夫妻共同财产的20%，无过错方分割80%（可自行约定），子女抚养权服从无过错方的要求，并由过错方赔偿无过错方精神损害抚慰金人民币 × 元整。

四、双方确认，在签订本协议时均精神状态正常，冷静而理性，并都认为上述约定是自愿、公平、没有欺诈或胁迫、有效的。

五、本协议一式二份，男、女方各持一份，自双方签字之日起生效。

男方：　　　　　　　　　　　　女方：

________年____月____日　　　　　　________年____月____日

法条链接

◇**《民法典》**

第一百四十三条　具备下列条件的民事法律行为有效：

（一）行为人具有相应的民事行为能力；

（二）意思表示真实；

（三）不违反法律、行政法规的强制性规定，不违背公序良俗。

第一千零四十二条第二款　禁止重婚。禁止有配偶者与他人同居。

第一千零四十三条　家庭应当树立优良家风，弘扬家庭美德，重视家庭文明建设。

夫妻应当互相忠实，互相尊重，互相关爱；家庭成员应当敬老爱幼，互相帮助，维护平等、和睦、文明的婚姻家庭关系。

第一千零五十五条　夫妻在婚姻家庭中地位平等。

第一千零六十五条　男女双方可以约定婚姻关系存续期间所得的财产以及婚前财产归各自所有、共同所有或者部分各自所有、部分共同所有。约定应当采用书面形式。没有约定或者约定不明确的，适用本法第一千零六十二条、第一千零六十三条的规定。

夫妻对婚姻关系存续期间所得的财产以及婚前财产的约定，对双方具有法律约束力。

夫妻对婚姻关系存续期间所得的财产约定归各自所有，夫或者妻一方对外所负的债务，相对人知道该约定的，以夫或者妻一方的个人财产清偿。

4.6 代持协议

在财富管理领域，代持现象非常普遍。高净值人士找他人代持的原因多种多样，有的是为了规避法律或政策的限制，有的是为了隔离企业经营与家庭财富之间的债务风险，有的是为了更巧妙地实现商业目的，暗度陈仓，有的是出于不露富的心理，闷声发大财。代持关系的建立往往都是基于信任（有时也包含一定的对价），将公司股权、不动产、金融资产等资产委托他人（如亲戚、朋友、同学或下属等）持有，并以他人的名义进行财富管理和投资。

作为一种财富管理手段，资产代持因其隐秘性和灵活性而受到高净值人士、企业家群体的青睐，但也正是因为代持的隐秘性，导致可能因为代持人的各种问题而遇到风险。一般来说，高净值人士对代持人的约束和控制主要依靠代持协议的具体约定来进行，但我们在法律实践中发现，了解代持风险并主动采取应对措施进行防范的却寥寥无几。高净值人士的本意是规避风险，但因为具体操作不当，最终给自己的巨额财富留下了相当大的安全隐患。

一、代持人因离婚或意外死亡，引发纠纷

现实生活中，当代持人意外离世或者爆发婚姻风险后，其继承人或财产共有人往往可能否认代持关系的存在，所代持的资产就会面临被继承和分割的风险。这时被代持人不得不通过法律诉讼去解决这场纠纷，不但需要付出很大的代价，最终也未必能完好地拿回属于自己的资产。

案例 4-6-1

吴美美是一家连锁美容机构的掌舵人，她与丈夫感情发生危机已近五年，离婚对于吴美美来说随时可能发生。

为了规避日后离婚财产分割，这些年来吴美美便把自己的经营收入陆续都

存在了母亲的银行账户内，总计近1800万元。

令人意外的是，一向身体硬朗的吴母突遇中风，虽被抢救过来但此后行动和语言都出现了巨大障碍。正在吴美美为母亲日后的康复问题焦急万分时，她的两个弟弟却开始盘算起母亲的财产。他们知道吴母名下有这笔存款，而且认为一旦母亲发生意外，这笔钱是要作为母亲的遗产共同分割的。

就在吴美美一筹莫展时，母亲突然离世。在和两个弟弟商讨1800万元的归属时，吴美美出示了自己给母亲陆续转账的所有银行记录。但任凭她怎么说，两个弟弟依旧坚持认为母亲名下的银行存款属于母亲的个人财产，即使钱是吴美美给母亲的，也应该算作是吴美美自愿赠与，母亲百年后要作为遗产分割，按照法律规定吴美美只能获得三分之一。

吴美美自然无法接受这一分配方案，姐弟当场翻脸。让她更没有想到的是，吴美美的弟弟还表示，如果不认同这种分配，就要把吴美美隐匿财产的事情告诉她老公。那就意味着吴母名下分到吴美美手中的600万元，还要再分给老公一半。短短五年内自己的资产就从1800万元迅速缩水成了300万元，吴美美硬生生吃了一个哑巴亏。

二、股权代持因证据不足，引发道德风险

在家族企业中，企业主由于种种原因在公司成立或发展过程中，往往借用家人的身份进行股权代持。股权代持又称隐名投资，是指实际出资人与他人约定，以他人名义代替实际出资人履行股东权利义务的一种股权或股份处置方式。

因为往往股权代持人都是自己的至亲，许多企业主往往没想到或碍于情面不好意思要求签订股权代持协议，更很少留存相应代持证据。但是，在巨大经济利益面前，亲人之间的信任往往可能崩塌。代持人一旦否认代持关系的存在，被代持人或其继承人将因无法举证证明股权代持关系，遭受巨大损失。

案例 4-6-2

2003年，罗某坚委托其妻弟周某代持某房地产代理有限公司75%的股权。2004年，代持人周某与其妻子胡某因感情不和而协议离婚，双方在离婚协议中

对夫妻关系存续期间的共同财产进行分割。2009年，胡某以周某故意隐瞒其在房地产代理有限公司的75%股权，该股权应属夫妻共同财产为由，提起诉讼，请求判令周某的股权归其所有。

一审法院经审理后判决驳回胡某的诉讼请求。宣判后，胡某不服，提起上诉。中级人民法院二审判决驳回上诉，维持原判。

生效判决认为：在处理公司内部关系引发的纠纷时，主要应遵循契约自由、意思自治的原则，当事人对股东资格有明确约定，且其他股东予以认可的，应确定该当事人的股东资格。罗某系房地产代理有限公司实际出资人的事实，已经过该公司的其他三名股东的认可，且均有相关的股东会会议记录记载。原告仅凭工商登记主张登记在被告周某名下的股份属原、被告双方婚姻存续期间的夫妻共同财产，但未有其他证据证明双方实际出资的事实，原告所举证据不足以推翻被告与第三人之间的协议效力，据此可以认定被告周某仅是公司的挂名股东，其不享有实际股权。

虽然在代持股权是否属于夫妻共同财产的认定上，不能仅简单地依靠股东登记信息进行判断，但这并不意味着被代持人即可高枕无忧。另外，鉴于资本市场领域对股票代持普遍秉持不欢迎的态度，被代持人与代持人对股票代持事宜往往会安排得很隐蔽，甚至实际出资亦委托代持人代劳，这就给后续产生纠纷埋下了隐患。以代持人离婚分割财产为例，代持人受托实际出资就会给代持人配偶主张所代持股票属于夫妻共同财产提供有力的证据，代持人及被代持人方面需要进一步提出证据方可证明代持关系存在、推翻代持股票属于夫妻共同财产的主张。

三、由于代持人原因导致代持资产被司法保全或执行

一些高净值人士使用代持工具是为了避债，因为他认为即使日后自己欠债被告，法院也没法强制执行不在自己名下的财产。但现实生活中充满讽刺意味的是，有时发生风险的恰恰不是被代持人，而是代持人因为各种各样的原因负债累累，债权人到法院去起诉代持人，还申请法院冻结了代持人的所有资产，

使本属于被代持人的财产受到牵连，面临无妄之灾。

案例 4-6-3

深圳一对夫妇因为没有购房资格，就借用朋友公司的名义买房，出资 900 多万元，终于买到了心仪的房子住了进去。不料，没过多久，朋友公司因债务问题，原本登记在朋友公司名下的房子竟被法院查封拍卖。深圳夫妇不服，向法院抗辩房子是他们的，朋友只是代持，但法院认为房产以登记过户为准，所以不予认可。

这对夫妇只能向朋友公司索赔，但发现公司早已资不抵债，即使最终法院判决公司赔偿，也执行不到什么财产，最终房钱两空，损失巨大。

或许有人会说，是这对夫妇朋友人品不好，这种事情还是小概率事件，实际上，在司法实践中，类似的纠纷屡见不鲜，因代持人本身的道德、婚姻、债务或继承风险等，一旦产生纷争，往往容易造成亲戚反目，朋友成仇。

案例 4-6-4

张总经营一家贸易公司，一直以来是用自有资金经营企业，因为公司扩大，需要找银行融资去经营大项目，银行要求张总和其太太做担保，承担连带责任。张总自认为用很高明的手法未雨绸缪地做了安排——事先将银行存款全部提取出来存到孩子名下，几处房产都变更在弟弟名下，股权全部过户到妹妹、妹夫名下。认为这样即使当企业面临风险欠债或者破产时，自己已然“两袖清风”，没有任何资产可清理。后来企业爆发债务风险，张总的代持行为被法院认定为以合法形式掩盖非法目的，最终被认定为无效。

在财富管理和保障中，无论签署多么严谨的代持协议，采取多么周密的防范措施，都无法回避代持本身固有的法律风险。因此，我们并不建议将资产代持作为首选的法律保障与传承工具。但毕竟资产代持等在民营企业家和高净值家庭中是非常普遍的现象，不能避而不谈。我们建议在搭建代持架构时，要注意以下四点：

（1）谨慎选择代持主体

与财富人士具有亲属、朋友等私人社会关系或者其他关联关系的代持主体往往比单纯的商业伙伴更可靠。更何况，在涉及股权代持的情况下，亲属关系在进行股权转让时可以产生节税效应。

被代持人在选择相关代持人时不仅应当考虑代持人的诚信品质，还应该权衡评估代持人的资信状况，避免代持人存在债台高筑、资不抵债的情形。同时，在条件允许的情况下，被代持人可以考虑在代持股票上设置质权，将被代持人或其指定的其他方设置为质权人，以获得潜在债务清偿时的优先顺位。

（2）合理安排代持协议配套方案

在律师的协助下，签订全面严谨的代持协议。签署代持协议时，尽量取得代持人配偶及相关继承人同时出具的书面承诺函，承诺知晓代持人的代持行为，且未来对代持资产不设定任何权利负担，尽可能明确代持人在代持期间的各项配合义务，并明确代持人和亲属的违约责任。

另外，为与股权代持相配套，公司章程中也应增加离婚、继承情形下的股权继受安排，对公司治理结构中非参与经营企业的配偶和子女的控制权和经营权制定应急方案。

（3）增强证据意识

被代持人与代持人进行股票代持安排时，应当签订明确约定双方权利义务关系的代持协议，并应在实际出资时注意对资金转账环节进行留痕。注意收集、保存代持的证据，如验资证明、股东会决议、公司登记资料等。

如果代持股东严重违约或者被法院冻结、保全、执行代持股份，可以及时提出诉讼或者执行异议来维护自己的合法权益。股权代持当事人还可以根据实际情况，采取其他的风险防范措施。

（4）善用金融工具

比如，配置大额人寿保单，将企业风险和婚姻风险通过投保人、被投保人、生存金受益人与死亡赔偿金受益人的个性设计与安排，结合适合的保险产品或者保险金信托，让企业家留给自己和亲人一笔特殊的资金，从容应对经商失败的风险。资产量大的客户，还可以选择家族信托。有海外资产的客户，还能选择离岸信托。既可以为公司控制权争夺战准备出一大笔现金流，包括溢价收购股权、争取公司内部人支持、支付律师费和诉讼费等，还可以保证家人的生活无忧。

代持协议模板

股权代持协议

本协议由以下双方于________年____月____日在××共同签署。

委托方：____________________________（以下简称甲方）

身份证号码：____受让方：____________________________（以下简称乙方）

身份证号码：____甲、乙双方本着平等互利的原则，经友好协商，就甲方委托乙方代为持股事宜达成协议如下，以兹共同遵照执行：

第一条 委托内容

甲方自愿委托乙方作为自己对____有限公司（以下简称____公司）人民币____万元出资（该等出资占____公司注册资本的____%，以下简称代持股份）的名义持有人，并代为行使相关股东权利，乙方愿意接受甲方的委托并代为行使该相关股东权利。

第二条 委托权限

甲方委托乙方代为行使的权利包括：由乙方以自己的名义将受托行使的代持股权作为在____公司股东登记名册上具名、在工商机关予以登记、以股东身份参与相应活动、代为收取股息或红利、出席股东会并行使表决权以及行使公司法与____公司章程授予股东的其他权利。

第三条 甲方的权利与义务

1. 甲方作为代持股份的实际出资者，对____公司享有实际的股东权利并有权获得相应的投资收益；乙方仅以自身名义代甲方持有该代持股份所形成的股东权益，而对该等出资所形成的股东权益不享有任何收益权或处置权（包括但不限于股东权益的转让、质押、划转等处置行为）。

2. 在委托持股期限内，甲方有权在条件具备时，将相关股东权益转移到自己或自己指定的任何第三人名下，届时涉及的相关法律文件的签署等，乙方须无条件同意与配合，并无条件承受。

3. 甲方作为代持股份的实际所有人，有权依据本协议对乙方不适当的受托行为进行监督与纠正，并有权基于本协议的约定要求乙方赔偿因受托不善而给自己造成的实际损失，但甲方不能随意干预乙方的正常经营活动。

4. 甲方认为乙方不能诚实履行受托义务时，有权依法解除对乙方的委托并要求依法转让相应的代持股份给委托人或者委托人选定的新受托人。

第四条　乙方的权利与义务

1. 未经甲方事先书面同意，乙方不得转委托第三方持有上述代持股份及其股东权益。

2. 作为____公司的名义股东，乙方承诺其所持有的股权受到本协议内容的限制。乙方在以股东身份参与____公司经营管理过程中需要行使表决权时至少应提前 7 日通知甲方并取得甲方书面授权。在未获得甲方书面授权的条件下，乙方既不得对其所持有的代持股份及其所有收益进行转让、处分或设置任何形式的担保，也不得实施任何可能损害甲方利益的行为。

3. 乙方承诺将其未来所收到的因代持股份所产生的任何全部投资收益（包括现金股息、红利或任何其他收益分配）均全部转交给甲方，并承诺将在获得该等投资收益后 3 日内将该等投资收益划入甲方指定的银行账户。如果乙方不能及时交付的，应向甲方支付等同于同期银行逾期贷款利息之违约金。

4. 在甲方拟向____公司之股东或股东以外的人转让代持股份时，乙方必须对此提供必要的协助及便利。

第五条　委托持股费用

乙方受甲方之委托代持股份期间，收取代持报酬____元。

第六条　委托持股期间

甲方委托乙方代持股份的期间自本协议生效开始，至乙方根据甲方指示将代持股份转让给甲方或甲方指定的第三人时终止。

第七条　保密条款

协议双方对本协议履行过程中所接触或获知的对方的任何商业信息均有保密义务，除非有明显的证据证明该等信息属于公知信息或者事先得到对方的书面授权。该等保密义务在本协议终止后仍然继续有效。任一方因违反该等义务而给对方造成损失的，均应当赔偿对方的相应损失。

第八条　争议的解决

凡因履行本协议所发生的争议，甲、乙双方应友好协商解决，协商不能解决的，任一方均有权将争议提请____公司注册地人民法院诉讼解决。

第九条　其他事项

1. 本协议一式两份，协议双方各持一份，具有同等法律效力。

2. 本协议自甲、乙双方签署后生效。

（以下无正文）

甲方（签名）：______

乙方（签名）：______

其他股东对以上股权代持事宜均已知晓，并无异议。

股东（签名）：______

房屋代持协议

甲方：姓名______、身份证号码______________________________、住址__________________、联系电话______________________

乙方：姓名______、身份证号码______________________________、住址__________________、联系电话______________________

甲方于________年____月____日向______________购买房产一处，现甲、乙双方本着诚实信用的原则，经友好协商，乙方同意代替甲方持有该房产，而甲方为该房产的实际所有权人。为明确该房产的权利归属以及双方的权利和义务，甲乙双方达成以下协议，以兹共同遵守。

一、房产的基本情况

该房产位于__________，产权面积为__________平方米。

二、代持方式

1. 现甲方已支付上述房产的首付款并办理了银行按揭贷款。待交房时甲乙双方共同将房产证、土地使用权证等办理在乙方名下，甲方负责支付交房所需的各项税费。

2. 上述房产所有权、使用权、收益权、处分权等一切权利属于甲方，乙方仅代甲方持有该房产，不享有房产的任何权利。

3. 本协议签订之日，乙方向甲方出具一份公证的授权委托书，特别授权甲方处理与该房产有关的管理、处分等一切事宜。

三、甲乙双方的权利和义务

（一）甲方的权利和义务

1. 甲方享有该房产的产权，为该房产的实际所有权人，甲方有权占有、使用、收益、处分该房产。乙方承诺为甲方行使所有权提供一切必要的协助和配合。

2. 因购买该房产的全部费用（包括但不限于房产首付款、银行贷款、税费、产权登记费）由甲方承担。

3. 因该房产使用或经营产生的税费、物业管理费、水电费、修缮费等全部费用由甲方承担。

4. 因该物业造成第三人人身损害、财产损失，属于房产所有权人责任的，由甲方承担。

5. 甲方有权随时与乙方解除本协议，并将房产过户到甲方或甲方指定的第三方名下，办理过户产生的费用由甲方承担。

（二）乙方的权利和义务

1. 未经甲方同意，乙方既不得将该房产对外出租、出售，也不得以该房产对外设定抵押、质押。

2. 若乙方出现对外负债可能导致该房产被第三方查封、扣押、拍卖等情形，乙方应及时通知甲方，并协助甲方办理该产权的过户手续。

3. 乙方向甲方出具授权委托书后，乙方不得在任何时间、地点、以任何方式干涉甲方行使权利，并不得撤销该授权委托。

4. 在甲方提出解除代持协议时，乙方应当无条件同意，并且配合甲方办理过户等手续。

5. 乙方应当保证乙方的亲属及其相关的人员不对该房产主张任何权利。

6. 乙方应当对此代持协议的全部事项予以保密，在代持协议终止后，仍需予以保密，以维护甲方的利益。

四、违约责任

1. 因乙方的个人原因导致房子被第三人主张权利，被查封、拍卖等，乙方应当及时通知甲方，并积极配合甲方处理，由此造成的甲方的一切损失由乙方承担。

2. 乙方代甲方持有该房产不得有任何损害甲方权益的行为，若甲方发现乙方有损害甲方权益的行为时，甲方有权单方解除本协议，并将房产过户到甲方名下。如造成甲方损失的，乙方应向甲方全额赔偿。

五、协议解除

1. 甲方要求将房产过户的，房产过户完成后协议解除。

2. 乙方有损害甲方权益的行为，甲方要求解除协议，协议解除。

六、争议解决

因本协议发生争议双方应协商解决，协商不成的可以向房产所在地人民法院起诉。

七、其他

1. 该房产的《商品房购销合同》、产权登记证、土地所有权证等与房产有关的所有证件由甲方保管。

2. 本协议一式两份，双方各执一份，具有同等法律效力。

3. 本协议自甲乙双方签字之日起生效。

甲方：______　　　　乙方：______

________年____月____日　　　　________年____月____日

法条链接

◇《民法典》

第二百一十五条　当事人之间订立有关设立、变更、转让和消灭不动产物权的合同，除法律另有规定或者当事人另有约定外，自合同成立时生效；未办理物权登记的，不影响合同效力。

第二百一十七条 不动产权属证书是权利人享有该不动产物权的证明。不动产权属证书记载的事项，应当与不动产登记簿一致；记载不一致的，除有证据证明不动产登记簿确有错误外，以不动产登记簿为准。

第三百一十一条 无处分权人将不动产或者动产转让给受让人的，所有权人有权追回；除法律另有规定外，符合下列情形的，受让人取得该不动产或者动产的所有权：

（一）受让人受让该不动产或者动产时是善意；

（二）以合理的价格转让；

（三）转让的不动产或者动产依照法律规定应当登记的已经登记，不需要登记的已经交付给受让人。

受让人依据前款规定取得不动产或者动产的所有权的，原所有权人有权向无处分权人请求损害赔偿。

当事人善意取得其他物权的，参照适用前两款规定。

第四百六十五条 依法成立的合同，受法律保护。

依法成立的合同，仅对当事人具有法律约束力，但是法律另有规定的除外。

◇《最高人民法院关于适用〈中华人民共和国公司法〉若干问题的规定（三）》

第二十六条第一款 名义股东将登记于其名下的股权转让、质押或者以其他方式处分，实际出资人以其对于股权享有实际权利为由，请求认定处分股权行为无效的，人民法院可以参照物权法第一百零六条的规定处理。

4.7 结束语

虽然近年来全球经济形势处于巨大的不确定中，但崇尚“富贵险中求”的高净值人士仍然不在少数。在追求财富增长的过程中，中国很多高净值人士偏好进攻性地投资，注重高收益，而对安全性、防御性工具的重视度不够，也正是因为缺失了这些保证家庭财富安全的防御性工具，使得债务风险和现金流断裂出现的概率大为增加。

我们建议，高净值人士应当在经济状况和身体状况健康稳定时，对家庭财富做好风险管理和传承筹划。梳理家庭资产结构、订立财产清单、及时订立遗嘱、灵活使用意定监护、合理搭配人寿保单和搭建最优节税架构等，这些都是应当采用的工具和措施。稳健的经济状况，全面的规划安排，合法合理的综合配置，是实现家庭财富保障与传承的应有之义。

第五章

私人财富保障与传承不可或缺的工具——大额保单

一家公司即使有盈利，也可以破产，但一家公司的现金流为正数的话，便不容易倒闭。

——李嘉诚

案例 5-0-1

“足浴大王”郭家富曾是那般意气风发。他把“洗脚”做成了一门大生意，但也因频推新店、跨业经营而深陷债务泥潭。近日，他又因无力支付高昂的肝脏移植费用，通过“轻松筹”募集 100 万元治病。轻松筹发起人对郭家富的情况进行了简单介绍：郭家富早年已因乙肝病毒引发肝硬化，2016 年 4 月，因工作压力导致身体不适后入院检查，发现已是肝硬化晚期，此后已 8 次入院治疗。医生会诊后建议其必须实施肝移植手术，但因债务纠纷未处理完，且暂因无固定经济收入，其家庭已无力承担高昂移植费用。目前，该“轻松筹”项目的资料证明显示为“已经审核”。

与其当下的窘境截然相反的是，郭家富的人生曾一度风光无限。1998 年，郭家荣、郭家华、郭家贵和郭家富四兄弟合伙创办了“富侨”足浴店。到 2004 年，“富侨”已成为拥有 50 余家分店的企业。后来因经营理念不同，“富侨”分家，拆分为重庆富侨、家贵富侨、郭氏富侨和家富富侨。此前，一名接近郭家富的人士曾告诉记者，郭家富行事风格大胆冒进，主张快速圈占市场。2004—2009 年，家富富侨全国门店增长至 500 多家。

据《第一财经日报》2007 年 10 月报道，家富富侨还获得大型风投公司 IDG 风险的投资，成为国内首家启动上市筹备工作的足浴企业，根据双方签订的协议：“家富富侨”最迟应于 2009 年完成国内创业板的 IPO。

2009 年推出的创业板 150 家候选企业名单，家富富侨也有入围。彼时经《理财周报》测算，按照行业利润 57% 计算，年产值 13 亿元的家富富侨创造利润 6.84 亿元，按上市后 40 倍市盈率估算，郭家富家族资产 218.88 亿元。

但最终这一计划并未如愿。2012 年 7 月，《重庆日报》刊登的一则公告揭开了郭家富深陷债务危机的事实。彼时重庆富侨创始人、董事长胡芝容（郭家富的大嫂）向包括每日经济新闻在内的媒体表示，郭家富一方面频推新店，“高端会馆”战略开8家有7家关业，为此频繁进行民间借贷；另一方面再加上跨业投资江津富侨大酒店，最终令其陷入债务危机。

而据测算，彼时郭家富的外债高达4.5亿元。胡芝容、郭家荣（郭家富大哥）在接受记者采访时也表示，郭家富激进的经营理念和他谋求上市的执念有很大关系，包括在家乡江津修建酒店等都是为了尽快将家富富侨变成一个涉足多领域业务的集团化公司，“老四早在2006年就对旗下员工喊话‘即便我们只是洗脚，也能洗出一家上市公司’”。

此后，郭家富一度销声匿迹。再次出现在公众视野则是在2015年10月。据《重庆晨报》报道，其意在推广友意斯足疗培训基地，该公司由郭家富创立，郭家兄弟占60%股份，郭家富本人在债务危机未解决前在公司不占股份。

值得一提的是，在《重庆晨报》的报道中，郭家富称自己的债务大部分通过债转股模式解决，30多个债权人成为富侨大酒店的股东，并预计2016年年底将所有债务全部解决。但与其轻松筹上对比，显然债务解决事项并不顺利。而据重庆市瑞科赛置业有限公司（富侨大酒店的建设公司，以下简称瑞科赛）工商档案，其股东为5名自然人，其间并无变更记录。此外，郭家富还表示为偿还债务，全国600家加盟店均已脱离，自己仅负责物料和技术，家富富侨已名存实亡。

而与郭家富及其公司的相关的合同纠纷、民间借贷纠纷等风险提示多达108条。同时，家富富侨还是最高人民法院公示的失信公司，2010—2015年5月总计有15条法院裁定尚未履行。[①]

人们经常说，永远不知道明天和意外哪个先到来。谁能想到，曾经的商业弄潮儿，号称即便只是洗脚，也能洗出一家上市公司的足浴大王，最终却因无钱治病要到网上乞求网友捐款。其实，先不论企业运营的成败得失，假如郭家富本人

---

① 每经记者 . 足浴大亨凄凉人生：年产值曾达13亿，如今网上众筹治癌［R/OL］.（2018-01-11）［2018-04-25］.https://mp.weixin.qq.com/s/3-jdPr1GxoqoKbwYHKDBxA.

能有清晰的风险管理意识，在资金流健康时，给自己配置足够的人身保险，即使后来遭遇债务风险和身体健康问题，也不至于发生如此困窘的局面。

人身保险的主要目的在于确保经济生活的安定，一方面根据合理的计算来测定危险，做好充分的准备；另一方面在保险事故发生时，尽量使遭受损失的原有经济生活迅速恢复。根据《保险法》的规定，被保险人是指其财产或者人身受保险合同保障，享有保险金请求权的人。也就是说，人身保险中被保险人是获得保险保障的人，当被保险人发生合同约定的保险事故或达到合同约定的期限或年龄时，就会发生理赔或保险金给付。

保险的本质就是转移风险，未雨绸缪。我们在本书中曾反复强调，无论多么精妙的财富安排，多么完善的传承方案，都不能阻止风险的发生。风险之所以被称为风险，就是因为其不可预测，但我们能够运用智慧、经营和财富工具，将风险的损失转移，将风险的危害降至最低。

在日常生活中，配置保险，兼顾收益和保障。利用大额保单的灵活性还能进行资金融通。风险来临时，还可以给自己和家人提供安全的保障，提供救命钱。正因为保险在财富管理中的独特功能，近年来，越来越受到高净值人士的青睐。对于高净值人士来说，保险就是用较低的成本撬动较大的杠杆，既能保障财富安全，又能完成财富代际指定传承。

其中，高净值人士在财富管理中可配置大额保单助力财富保障与传承，使用和配置最多的是人身保险和年金保险。人身保险确切的含义是指人寿、意外伤害和其他补偿个人的保险，如终身寿险、重大疾病险等都属于此类。年金保险以终身年金最为普遍。本章为了更切合利用保险工具进行财富保障和传承，将重点介绍以终身寿险和年金保险为依托的大额保单的功用。

5.1 终身寿险与年金保险

我国《保险法》依据保险标的所涵盖的保障范围不同，第九十五条规定，人身保险业务，包括人寿保险、健康保险、意外伤害保险等保险业务。人寿保险是以人的生命为保险标的，以被保险人在保险期限内死亡或生存到保险期满为保险事故的一种人身保险。根据合同规定的不同，人寿保险可以分为定期寿险、终身寿险、两全保险，等等。

案例 5-1-1

胡总是云南昆明一家做农产品批发公司的老板，在当地也算是赫赫有名的人物了，资产早已过千万，在当地置有 3 处房产。胡总家中育有 2 个孩子，一个 8 岁，另一个 3 岁，其妻李某没有工作，无固定经济收入。

2014 年 5 月 16 日，胡总驾驶着新购进的近百万的豪车外出后失联。4 天后，公安机关在离他家 30 公里以外的一条河里找到了胡总及其车辆，胡总早已死亡，近百万的豪车报废。

公安机关随即展开了调查，据调查显示胡总虽然资产过千万但在当地还有 2200 万元的银行贷款尚未还清。

银行随即展开了追缴贷款行动，在多次和其妻李某沟通无果的情况下，银行诉至法院申请冻结胡总的所有资产。

经法院调查，其实胡总的公司最近两年因经营问题早已处在倒闭的边缘了，公司就是一个空壳，只有一些破旧的厂房和设备，据估算只值 350 万元，公司账户上也只有 120 万元加上胡总个人账户上的 80 万元，法院支持将这部分资产予以冻结处理。2 个月后公安机关的调查报告出来了，认定胡总死亡不存在他杀和自杀的可能，车辆坠河完全是一起交通意外事故。

一个月后，银行发现其妻的账户上突然新转入 720 万元，认定胡总伙同其妻恶意洗钱逃避还款，又一纸诉状告到法院，申请冻结这 720 万元。

法院经调查后的宣判结果让银行很意外……原因是胡总很有忧患意识，在近 10 年的时间里给自己和家人都购买了高额的保险，总计有 13 张保单，保额过千万！胡总自己就有 6 张保单，分别是年金险、终身寿险、重疾险，总保额为 720 万元。

法院依据《保险法》的有关规定，判定这 720 万元属于胡总其妻，银行无权干涉，并当场出示了保险公司的理赔材料和其妻李某的签字，材料上用途一栏里写着这 720 万元属于“理赔款”。银行的诉讼请求全部被驳回。[①]

终身寿险是对被保险人提供终身保障的人寿保险。终身寿险的一个显著特点是，保单具有现金价值，保单所有人可以中途退保领取退保金，甚至可以在保单的现金价值的一定额度内贷款，具有较强的储蓄性。

年金保险是保险公司依据保险合同对生存受益人的给付，从一个特定的年龄，向年金领取人定期支付保险金。年金的取得，既不属于法定孳息，也不是取得投资收益，更不是支付相应的对价而等价有偿取得。一些高净值人士往往错误地把年金保险视为一种投资品，追求年金保险的收益，实际上，年金保险虽具有投资属性，但它并不是投资品。在财富管理实践中，它是一种用来管理长寿风险和打造安全持续现金流的有效工具。

案例 5–1–2

从事卫浴生意的郑先生事业有成。由于主营欧美高档水龙头，郑先生不仅没有受到金融危机影响，反而在原材料的涨价中，因为看准方向囤下大量有色金属，而获利多多。不过，让郑先生头疼的是，唯一的儿子对家族生意毫无兴趣。郑太太说，留学澳洲的儿子只想搞艺术，且无意回国，花钱如流水，这成为郑先生最大的心病。

尽管父子俩多有争执，但郑先生私下却让太太为儿子买下了高额年金险“大单”。这份大单年缴费逾百万元，缴费期长达 20 年，但能提供至 88 岁的保障。郑太太的选择体现了他们那颗拳拳父母心——“第二年，保险公司就开始分年给付，一直到 88 岁。这样安排，既不需要担心儿子把钱一次挥霍掉，又能保证他有一定质量的生活”。[②]

① 东方头条．欠银行贷款 2200 万的富翁，架豪车意外坠河身亡，6 张保单让银行很受伤［R/OL］.http://mini.eastday.com/a/170926151436699.html.

② 搜狐．保单居然有这么多功能，银行都快崩溃了［R/OL］.（2017-09-06）［2018-04-25］. http://www.sohu.com/a/190102724_611034.

终身寿险和年金保险之所以具有财富保障和传承功能，从根本上来讲，是因为保险合同项下大额保单所具有的“现金价值”“红利”和“保险金”等权益。

保单现金价值是指投保人在保险期间早期支付的超过自然保险费部分的金额的积累，属于投保人。当投保人解除保险合同或者达到符合法律规定的条件时，保险公司按照保险合同约定应退还给投保人的金额。从法律角度来理解，现金价值是一种债权，只有在退保或者保险合同解除时才会产生。

红利是指在保险合同有效期内，保险公司根据上一会计年度分红保险业务的实际经营状况决定的利润分配，通常包括年度红利和终了红利。红利是属于受益人的资产，受益人既可以是被保险人，也可以是被保险人以外的第三人。

保险金是指被保险人在保险期间内死亡，保险事故发生，由保险公司依据合同约定赔付的保险赔偿金，通常包括生存保险金和死亡保险金。生存保险金的受益人通常为被保险人本人，死亡保险金的受益人可以是被保险人或被保险人以外的第三人。保险金是属于受益人的资产。受益人领取保险金后，投保人不再享有现金价值。

依照《保险法》第十八条第三款、第三十九条第一款、第四十二条的规定，受益人是指人身保险合同中由被保险人或者投保人指定的享有保险金请求权的人，投保人、被保险人可以为受益人。人身保险的受益人由被保险人或者投保人指定，被保险人死亡后，保险金作为被保险人的遗产，由保险人向被保险人的继承人履行给付保险金的义务。依照上述规定和《民法典》的相关规定，保险利益主要表现为保险金，保险利益具有特定的人身关系。

尽管现实生活中充满财富陷阱，但如前所述，风险损失的发生概率是可以被管理的，可以把风险损失转移给金融机构，而高净值人群配置大额终身寿险和年金保险，无疑是最简单的风险转移方法。

5.2 如何定义大额保单

任何风险管理的逻辑起点，都是识别一个人可能遭遇的风险因素、预防和控制损失，进而有计划地转移风险。保险是转移风险机制中最为重要的一种。

除了风险损失转移功能，在财富管理的新时代，大额保单还是新型的财富保障与传承的有力工具。我们可以看到，近年来，频繁有高净值客户配置亿元保单的新闻，赚足了人们的眼球。大额保单当然与巨额的保费支出挂钩，但对于何为大额保单，其实各家保险公司和财富管理市场并没有一个统一的认定门槛。

结合财富管理的实践，笔者认为，无论是法定继承、遗嘱继承还是生前赠与，法律工具因为自身的局限性，有时难以完全实现被继承人的意愿和应对传承中各种各样的变化。而如果能够在法律工具合理搭建的基础上，面对法律工具所不能解决或应对的风险，利用以一定保额或年缴保费为基础的大额保单，隔离债务风险、跨越继承权公证难关、均衡配置不动产和金融资产、完善节税资产结构等，可以帮助高净值家庭更好地完成财富保障与传承。实际上，人寿保险是提供现金以弥补由于个人死亡所带来损失的最主要的渠道。

当然，配置人身保险时，投保人并非可以为任何人购买人身保险，订立保险合同时，投保人需对被保险人具有保险利益。为什么要遵循保险利益原则呢？保险利益原则的适用主要是为了防止道德风险。我国《保险法》第三十一条中规定投保人对下列人员具有保险利益：1. 本人；2. 配偶、子女、父母；3. 前项以外与投保人有抚养、赡养或者扶养关系的家庭其他成员、近亲属；4. 与投保人有劳动关系的劳动者；除前述四项外，被保险人同意投保人为其订立合同的，视为投保人对被保险人具有保险利益。

具体来说，大额保单在家族财富保障与传承中，具有四大优势：

1. 大额保单具有风险管理功能。通过风险转移的方式，将高净值人士的人身风险转嫁给保险公司，建立于大数法则之上的风险转移模式，赋予了大额保单杠杆的功能，被保险人通过较低的资金即可撬动相对较高的保障。

2. 大额保单具有财富保障功能。大额终身寿险保单是一种以被保险人的生命为标的，且以被保险人的死亡为给付条件的人身保险。利用大额保单特殊的结构、保险现金价值与保单实际价值的差异以及保单贷款等因素，可以在一定程度及情况下隔离债务。且大额保单的死亡理赔金一般由保险公司直接给付给受益人，而不会纳入被保险人的遗产计算，受益人不需要按照遗产继承法律先偿还被继承人所负债务。

3. 大额保单具有财富传承功能。通过对投保人、被保险人以及受益人恰当的设计，以实现财富传承的专属性。大额终身年金保险，可以领取终身，是伴随一生的现金流。保险合同只需要投保人和被保险人签字即可生效，不需要通知其他相关亲属，实现秘密传承，避免家庭争端。

4. 大额保单具有利益锁定功能。保险公司运营稳健，只要不提前终止合同，基本上不会有本金的损失。各国对保险公司监管非常严格，大多数国家对保险公司破产都有预案措施，最大限度保证投保人和被保险人的利益。

案例 5-2-1

林先生今年 42 岁，从事服装零售行业，年收入 300 万元左右，太太付女士是全职太太。夫妻育有一子，今年 12 岁。林先生经商多年，主要投资都集中在房产上，家庭资产已达 2000 万元以上，不过家庭生活开销较大，每月基本生活费用达 10 万元左右。林先生希望再干 10 年就退休，运用目前资产满足生活需要，同时，希望在 5 年后将小孩送到国外读大学。

经过对林先生家庭财富的诊断发现，林先生家的投资资产比重不均衡，主要投资在房产上，金融资产配置不足。从家庭应急资金上来说，林先生家庭预留了充足的现金加活期存款高达 500 万元，虽然满足了日常的需要，但在一定程度上也会降低资金的收益率。

从资金安全角度来讲，合理的负债、适当的紧急备用金以及合理的保险配置能够保证家庭资金安全。下面分别从投资、教育、养老等方面给出林先生家庭财富的规划建议。

（1）投资规划

从投资结构来看，林先生家庭资产稳定增长的同时，投资渠道比较单一。建议增加金融资产的配置，选择长期稳定增长的理财产品，定期定额持续投资，用时间换取收益。

（2）教育规划

教育金是最近的理财目标，需要优先考虑。教育费用无法推迟，也无法更改，建议教育费用尽早规划，预算充足。5年后到国外留学的费用大概需要100万元，建议为儿子配置教育年金，目前市面上附带万能账户的教育年金，只要年化收益率达到3.7%就可以保证此笔费用。

（3）养老规划

对于林先生夫妇二人的养老规划，建议配置养老年金。到达一定期限后，能领取具有稳固增长收益的现金流。此外，建议林先生夫妻双方补充重大疾病保险以及意外险，以应对突发的疾病以及意外，花费低，保障额度大。

5.3 大额保单的财富保障功能

案例 5-3-1

李牧是一位房地产商，他开发的楼盘地处×市交通便利之地。虽然经历过20世纪90年代的楼市低迷，但由于早期拿地成本极低，熬过寒冬后，李牧终于在楼市的黄金季节翻身。不仅早前的积压楼盘销售一空，后来新建的楼盘也帮他在2008年赚得盆满钵满。不过，经历过“冬天”的李牧深知“严寒”的无情。一直以来，公司就是李牧的全部：“要是我倒了、公司倒了，什么都会倒，甚至家！”

为了防止一旦公司出现风险，名下的房产、汽车、资产等都被追偿，李牧最后选择购买不被追偿的大额保单。按照这份保险计划，李牧年缴保费200万元，缴费期10年。相当于10年向保险公司“贡献”2000万元，但也相当于李牧10年间为自己存下2000多万元。如果生意失败，这2000多万元所产生的上亿的资金，也能保证李牧仍可以过上体面的生活。

一、隔离债务

财富有两面性。积极的一面，可以满足我们物质的需要和精神的愉悦，帮助家族基业长青；消极的一面，根据《民法典》《公司法》和《刑事诉讼法》等相关法律法规的规定，一个人名下的财产，几乎均面临着来自婚姻、继承、债的追索、税负、刑事罚没等非意愿性减损的风险。

家庭财富的债务成因有很多，但对于家族企业来讲，大多数债务都和企业经营相关，目前来看，家业和企业债务成因主要可以分为如下几类：

1. 个人对第三方融资提供保证责任，一旦第三方债务爆发，个人及家庭受到第三方债务的牵连。在债务风险中，最常见的是，企业家互保。如果一家出事，就会出现多米诺骨牌效应，债务风险波及广泛。

2. 创业过程中，企业主对企业经营风险和资金需求预估不足，即使已履行完出资义务，为企业发展仍不断输血，导致自身债务缠身。目前，融资市场上主要的借贷资金来源为金融机构，贷款利息、违约金等各项费用加起来导致资金使用成本的急剧上升，再加上本金，成为企业家不可承受之重。

3. 夫妻共同债务。我国是法定的夫妻财产共有制国家，非负债一方被判决需要承担负债方在婚内产生的债务的可能性极高，负债方配偶往往在不知情的情况下，被认定承担了夫妻共同债务。

从《民事诉讼法》《最高人民法院关于人民法院民事执行中查封、扣押、冻结财产的规定》和《最高人民法院关于民事执行中财产调查若干问题的规定》等相关规定中，我们可以发现，财富管理工具虽然很多，但是能实现财富安全性、防御性的工具并不多。

在财富规划和传承领域，保险和信托被认为是用来进行资产安全隔离的最常用工具，高净值人群自然也更多关注保险产品的避债避税、财富传承功能。当然“避债”只是民间通俗的表述，更准确一点的表述是，保险金因不被视为债务人的财产而不会被法院强制执行。

人寿保险产品真的能避债吗？我们先看看在司法实践中，人民法院认为可以强制执行保单现金价值的类型有哪些：

1. 投保人投保传统型、分红型、投资连接型、万能型人身保险产品后负债，投保人不能偿还到期债务又不自行解除保险合同提取保险单的现金价值以偿还债务的，人民法院在执行程序中有权强制代替被执行人对该保险单的现金价值予以提取；

2. 被执行人为了规避强制执行而购买人寿保险的，保险合同可被解除，解保后保单现金价值可被强制执行；

3. 在刑事案件侦查或审理过程中，投保人用赃款购买人寿保险，且保险公司明知保费为赃款而恶意承保的，人寿保险将依法强制解除，购买人寿保险的保费将面临上缴国库或返还；

4. 在法院强制执行过程中，被执行人将保险合同向法院提供担保，解除合同退保后或将合同担保给法院后，法院对保单现金价值有权予以执行；

5. 执行过程中投保人自愿退保，退保后的保单现金价值法院有权予以执行；

6. 生效民事判决书判决人寿保险合同无效或撤销人寿保险合同的，法院执行生效法律文书时，可以强制解除保险合同，并执行退保后保单现金价值。

案例 5-3-2

（2014）浙温执复字第 36 号案：复议人（被执行人）签订的 7 份保险合同，以被保险人的身体健康与疾病为投保内容，属于人寿保险范畴，具有人身保障功能。法院强制执行该保单的现金价值将会危害被保险人的生存权益，因此该类保险合同不宜强制执行。申请复议人复议理由成立，本院予以支持，执行法院认定该保险为储蓄或投资型保险合同，并据此扣划该保单现金价值不当。

从上面的案例可知，合法资金投保的人寿保单及其现金价值成为执行标的前提是保险合同已解除。如果没有出现《保险法》规定或者保险合同约定的保险公司可解除保险合同的情形，保险合同的解除权只能归投保人所有，人民法院不宜直接要求保险公司解除保险合同并提取现金价值。

债务隔离规划，应未雨绸缪，越早越好。我们在讨论大额保单的债务隔离功能时，一定要有全面和客观的态度。一份大额保单，它背后承载着多重的意义和价值，但只有经过科学规划，合理架构设计，才能做到相对隔离债务，助力家族财富传承。但需注意，如果是在债务危机爆发前夕，通过转移占有，即代持手段变更财产的控制人来实现短期的财产转移，或者在债务危机爆发前，购置大额保单以隐匿、转移财产等，在此时都是不可取的。根据《民法典》第一百五十四条之规定，如果当事人主观上是以恶意避债为目的所为的行为，保险合同可能会被认定无效，即使是家族信托也会被认定无效。

我们在合理设计保单架构时，可以从以下两方面做到相对的债务隔离：

一方面，债务风险很高的人士，不适合做投保人。

在保单发生赔付前，保单是投保人的财产，保单的现金价值也是完全可以计算出来的。一旦发生诉讼，完全有可能被强制执行来偿还投保人的债务。另外，高债务风险人士的配偶也不适合做投保人，我国实行的是夫妻共有财产制。比如说妻子作为投保人，但如果丈夫发生债务危机，妻子名下的财产也属于债务追偿范围。

另一方面，利用低现金价值产品实现债务隔离。

保单可以被强制执行进行债务清偿的核心在于有可量化的现金价值，且投保人拥有任意解除权来获得现金价值。但现金价值与保单本身的价值又是不对等的，如部分保单在成立后的最初几年，其现金价值可能仅为缴纳保费的十分之一或是更低，这一类低现金价值产品是我们隔离债务的重要工具。根据法律规定和审判实例来看，在面对债务时，如果保单相关利益人，如被保险人、受益人给付了现金价值相当的款项作为对价，保险合同是不会被强制解除的。比如，一份保险，保单的现金价值是 20 万元，已交的保费是 200 万元，实际的保额是 400 万元，如果投保人作为被执行人，法院要强制执行其保单的现金价值 20 万元。被保险人或是受益人向投保人支付了 20 万元，且告知了保险人，这样的情况下，法院执行的是投保人得到的 20 万元，而不会强制解除保险合同，相当于用 20 万元的对价，保住了 400 万元的资产。

二、隔离婚姻风险

案例 5-3-3

吴女士一家家境殷实，属于典型的中产阶级家庭，唯一的女儿已到了适婚年龄。吴女士与丈夫就如何将财富传承给女儿发生了分歧。丈夫主张直接将房产及公司股权过户到女儿名下，而吴女士认为直接给女儿现金，用起来更方便。除此之外，吴女士与丈夫还担心，一旦女儿发生婚变，会不会给女儿带来人财两空的双重打击。为了规避风险，吴女士建议女儿和女婿签订婚前财产协议，但是女儿与女婿感情正处甜蜜期，女儿不愿意签订该协议影响感情。吴女士与丈夫无奈，但心中的忧虑一直挥之不去。

其实，吴女士与丈夫的担心是完全有必要的，因为吴女士与丈夫的方案都有明显的缺陷。加之女儿不愿意签订婚前财产协议，该财富传承方案的风险就更大了。首先，关于吴女士丈夫的房产和股权过户的方案，房产或企业股权价值随企业发展而不断变化，房产政策变化和公司经营不善等状况均有可能导致资产贬值甚至更为恶劣的情况出现。这样无疑难以实现保障女儿日后衣食无忧的愿望；其次，婚后房产的租金和股权的分红收益在离婚时也将面临夫妻共有财产分割的风险。至于吴女士的现金方案，女儿虽然对现金拥有绝对支配权。但如果婚后女婿因投资或借款等理由提出调用这笔现金，女儿会左右为难，在没有协议的前提下夫妻共同使用该笔资金，那么该笔资金将面临难以预测的风险。

如何实现吴女士与丈夫的心愿，将财富传承给女儿，保障其日后衣食无忧？最终吴女士与丈夫通过购买大额保单，指定女儿为受益人。在保险合同履行完毕后，吴女士的女儿便可以定期、定额地领取保险金，确保衣食无忧。如果面临婚姻破裂，该保险金作为女儿的个人财产不会被分割。如此一来，在不签订婚前财产协议并避免影响女儿女婿感情的前提下，吴女士与丈夫传承财富的愿望也得以实现。

我们必须意识到一点：在决定自己是否购买保险时，需要考虑的绝不仅仅是收益的高低，而是自己的财富管理需要。我们当中的绝大多数人会持有住房保险、汽车保险和意外重疾保险，然而我们绝对不会为了得到保险金，就期盼自己的房屋倒塌、汽车报废、自己死于意外。风险管理工具预防的是风险事故出现之后，人们可能会遇到的财务困境，而保险是解决财务困境的保障性金融工具。

人身保障险出险后的保险金，已经被法律明确规定为夫妻一方财产，但除传统保险的保障性特征外，保险还被赋予了储蓄或者投资等其他特征，并且这两类保险往往投保期限长，投保数额大，是夫妻双方都较为关注的重要财产利益，在离婚案件中对该类保险处理不公平或者处理不彻底都会带来一定的问题。[①]

1. 离婚案件中保险问题处理的基本原则

（1）协议处理优先

按照我国《民法典》对离婚中财产问题处理的一般规则，离婚双方当事人应当首先就保险问题协议处理，协议不成的由人民法院按照相关的财产处理规则予以分割。该协议既可以在婚前达成，也可以在婚姻关系存续期间达成，还可以在离婚过程中达成，只要不含有合同无效的相关条款，当事人双方就应当按照协议的规定履行。

（2）彻底分割、便于执行原则

因为目前保险种类纷繁复杂，针对保障型保险，一般保险期限短，保险内容单一，人民法院可以在保费上一次性分割。但实践中存在期限长、定期受益、计算复杂的诸多类型的保险，如果不计算效率与当事人的执行成本，可能有更多更加公平的处理手段，如对于夫妻关系存续期间缴纳的定期受益保险，可以判决逐期分割受益，这样判决的后果就是每期受益的支付都有可能带来一个执行之诉，对于当事人是一个较大的负担。因此，在离婚案件的保险问题的处理上，除非当事人在诉讼中就保险的处理达成一致，人民法院应当坚持“一次性分割、彻底分割、便于执行”的原则，力争当事人双方通过一次性履行，将保险问题彻底解决。[②]

（3）便于保险合同继续履行原则

如上所述，离婚中的保险问题处于《民法典》与《保险法》的交叉领域，对保险问题的处理应当以《民法典》的基本价值为指引，同时兼顾《保险法》的基本价值。在离婚中保险问题的处理中，力促保险合同的继续履行符合《保险法》的基本价值。应当尽力将保险分给有财务能力和管理能力的一方，而由另一方获得相应的补偿，从该财产关系中脱出。[③]

---

① 孙国鸣．离婚纠纷法律精解、判例分析与诉讼指引［M］．北京：中国法制出版社，2012.

② 孙国鸣．离婚纠纷法律精解、判例分析与诉讼指引［M］．北京：中国法制出版社，2012.

③ 孙国鸣．离婚纠纷法律精解、判例分析与诉讼指引［M］．北京：中国法制出版社，2012.

2. 离婚案件中人身保险的具体分割

在人身保险合同中，被保险人居于主导地位，保险合同的目的在于保障被保险人的利益，不论受益人是投保人还是第三人，都根源于被保险人的指定。在离婚案件中，对各类保险合同进行考察，被保险人是考察重点之一，而另一个考察重点则应当是保险费用的来源，以及保险费用是由共同财产支付还是他人支付。

（1）保费来源为夫妻共同财产，被保险人为夫妻中的一方

在这种情况下，因保费支出所形成的保险性质的财产权益，应当认定为夫妻共同享有。如果购买的该保险为人身保障型保险，离婚时应当在剩余保险期限对应的保费范围内给对方以补偿。如果保费支出形成的是返还型保险或者投资型保险，离婚时分割的应当是保单的现金价值，如果在离婚时该保险尚不具有现金价值，则应当分割该保险被退保时退回的相关款项。这种类型是离婚中各类人身保险的基础性处理规则：只要保费支出是以夫妻共同财产支出，被保险人又是夫妻中的一方，就应当认定为夫妻共有财产，不必再考察投保人、受益人等保险关系人由何人承担。如果受益人不是被保险人，若该保险再分割后未退保，被保险人可以根据自己的意愿变更受益人。

（2）保费来源为夫妻共同财产，被保险人为夫妻以外的第三人

在这种情形下，被保险人一般是与夫妻中一方或者双方都有保险利益关系的主体，既可能为一方的父母，也可能为双方的子女。关于该类人身保险的财产能否被认定为夫妻共同财产，有一定的争议。有观点认为，这种支出应当是消费性支出，不应当认定为夫妻共有财产。笔者认为，应当区别对待，解除婚姻关系更加重要的是解除夫妻双方之间的身份关系，通过婚姻构成的姻亲关系也将解除。

在婚姻关系存续期间，基于家庭亲属关系，一方可能会同意另一方用夫妻共有财产以对方的父母为被保险人购买保险，该保险的受益人可能指定为夫妻双方或者被保险人的子女，在这种情况下，婚姻关系解除时，如果不对该财产进行分割，对另一方无疑是不公平的，也会为夫妻一方有预谋地转移夫妻共同财产留下空间。因此，应当对该保单的价值进行分割。在另一种情况下，如果

被保险人是双方的子女，离婚双方当事人可能有另外的处理意见，在诉讼中可以认为是对被保险人的赠与，该种情形下问题的重点在于对受益人的指定，如果受益人为被保险人，认定为赠与不会产生“后遗症”，但是如果受益人为夫妻中的一方，则对该保险不加分割则会产生问题，此时，应当由离婚双方协商是否变更受益人为子女，否则，也应当在离婚时予以分割。

（3）保费来源为非夫妻共同财产，被保险人为夫妻一方

现实中也存在第三人为夫妻中一方购买人身保险或指定为受益人的情形。在第三人投保，夫妻一方作为人身保险合同的被保险人或受益人而取得的利益，《民法典》中并没有明确将人身保险合同中被保险人及受益人所得的保险利益纳入夫妻共同财产的范畴，受益人所得的保险金与继承、受赠所得的财产在性质上虽然有相似之处，如都是受益人无偿取得，都具有人身属性，但在取得的条件上，他们并不完全相同，人身保险合同中的保险金是由被保险人或受益人无偿、不负任何义务取得的，而继承人取得的财产可以是附义务的。

因此，人身保险合同中被保险人或受益人选择的本身，就表明了投保人与其的特定关系，这种指定本身就体现了保险金的专属性，如果将其作为夫妻共同财产处理，则有违投保人为其投保或指定其为受益人的本意。父母为子女购买的大额保险，或者以子女为受益人的大额保险，在子女离婚时保单不会被分割，从而避免子女婚姻的变化对家族财富带来的分割风险，让自己创造的财富，一直归自己掌控。

（4）保费来源为夫妻一方所有的财产，被保险人为夫妻中的另一方

在这种情况下，夫妻一方以自己的个人财产，为另一方购买人身保险，可以认为是投保人对另一方的赠与。在这种情况下，按照我国《民法典》第一千零六十二条的规定，夫妻一方接受的赠与应当为夫妻共同财产。在离婚过程中应当予以分割。[①]

对于已经理赔或者已经支付的保险金，除非具有人身属性，否则应当按照保险金的财产属性予以分割，属于夫妻共同财产的则以实物分割，不属于夫妻

---

① 杨心忠，赵蕾等．婚婚姻家庭纠纷裁判精要与规则适用［M］．北京：北京大学出版社，2014.

共同财产的则由单方享有；对于尚在履行期限中的保险合同，分割的对象应当是保险费或者保单的现金价值，一旦被认定为夫妻共同财产，则应当予以分割。

三、通过股东互保化解企业经营风险

创业公司自成立之日起，如有限责任公司中的股东，就要做好共担风险的准备，但“人有旦夕祸福”，一旦某个创始股东不幸染上重疾甚至身故，由于有限责任公司的人合性，会对公司的未来发展带来巨大的潜在风险。上述意外风险虽不能绝对避免，但保险制度中的股东互保能在一定程度上降低上述风险。股东互保保险，是指是股东之间以一方身故为给付条件的人寿保险，保险赔偿金只能用于购买身故股东持有的公司股权。

在欧美发达国家和中国香港等地区，股东互保已经较为普及。那么，股东互保在中国落地的法律依据是什么呢？根据我国《保险法》第三十九条规定，人身保险人的受益人由被保险人或投保人指定。投保人指定受益人时须经被保险人同意。即人身保险中，只要经过被保险人的同意，受益人既可以是被保险人的近亲属，也可以是近亲属以外的人，如公司或其他股东。

股东互保保险的作用总结为如下几点：第一，以较小保费获得高额保障，充分利用保险的杠杆作用，解决了购买身故股东股权所需现金流的问题；第二，顺利购买身故股东的股权，确保人合公司股东之间的信任基础，不受某个股东突然身故的影响；第三，确保身故股东的家属能够及时取得一笔补偿金或与股权相应的财产利益，解决了生活保障问题。

案例 5-3-4

某公司由3名自然人股东刘某、陈某、黄某各出资200万元所创，注册资金共计600万元。2年后，公司资本增长到1.12亿元，但账面流动现金只有100余万元。这时，陈某应酬客户后突发急症身故，陈某的家属提出了以下要求：

1. 撤回原投资款200万元；

2. 领取2年间公司应分未分之分红36万元；

3. 陈某是在为公司拓展业务时发生风险的，请求公司给予抚恤金100万元。

款项共计 336 万元，要求在 1 个月内支付。如果做不到，家属将在保留第 3 项请求的同时，将股权以 400 万元转让给该公司的竞争对手。这让股东刘某和黄某非常为难：因与陈某交情甚好，他们很愿意出 400 万元妥善处理此事，但是更要维护公司股权的完整。那么问题来了：

1. 此时公司净资产评估值已达 1.12 亿元；

2. 账面现金只有 100 余万元；

3. 企业面临的更大问题是陈某的股份会被竞争对手收购。

面对这 3 个问题，可以处理的办法有 3 个：

办法 1：动用刘某和黄某的自有现金解决此问题。

办法 2：向银行担保贷款，但是花费时间长，且为负债，日后必须归还。

办法 3：股东互保，利用保险的杠杆功能为各股东投保，钱不用还。

股东互保的方案：刘某、陈某、黄某均为男性股东，分别是 38 岁、35 岁、32 岁。他们每人投保保额为 200 万元的终身寿险，年缴保费 20 万元以内，占注册资本的 3.06%；2 年后，公司资产 1.12 亿元，每人又各增加 200 万元保额。此时 3 名股东的年龄分别为 40 岁、37 岁、34 岁，追加保单 20 万元。加上第一份保单，每年支付人寿保险费不到 40 万元，仅占公司净资产的 3.4%，这就可将公司经营中的人身风险转嫁给保险公司。[①]

从财务管理角度来看，这笔钱无论是作为风险管理费还是成本空置费，对企业经营都是必需的，尤其是公司大股东，如果实施了股东互保方案，在大股东突然离世后，将很快从保险公司拿到 400 万元理赔金，既满足了家属的要求，又不会影响到公司的经营。在无负债的前提下，几十万元就完成股权回购并增加了持股比例。

当然，通过股东互保来应对核心股东的突然变故并不是一份保险合同就可以解决的，同时还需要股东互保协议、公司章程、关于股权继承的遗嘱等文件

---

① 百度文库 . 大额保单案例分享［R/OL］.（2015-12-02）［2018-07-11］.https://wenku.baidu.com/view/1c9eef5faef8941ea66e053b.html?rec_flag=default&mark_pay_doc=2&mark_rec_page=1&mark_rec_position=2&mark_rec=view_r_1&clear_uda_param=1&sxts=15239530813.

的相互配合，同时也需要根据企业经营情况及股东情况的变化而不断进行调整。

法条链接

◇**《民法典》**

第一百五十二条 有下列情形之一的，撤销权消灭：

（一）当事人自知道或者应当知道撤销事由之日起一年内、重大误解的当事人自知道或者应当知道撤销事由之日起九十日内没有行使撤销权；

（二）当事人受胁迫，自胁迫行为终止之日起一年内没有行使撤销权；

（三）当事人知道撤销事由后明确表示或者以自己的行为表明放弃撤销权。

当事人自民事法律行为发生之日起五年内没有行使撤销权的，撤销权消灭。

第一百五十四条 行为人与相对人恶意串通，损害他人合法权益的民事法律行为无效。

第一百五十七条 民事法律行为无效、被撤销或者确定不发生效力后，行为人因该行为取得的财产，应当予以返还；不能返还或者没有必要返还的，应当折价补偿。有过错的一方应当赔偿对方由此所受到的损失；各方都有过错的，应当各自承担相应的责任。法律另有规定的，依照其规定。

◇**《保险法》**

第二十三条第三款 任何单位和个人不得非法干预保险人履行赔偿或者给付保险金的义务，也不得限制被保险人或者受益人取得保险金的权利。

◇**《广东省高院关于执行案件法律适用疑难问题的解答意见》（2016 年 3 月 3 日）**

问题十一：被执行人的人身保险产品具有现金价值，法院能否强制执行？

处理意见：首先，虽然人身保险产品的现金价值是被执行人的，但关系人的生命价值，如果被执行人同意退保，法院可以执行保单的现金价值，如果不同意退保，法院不能强制被执行人退保。其次，如果人身保险有指定受益人且受益人不是被执行人，依据《保险法》第四十二条的规定，保险金不作为被执行人的财产，人民法院不能执行。再次，如果人身保险没有指定受益人或者指定的受益人为被执行人，发生保险事故后理赔的保险金可以认定为被执行人的遗产，可以用来清偿债务。

◇《北京市法院执行工作规范》(2013 年修订)

第四百四十九条　对被执行人所投的商业保险，人民法院可以冻结并处分被执行人基于保险合同享有的权益，但不得强制解除该保险合同法律关系。

5.4　大额保单的财富传承功能

一、收益锁定

保险在设计时，通常通过精算师根据当地人群的生命周期表和当时预计的利率水平来确定一个保单的预定利率。这个预定利率在终身寿险和年金保险等两全保险中都会有体现。因为保险合同的合同属性及其长期性，导致保单一旦签订，其预定利率是不能变化的，因而就产生了人寿保险的收益锁定功能。譬如，在 1996 年左右，国内曾经出现一批预定利率在 6% 的两全保险，因为当时银行的一年期存款基准利率高达 10% 以上。虽然当时保险的预定利率远低于银行存款，但在银行利率一路走低的情况下，保险的预定利率却被合同锁定了，到现在来看，其持续被保险人一生的 6% 的复利收益率是非常高的。

以终身年金保险为例，在高净值人群的财富规划中，终身年金保险收益锁定功能显得尤为可贵。对于高净值人群来讲，资产的安全远比资产的增值重要，利用年金保险建立一个安全且长期持续稳定的现金流是财富规划中不可或缺的内容，这个现金流既可以提供家庭的基本支出、教育费用、养老金、护理、医疗等，还可以提前锁定家庭长期的生活品质。除了保险和家族信托以外，其他类别资产很难保证安全、长期和稳定的现金流。当然，对高净值人士和中产家庭来说，年金保险并不比其他投资收益更高（如某些固收类理财产品、优质房产投资），但它一定是所有投资当中安全性和确定性最强的资产配置。虽然银保监会已要求将年金保险的预定利率上限由之前的 4.025% 调低至 3.5%，但即便如此，也远高于银行存款利息。

二、个性化传承

《保险法》第十八条第三款规定，受益人是指人身保险合同中由被保险人或者投保人指定的享有保险金请求权的人。投保人、被保险人可以为受益人。换言之，受益人就是最后去找保险公司理赔和收取保险公司给付的保险金的人。在人身保险中，受益人有着独特的法律地位，保险合同约定的事件发生后，受益人需及时通知保险人。受益人既可以是投保人或者被保险人，也可以是投保人、被保险人以外的人。

以终身寿险为例，终身寿险的逻辑起点就是传承，终身寿险的高杠杆效应，可以做到以小博大，放大财富增量。完美解决了家庭人数众多，传承资金不够或无法兼顾的问题。并且，终身寿险具有配置平衡性，可以和遗嘱、家族信托进行无缝对接。根据《民法典》的规定可知，高净值人群在进行财富传承时，既可以把终身寿险的“投保人”传承问题放到自书遗嘱或打印遗嘱中，也可以放入家族信托中，将保险和信托优势进行强强组合，搭建结构化和系统化的传承架构。

案例 5-4-1

钱先生和钱夫人都50多岁，二人经营家族企业半生，家产颇丰。育有一女，刚结婚不久，钱先生想给女儿做一份婚姻资产规划，主要希望达到三个目的：与自己企业经营风险隔离，与女儿婚姻资产隔离，防止女儿挥霍无度。

通过对钱先生家庭资产负债表的梳理，在了解了钱先生的核心目的后，我们建议钱先生投保两份大额终身寿险，钱先生自己作为投保人，钱先生和钱太太为被保险人，死亡受益人都为女儿，这样的保单设计能与钱先生希望达到的目的一致。

首先，与企业债务风险隔离。如果钱先生或钱夫人不幸去世，女儿能领取一笔高额保险金，而保险赔偿金不属于遗产，万一两人在经营企业时对外欠债，女儿领取的保险赔偿金也不用清偿父母的债务，这样可以很好地隔离父母的债务。同时，因为保险赔偿金不属于遗产，即使某一天开征遗产税（虽然笔者不认为中国会开征遗产税），这笔保险赔偿金本身也不用缴纳遗产税，还可以作为继承人应缴税金的来源，在继承其他遗产时有充裕的现金流应对税费缴纳，保障继承的顺利进行。

其次，在女儿的婚姻资产隔离问题上，关于保险赔偿金，根据原《婚姻法》第18条规定[①]遗产和赠与，如果是指定属于夫妻一方的，属于夫妻一方的财产。《最高人民法院第八次全国法院民事商事审判工作会议（民事部分）纪要》（2016年11月21日）中规定，婚姻关系存续期间，夫妻一方作为被保险人依据意外伤害保险合同、健康保险合同获得的具有人身性质的保险金，或者作为一方受益人依据以死亡为给付条件的人寿保险合同获得的保险金，宜认定为个人财产，但双方另有约定的除外。万一女儿发生婚变，其所领取的保险赔偿也不会被分割，属于女儿个人财产。

另外，即使女儿对外欠债，债权人也不能对其取得保险受益金的权利行使代位权，即只要在受益人还未领取保险金的情况下，债务人是无法通过行使代位权而直接取得保险赔偿金偿还债务的。

最后，指定受益人的保险赔偿金，是根据投保人设定的意愿进行分配的，投保人的其他继承人无法干涉。这样就能很好地实现钱先生夫妇定向传承的目的。

高净值人士通过大额保单的方式传承财富，能够很好地实现有控制力的财富转移和传承。父母作为保单的投保人，拥有对保险财产的绝对权利，可以根据实际财富管理需要，灵活指定大额保单受益人及其受益比例，并可在大额保单赔付之前，通过变更投保人、更改受益人及其受益比例等方式，实现财富的保障和传承。

根据《保险法》的规定，在人身保险合同中，被保险人有权指定或变更受益人，而投保人指定或变更受益人，必须事先征得被保险人的同意。在投保人和被保险人合一的保单架构中，被保险人有指定或变更受益人的权利。当子女作为受益人时，一旦发生子女不孝或者挥霍败家时，父母随时可以更改保单受

---

① 该条对应《民法典》第一千零六十三条。

益人，保全家族财富，并在子女做出让投保人满意的改变后，重新购买保单或者重新变更受益人，实现对家族财富的控制和子女的教育。

当然，关于受益人的指定有新的想法需要变更时，务必书面通知保险人对受益人的变更。即便是在家庭会议、遗嘱等文件中表示了变更受益人的意思，也应当及时就变更事宜通知保险公司，以确保变更意愿真正落实。

三、法律工具的黄金搭档

成功的财富传承离不开法律工具的正确使用，与此同时，金融工具也应当发挥其重要作用。笔者在帮助高净值客户设计财富传承方案时，经常将遗嘱和大额保单进行组合使用，并取得了较好的效果。笔者认为，在财富传承方案中，大额保单理应成为法律工具的黄金搭档。

案例 5-4-2

王先生，年近五旬，早年与妻子赵某一起创业，经过多年的奋斗，攒下千万身家。一个偶然机会，王先生再遇人生知己，产生家庭矛盾，与妻子赵某及两个成年子女关系紧张，无奈之余，与赵某离婚。

王先生离婚后，和知己李某步入婚姻殿堂，后生育一子王某，一家人其乐融融。2011 年，王先生考虑到自己的年龄、健康等因素，打算为妻子李某和年幼的（3 岁）儿子王某提供必要保障的同时，提前进行财富传承规划。于是，王先生在妻子李某的引荐下，为儿子投保大额趸交年金险一份，王先生作为投保人、儿子王某作为被保险人和生存金受益人、妻子李某作为身故受益人。为妻子李某投保大额终身寿险一份，王先生作为投保人和被保险人，妻子李某作为受益人。

2014 年，因特殊的政策及市场变化原因，王先生的事业陷入困境。面对陡然增加的经济压力，在妻子李某的支持下，王先生开始考虑保单贷款事宜，甚至动了退保自救的念头。后在王先生的多方努力下，事业出现了一线转机，然而不幸的是，因一次意外，王先生离开了人世。随着王先生的离世，其生前设立的一份遗嘱以及购买的另两份大额保单也浮出水面。原来王先生在与前妻离婚后，觉得亏欠了前妻跟两个孩子，于是不识字的王先生偷偷打印了一份遗嘱，写明名下房产两套由与前妻生育的两个孩子分别继承，并签名按手印，写上日期后密封起来交托给好友保管，交代好友一旦其发生意外，就将遗嘱公示于家人。并为前妻购买大额终身寿险一份，同时为自己配置终身寿险，指定前妻的两个孩子为受益人。

随后，围绕遗嘱的真假与效力问题，争议在多年不相往来的前妻及孩子、妻子李某及年幼的孩子之间展开。

最后法院认定，王先生生前订立的遗嘱因打印的形式不符合自书遗嘱的有效形式、签名真实性无法证明而归于无效（关于打印遗嘱效力的详细讨论详见本书第三章）。遗嘱工具的失灵，导致了王先生想将房子传承给前妻的两个儿子的目的无法实现，两套房产只能按照法定继承分割。但王先生在生前为自己配置了大额终身寿险，并指定了与前妻的两个儿子作为受益人，使得该笔保险金不会被分割，成为两个孩子的个人财产，这在一定程度上补救了遗嘱失灵、弥补两个孩子不能完全继承房产的遗憾。为现任妻子和孩子配置的大额年金险和终身寿险，也起到了为现任妻子和幼子提供了保障和定向传承的作用。

案例中，王先生因为遗嘱形式不当而被认定无效，使得房产按照法定继承，无法定向传承给与前妻生育的两个孩子。

前文提及过，中国高净值家庭的财富需求除了资产配置、财富管理，最重要的就是财富传承。高净值人士在家族传承规划中，如果在设计传承架构时，多思考一步，在遗嘱不能够解决复杂问题时，通过搭配大额保单、保险金信托等方式来筹划财富的传承，能够更为全面地实现高净值人士的意愿。

此外，在多子女家庭中，企业主将家庭核心资产——公司股权交给了接班人，其他没有接班的子女在财产分配上会感到不公平。对此，企业主一方面可以在分配家庭固定资产（如房产）时更倾斜于没有接班的子女，另一方面可以利用大额保单的杠杆作用为子女配置财富，尤其是大额终身寿险保单，其保费能够以数倍撬动杠杆，子女能够获得的保额往往是保费的数倍。

大额保单还有为培养企业接班人提供助力的作用，如类信托的保险产品或保险金信托。由于这两种产品存在信托的功能，企业主可以更加自由地规划子女能够从保险金中获得的收益。对于努力上进、能够达到企业主期望的子女，企业主可以给予他们更多的物质鼓励，有效促使子女按照企业主的期望成长为优秀的人才和合格的企业接班人。

法条链接

◇《最高人民法院关于适用〈中华人民共和国保险法〉若干问题的解释（三）》

第九条 投保人指定受益人未经被保险人同意的，人民法院应认定指定行为无效。

当事人对保险合同约定的受益人存在争议，除投保人、被保险人在保险合同之外另有约定外，按照以下情形分别处理：

（一）受益人约定为“法定”或者“法定继承人”的，以继承法规定[①]的法定继承人为受益人；

（二）受益人仅约定为身份关系，投保人与被保险人为同一主体的，根据保险事故发生时与被保险人的身份关系确定受益人；投保人与被保险人为不同主体的，根据保险合同成立时与被保险人的身份关系确定受益人；

（三）受益人的约定包括姓名和身份关系，保险事故发生时身份关系发生变化的，认定为未指定受益人。

5.5 大额保单的科学配置与架构设计

如前所述，大额保单在传承方面有着其他规划工具无可比拟的优势，但是在使用大额保单进行传承规划时，仍然需要注意以下几个方面的问题。

1. 保单险种的选择：终身寿险还是年金类保险。

---

① 该条对应《民法典》第一千一百二十七条。

2. 保单架构的搭建。

3. 保险与家族信托的结合。保险与信托的结合运用可以将传承优势放大，我们将在其他章节专门阐述。

案例 5–5–1

金总 40 岁，是某上市公司的老板；金太太 40 岁，不参与企业的经营管理，金宝贝 15 岁，是两人唯一的儿子。金总的父母金爷爷和金奶奶均 60 岁，已退居二线，与金总公司没有财务关系，负债可能性较小。金总的企业目前资产在 2 亿元左右，家庭净资产近 8000 万元。

在当前低迷的经济形势下，企业仅能勉力维持，又没有新的投资项目，金总对未来有些担忧。中国很多企业家或者生意人，往往都是夫妻共同经营，对于个人独资企业或者个体经济，夫妻显然要对债务负无限连带责任，即使是有限责任公司，往往也会因为公私财产不分，用个人账户收取企业经营款、连带担保等原因，也要承担无限连带责任。这就意味着如果经营不善发生风险，公司债务会直接威胁到金总家庭财产的安全。

债务风险很高的人群（如企业主、创业者自己，承担连带责任的妻子，本案例中的金总和金太太）不适合作为投保人。因为保单的现金价值可能被法院强制执行，用以偿还投保人自己的债务。

在本案例中，负债可能性小的金爷爷，适合作为投保人。具体操作是：

金总赠与一笔资金给金爷爷买保险，金爷爷作为投保人，金总作为被保险人，买一份高额终身寿险，身故受益人指定为金宝贝。

为了避免未来金爷爷去世，保单被法定继承，导致资产被金总其他兄弟姐妹分走，或者清偿金总债务，可以事先让金爷爷写一份遗嘱，在遗嘱中指定接下来谁做投保人；或者待金总儿子金宝贝成年后，将投保人更改为金宝贝。

这样的保单设计，既能很好地规避金总将来有可能发生的债务风险，也能为金宝贝留下一笔可观财产，而金爷爷的遗嘱安排也能避免其百年归老以后金总所赠与的资金不会被分割，实现有目的的定向传承。

在保单架构的实际设计中，经常存在投保人和被保险人不是同一个人的情况。譬如，父母给未成年子女投保、夫妻互保，甚至经常有父母给成年子女投保。那么当投保人死亡时，被保险人依然健在，保单继续有效，但投保人权益因原投保人死亡，必须进行转移。如果事先没有做任何安排，投保人的权益就会被认定为投保人的遗产，一旦认定为遗产，就会面临诸多的风险：

1. 一旦投保人死亡又没有做任何安排，则保单因发生法定继承而丧失了很多其原有的保全作用；

2. 法定继承的遗产属于继承人的责任财产，可能被用于清偿继承人的债务；如有多个继承人，则可能面临保单现金价值被分割的风险。

案例 5–5–2

丁总和丁太太都是广东潮汕人，做汽车配件起家，后来又投资二手车交易市场、高端潮汕菜连锁饭店等，身家雄厚。丁总有两个儿子，一个女儿。大儿子丁伟 28 岁，小儿子丁强 20 岁，女儿丁燕 16 岁。丁伟大学毕业后一直在家族企业工作，帮助父亲管理企业，这几年潮汕连锁饭店因为独特的口味和健康理念，受到市场欢迎，丁伟有计划加速扩张连锁饭店。丁强大学即将毕业，对家族生意不是很感兴趣，喜欢互联网，将来想创业。丁燕还在读高中，学习成绩一般，丁总想送女儿去国外读高中考大学。

丁伟已经结婚，与儿媳妇是大学同学，夫妻感情还可以，结婚后，一直在丁总家族企业做财务工作，并为丁家生了一个长孙欢欢，今年 6 岁。欢欢作为目前家族中唯一的第三代，被视为掌上明珠。

丁强谈了一个女朋友，丁总不太满意，认为女孩子每天穿得花枝招展的，待人接物也比较自我，和他们的家风不符，不可靠。但儿子目前也比较叛逆，听不进去父母的劝告，说毕业后就结婚。

丁总做了半辈子生意，虽然餐饮和汽车连锁都是他主张投资的，但认为传统行业竞争太激烈，发展前景不是太好，这些年热衷房产投资，赶上房价上涨的周期，北京、上海、深圳等都有配置，深圳还有一个独立的商业地产，总价值十几亿。但丁伟看好二手车市场转型和潮汕菜的前景，主张加大投入资金扩张。丁伟妻子准备从初中开始就送儿子到美国读书，正在办理移民，也在美国购置了房产。

丁总的父母健在，身体也非常硬朗，在老家居住。丁总是家里老二，还有一个哥哥和妹妹，哥哥家境一般，主要在老家照顾父母，丁总感激哥哥对父母的照顾，在老家为哥哥全家配置了房产物业等。妹妹在丁总企业工作。

1. 家族的风险分析

（1）丁总和丁太太的法定继承风险

丁总和丁太太平时虽然也接触过企业的法律顾问，但从来没有了解过传承安排方面的问题。丁总和丁太太是潮汕人，在潮汕当地传统中，很忌讳谈论生死，觉得立平安纸（遗嘱）不吉利。再加上丁总觉得自己和太太身体很好，还算年轻，传承安排还不到时候。但问题是，丁总家族资产庞大，在连个遗嘱都没有立的情况下，一旦发生意外或百年之后，家族资产必然按法定继承走，而丁总想要把家业传给自己两个儿子的想法很难完全实现，潜藏的风险巨大。

（2）大儿子的婚姻风险和法定继承风险

现在家族生意主要由大儿子丁伟负责，做生意比较辛苦，应酬也比较多，虽然年纪不大，但也有潜在的意外风险。和丁总夫妇一样，一旦丁伟发生意外，在没有任何财富保障和传承安排的情况下，丁伟名下的家族资产必然借由法定继承分给妻子很大一部分，一旦丁伟妻子改嫁，丁总家族资产势必外流。

（3）二儿子的婚姻风险

丁总对二儿媳不是很满意，担心准儿媳是图他们家的钱。二儿子的婚姻风险现实而又急迫，是丁总不得不考虑的问题。首先，如果没有规划，则儿子名下的资产，一般会变成儿子儿媳的夫妻共同财产；其次，将来如果二儿子也继承家族企业股权，股权也会变成为夫妻共同财产；最后，如果丁总丁太太百年后发生法定继承，儿媳借由儿子的继承后，也获得巨额财产，一旦发生继承风险，会分走丁氏家族的一大部分财产。

（4）股权争夺风险

目前，企业的经营主要靠丁伟，但丁强也是家族企业的继承人之一，而且丁总的想法就是将企业传承给两个儿子，如果没有提前布局好企业股权传承方案，会带来潜在的兄弟争产风险。更何况，女儿虽然年龄还小，但也是家族财产的法定继承人之一，如何既能落实丁总的传承目标，又能给女儿以关爱和保障，也是需要综合考虑的问题。

（5）家族整体的债务风险

按道理讲，丁总家族已经算是超高净值家族了。但正如丁总担心的那样，现在的经济环境，充满了不确定的政策风险和产业风险，传统实业投资面临着巨大考验。现在家族企业主要是由丁伟负责操盘，而丁伟的经营思路不但和丁总完全相反，还要扩大投资。投资需要巨大的现金流，往往需要借贷和担保，一旦企业经营遭遇风险，在家业和企业资产没有有效隔离的情况下，将面临巨大债务风险。

（6）家族资产配置不均衡风险

丁总家族的资产除二手车交易市场和潮汕连锁饭店投资外，很大一部分都投资在了房地产上。最近有消息称中国即将开征房地产税，政府不断加强房地产调控政策等，持有房地产的税务风险和变现难度越来越大。而房地产流动性较差，一旦家族生活或企业运营缺少应急资金，很难及时变现救急。在未来，丁总夫妇的高端养老基金和小女儿的教育基金都需要提前筹划，而目前的资产配置无法达到这一需求。

2. 家族资产的保障与传承方案

（1）调整家庭资产持有结构

目前，企业的经营主要靠丁伟运营，而丁强对家族生意不感兴趣，因此丁总可以分主分次地转移企业股权给两个儿子，大儿子丁伟未来拥有家族企业控股权，二儿子拥有较小份额股权。鉴于两个儿子都在考察期，若丁总对丁伟经营企业还不够放心，则自己可以在公司持有少量股份，因为即便只拥有 1%—3% 的小份额股权，也可以有权查看财务报表，此外还可以在章程中约定享有企业 34% 的投票权。

（2）丁总主要持有家庭房产和金融资产

布局调整后，减少了企业债务风险对家族的威胁，保证丁总可以持有的金融资产和房产的安全。当降低了丁总的债务风险后，丁总作为投保人配置大额保单，免受家族企业债务影响。以丁总为投保人，丁强为被保险人，孙子欢欢作为死亡受益人。这份保单的债务隔离能力比较强。首先，可以完全隔离丁伟的债务，因为丁伟仅仅是被保险人，对保单无财产权。如果丁伟身故，则保险金将直接赔付给受益人，不属于被保险人的遗产。其次，即使投保人丁总陷入债务危机，因为被保险人和受益人是第三人，所以第三人只需要付出现金价值的代价即可保全此保单。最后，投保人丁总如果身故，保单投保人的归属问题必须用遗嘱做好规划，建议将投保人权益遗赠给欢欢，并要对遗嘱进行公证，以防止发生法定继承之风险。

（3）儿子丁强婚姻资产隔离

丁总对准儿媳不看好，一旦二儿子丁强任性结婚后离婚，则丁家损失惨重，因此有必要进行提前规划。首先，儿子对家族生意不感兴趣，如果赠与儿子现金，建议用大额年金保险的方式给付，以丁总为投保人，丁强为被保险人，丁总丁太太为死亡受益人。儿子丁强婚后可领取年金用于夫妻共同生活，在交完保费后，丁总也可以将保单投保人变更为丁强，但必须配套一个赠与协议，约定将投保人权益赠与儿子丁强，与其配偶无关。

（4）女儿丁燕的教育金

建议丁总给女儿丁燕同样配置大额年金保险。女儿读书时，年金保险的现金流帮助女儿锁定教育金，而未来女儿成年结婚后，和丁强一样，锁定婚前个人财产，免受婚姻风险伤害。

由此，我们可以看到，丁总家族的财富管理，需要运用包括大额保单在内的多种工具，根据丁总的意愿、结合家族成员之间的关系，从财富安全保障、防范姻亲夺产和个性化传承等多个角度综合筹划和配置。

法条链接

◇《保险法》

第十二条　人身保险的投保人在保险合同订立时，对被保险人应当具有保险利益。

财产保险的被保险人在保险事故发生时，对保险标的应当具有保险利益。

人身保险是以人的寿命和身体为保险标的的保险。

财产保险是以财产及其有关利益为保险标的的保险。

被保险人是指其财产或者人身受保险合同保障，享有保险金请求权的人。投保人可以为被保险人。

保险利益是指投保人或者被保险人对保险标的具有的法律上承认的利益。

第三十一条 投保人对下列人员具有保险利益：

（一）本人；

（二）配偶、子女、父母；

（三）前项以外与投保人有抚养、赡养或者扶养关系的家庭其他成员、近亲属；

（四）与投保人有劳动关系的劳动者。

除前款规定外，被保险人同意投保人为其订立合同的，视为投保人对被保险人具有保险利益。

订立合同时，投保人对被保险人不具有保险利益的，合同无效。

第三十九条 人身保险的受益人由被保险人或者投保人指定。

投保人指定受益人时须经被保险人同意。投保人为与其有劳动关系的劳动者投保人身保险，不得指定被保险人及其近亲属以外的人为受益人。

被保险人为无民事行为能力人或者限制民事行为能力人的，可以由其监护人指定受益人。

第四十条 被保险人或者投保人可以指定一人或者数人为受益人。

受益人为数人的，被保险人或者投保人可以确定受益顺序和受益份额；未确定受益份额的，受益人按照相等份额享有受益权。

第四十一条 被保险人或者投保人可以变更受益人并书面通知保险人。保险人收到变更受益人的书面通知后，应当在保险单或者其他保险凭证上批注或者附贴批单。

投保人变更受益人时须经被保险人同意。

第四十二条 被保险人死亡后，有下列情形之一的，保险金作为被保险人的遗产，由保险人依照《中华人民共和国继承法》的规定[①]履行给付保险金的

① 该条对应《民法典》继承编　第四章　遗产的处理。

义务：

（一）没有指定受益人，或者受益人指定不明无法确定的；

（二）受益人先于被保险人死亡，没有其他受益人的；

（三）受益人依法丧失受益权或者放弃受益权，没有其他受益人的。

受益人与被保险人在同一事件中死亡，且不能确定死亡先后顺序的，推定受益人死亡在先。

5.6 大额保单在财富保障与传承中的综合性应用方案

高净值人士往往因拥有雄厚的资产而更容易忽视人身风险，殊不知财富是跟着掌舵人走的，一旦掌舵人失能或身故，家人将面临经济支柱丧失、家庭和企业现金流断裂、健康医疗断档、子女教育和老人养老无所依托、特殊家庭成员无人照顾等风险，这一切都将使家人随着财富的灰飞烟灭而远离幸福。因此，科学地配置资产，利用大额保单在家族财富保障和传承当中的独特优势，就显得尤为急迫和重要。

案例 5-6-1

李总 38 岁，是企业的实际控制人，因为企业经营需要经常贷款。虽然企业是有限责任公司，但贷款时银行都让李总与其妻子李太太作为连带担保人。这就导致如果企业经营失败，会直接威胁到李总家庭财产的安全。

李总的父母李爷爷和李奶奶都还健在，60 岁出头。工薪阶层，负债可能性较小。李总的儿子李小宝 13 岁。李总拥有的企业目前净资产 1 亿元左右，家庭净资产超过 5000 万元。

因为当下经济形势不好，李总对将来有些担忧。为了保证儿子和自己将来的生活，李总决定趁现在状况良好，用 2000 万元购买保险，规避全家的意外、疾病等风险，同时创造一个稳定的现金流，进行一个基本的财富保全。

根据李总的需求，我们建议李总配置：大额年金险 + 高额寿险 + 重疾险 +

高端医疗保险，主要保费用来购买大额年金险，用年金的一部分配置寿险、重疾险和高端医疗险。投保人可作这样的安排：

保险险种	投保人	被保险人	生存受益人	死亡受益人	备　注
年金险保单	李爷爷	李总	李总	李小宝	短期缴费三年或五年
全家高端医疗保险	李总	全部家庭成员	所有被保险人	无	年缴，长期缴，用年金的一部分支付保费
全家重疾险	李总	全部家庭成员	所有被保险人	李小宝	年缴，十年或二十年缴，用年金的一部分支付缴费

一般的操作都是以李总或者李太太为投保人，但这种安排就可能存在较大的风险，因为年金险一般都有比较高的现金价值，而现金价值属于投保人的财产。这就有可能受到投保人负债的威胁，虽然在执行过程中可能存在难度，但也存在被执行的可能性。

为了降低投保人负债的威胁，我们可以这样安排：

将 2000 万元赠与李爷爷，然后以李爷爷为投保人购买保单。因为李爷爷负债的可能性几乎为零，而赠与行为又发生在李总的企业和家庭净值产都超过赠与额的时期。这份保单的现金价值受到李总债务威胁的可能性就很低了。

在实际操作时一定要注意以下几点：

1. 2000 万元一次性赠与投保人李爷爷，并且必须申明单独赠与给投保人，并签订赠与协议。

2. 大额年金保险缴费年限三年或五年都可以，不适合太长。

3. 建议结合“附条件赠与协议”进行安排。因投保人可以随时解除保单获得现金价值，因此必须防止李爷爷在被骗或者受胁迫等情况下解除保险合同，尤其是如果李总有兄弟姐妹的情况下。

4. 结合遗嘱进行安排。当投保人死亡时，投保人的相关权益和现金价值都将作为投保人的遗产进行继承。这就会带来几个问题：其一，如果李总有兄弟姐妹，保单现金价值就面临被兄弟姐妹一起法定继承；其二，如果李总法定继承遗产，继承的遗产就必须偿还李总的债务；其三，遗产继承手续非常麻烦，带来继承的不确定性。所以在附条件赠与协议的基础上，建议投保人订立遗嘱：当投保人去世后，可建议保单的全部权益的1%归李总所有，99%遗赠给孙子李小宝，由李总作为投保人代为持有保单。这样即使偿还李总的债务，也只需偿还保单现金价值的1%。同时也规避了如果孙子李小宝作为投保人退保，挥霍保单现金价值的风险。

如前所述，大额保单作为一种专业的财富传承工具，拥有风险转移、相对债务隔离、税务筹划等优势，但是如何配置大额保单，是选择寿险还是年金类保险等，应当全盘思考，对症下药。比如，如果已婚人士或是有一个以上的家庭成员要扶养的单身人士，那么就需要配置大额的人寿保险。再如，如果经营的企业对资金占用较高或竞争较为激烈，配置大额年金保险，可以保障未来资产的流动性。

借助保单架构设计，使“不确定”变得“确定”，拓宽财富管理工具选择。我们相信，遗嘱、代持协议、赠与协议和大额保单，未来会成为财富保障与传承综合性应用方案的标配。

5.7　结束语

家族财富管理只有善始，才得善终。家族财富管理已经进入整体解决方案的时代，家族财富的保障和传承，无论是金融工具还是法律工具都有不同的演绎空间与用武之地，需要认真思考和提前筹划。

大额保单的配置，不但能在法律工具失灵的情况下起到保障作用，更是财富管理的标配，还使得金融工具变得更加具有“艺术性”。我们相信，随着财富管理市场的发展，改革开放的深入，中国的高净值家庭将会更加倚重大额保单在家庭资产配置中的作用，通过大额保单，助力财富保障与传承。

第六章

私人财富保障与传承不可忽略的重点——税务筹划

世界上只有两件事是不可避免的，那就是税收和死亡。

——本杰明·富兰克林

6.1 什么是私人财富管理中的税务筹划

一、税务筹划的起源

在税务筹划的发展史上，20 世纪 30 年代英国上议院汤姆林爵士针对“税务局长诉温斯特大公”一案所作的有关税务筹划的声明，被认为是税务筹划最早的法律依据。在该案中，汤姆林爵士说“任何一个人都有权安排自己的事业。如果依据法律所做的某些安排可以少缴税，那就不能强迫他多缴税收”，这一观点得到了法律界的普遍认同，税务筹划第一次得到了法律上的认可，该案也成为奠定税务筹划史的基础判例。之后，该案例成为英国、美国、澳大利亚等国家法院在涉及税务的判决中被援引最多的判例之一。

1947 年，美国法官汉德在一税务案件中的判词更是成为美国税务筹划的法律基石，判词中说：“法院一直认为，人们安排自己的活动，以达到降低税负的目的是不可指责的。每个人都可以这样做，不论他是富人还是穷人，而且这样做是完全正当的，因为他无须超过法律的规定来承担国家的税收。税收是强制课征而不是无偿捐献，以道德的名义来要求税收纯粹是奢谈。”

20 世纪 50 年代，税收筹划开始从企业层面里独立出来，引起了人们的重视，并因此带动了对包括个人税收筹划在内的税收筹划的全面研究，有关税收筹划的理论研究文章、刊物、书籍大量出现，进一步推动了国外纳税筹划在理论研究上的深度和广度，并指导着人们的实际操作。

在中国，随着税收制度的日趋完善和税制改革的不断深入，税务筹划观念逐渐深入人心，越来越引起民营企业和高净值人群的重视。

二、税务筹划的意义

税务筹划并非仅仅涉及税务事项的处理，还与商业安排、合同签署等息息相关，同时，税务机关还比较关注纳税人财务事项的处理以及相关凭证材料。在实践中，很多税务筹划最终失败的一大原因是没有构建完善的税务筹划的“证据链”，当面对税务机关的调查了解时，提供不出相关的证据材料，或者提供的材料自相矛盾、缺少内在逻辑的一致性，最终面临纳税调整，甚至引发行政、刑事责任。

税务筹划是一项专业性很高的工作，需要税务和法律的复合专业知识和实践经验，主要是利用税法实体、程序、税收协定疏漏，借助于商业、合同、税法漏洞等，达到不交、少交、晚交税款的目的。典型的税务筹划路径包括，最优税务架构的搭建、交易模式的选择、重大交易涉税条款的安排与筹划，行业性、区域性税收优惠资格的申请，递延纳税政策的运用，成本、费用税前扣除政策的运用等，不同行业、不同需要，适用不同的路径和方案。

从私人财富管理中的税务筹划角度来说，是在合法性和专业性的基础上，为高净值人士提供税收建议和节税策略，帮助他们配置资产、选择节税产品和进行财富传承，实现财富管理效益的最大化，避免涉税风险。

三、税务筹划与欠税、偷逃税的区别与联系

我国现行由税务机关征收的税种有：增值税、消费税、企业所得税、个人所得税、城镇维护建设税、土地增值税、环境保护税、资源税、印花税、车船税、城镇土地使用税、契税、车辆购置税、耕地占用税、烟叶税等。

由于我国税务机制的复杂，税务负担较重，人们的纳税遵从度较低等多重因素，导致涉税刑事案件数量庞大。2014 年至今，每年 5000 余件涉税刑事案件，涉案金额巨大，刑事惩罚严重。涉税案件一旦定罪量刑，最高面临无期徒刑的处罚。

比如，很多家族企业主利用个人账户收取公司账款，不入公账，看似避了税，但本质上这属于“逃税”行为。绝大部分企业家都很清楚这是违法行为，只不

过很多人都存在侥幸心理，认为大家都这么做，法不责众，而且自己不这么做企业就无法生存。但他们往往没有想到的是，个人账户收取公司账款，虽然一般情况下确实不容易被查到，但一旦被查或者被举报，后果就会非常严重。

案例 6-1-1

2002 年 4 月 2 日，北京市地税局第一稽查分局对北京晓庆文化艺术有限责任公司、北京刘晓庆实业发展公司和北京晓庆经典广告公司涉嫌偷税立案调查。已调查证实北京晓庆文化艺术有限责任公司自 1996 年以来采取不列、少列收入、多列支出、虚假申报等手段偷逃巨额税款，已涉嫌偷税犯罪。

2002 年 4 月 4 日，北京市地税局将此案依法移送北京市公安局。北京市公安局于 4 月 5 日立案侦查。4 月 24 日，根据获取的证据，依法对涉案责任人该公司总经理靖军（刘晓庆的妹夫）和前任会计方利刑事拘留，5 月 12 日北京公安机关正式逮捕了晓庆公司总经理、刘晓庆的妹夫靖军，并将晓庆公司涉嫌偷税漏税一案移交检察院。5 月 10 日，刘晓庆妹妹遣散北京晓庆文化艺术有限责任公司员工。6 月 18 日，对该案责任人冉一红（又名刘晓红，刘晓庆的妹妹）刑事拘留。

2002 年 6 月 20 日，刘晓庆因所办公司涉嫌偷税，在她的玫瑰园别墅中被公安机依法刑事拘留。7 月 24 日，经北京市人民检察院第二分院批准，被依法逮捕。

2003 年 1 月 2 日，刘晓庆、靖军等五人涉嫌偷税罪一案，由公安机关侦查终结，移送检察机关审查起诉。北京市朝阳区人民检察院于 1 月 2 日正式受理此案。

北京、上海和深圳市等地税务机关调查认定刘晓庆及其公司偷逃税 1458.3 万元，除追缴税款外，同时加收滞纳金 573 万元。

2003 年 2 月 17 日，受执法机关委托，北京市拍卖行将在北京京瑞大厦，对刘晓庆及北京刘晓庆实业发展有限公司提供纳税担保的 19 套房产进行公开拍卖，以拍卖所得抵缴税款。

2003 年 8 月 16 日，刘晓庆因有悔过表现和筹款补缴税款的愿望，被取保候审。刘晓庆被取保候审后立即高调复出，接拍多部剧集，以还清税款。到 2004

年 1 月，晓庆文化艺术发展有限公司已补缴税款和滞纳金 1646 万元，税款已经全部缴清。

2003 年 12 月 12 日，税案开庭审理：晓庆公司税案于 2003 年 12 月 12 日在北京朝阳法院首次开庭审理，已被取保候审的刘晓庆并未出庭，原晓庆文化艺术公司总经理靖军出庭受审，靖军以及晓庆公司被控偷、逃税等 52 起罪名。

经法院审理查明，北京晓庆文化艺术有限责任公司作为纳税义务人，于1996—2001 年，违反《税收征收管理法》规定，偷逃各种税款共计人民币6679069.6 元。被告人靖军于 1996 年 9 月至 2001 年在被告单位任总经理的职务，主管财务工作，对任职期间单位实施的偷税行为负有直接责任。作为代扣代缴义务人，北京晓庆文化艺术有限责任公司在 1997 年、1998 年、2000 年拍摄电视连续剧《逃之恋》《皇嫂田桂花》过程中，将已代扣的演职人员个人所得税共计人民币 418574.43 元隐瞒，不予代为缴纳。

法院认为，被告单位北京晓庆文化艺术有限责任公司作为纳税义务人、代扣代缴义务人，无视国家税收征管法规，采取伪造记账凭证，在账簿上多列支出或不列、少列收入，进行虚假的纳税申报的手段，不缴或少缴应纳税款，且各年度的偷税数额占当年度应纳税额的比例均在 30% 以上，被告单位的行为已构成偷税罪。被告人靖军作为单位直接负责的主管人员，参与实施被告单位大部分偷税行为亦构成偷税罪。鉴于被告单位北京晓庆文化艺术有限责任公司已在法院判决前将偷税款全部补缴之情节，故对被告单位予以从轻处罚，对被告人靖军可酌情予以从轻处罚。北京朝阳法院以偷税罪判处北京晓庆文化艺术责任有限公司罚金人民币 710 万元，以偷税罪判处被告人靖军有期徒刑三年。

2004 年 5 月 10 日、11 日，刘晓庆、冉一红分别收到北京市朝阳区人民检察院做出的《不起诉决定书》，意味着刘晓庆个人涉及刑事法律的司法程序至此全部结束。①

---

① 河南财政税务高等专科学校法律系财税法 . 刘晓庆税案研究［R/OL］.（2015-08-19）［2018-04-04］.http://flxcsf.hacz.edu.cn/s/139/t/1372/a5/5c/info42332.htm.

刘晓庆逃税案发生在2009年《刑法修正案（七）》出台之前，当时偷逃税款达到一定金额，是需要承担刑事责任的。刘晓庆税务曝光时，时任国家税务总局所得税管理司副司长孙瑞标，在中央电视台东方时空节目接受采访时就说："不单是刘晓庆一个人。应该说，所有纳税人，都是候补的被税务检查的对象，但是最后检查到谁，有很多偶然因素。"这段话既揭示了税务风险的不确定性，也告诉我们，在日常的税务风险管理中，要正确进行税务筹划，逃税、避税看起来简单，但后患无穷。

民营企业和高净值人群往往真实目的是想少缴税，但采取的往往是掩耳盗铃的避税方法或赤裸裸的偷逃税手段。一旦被税务稽查发现后，可能面临偷逃税额0.5倍到5倍不等的罚款。更严重的是，当企业现金流吃紧，无法按期筹措资金向税务局补缴税款及罚款的，行政处罚将会转化为刑事处罚。

案例 6-1-2

被告人肖某，因犯逃税罪被湖南省永州市零陵区人民检察院提起公诉。一审法院认定，2011年1月至2012年12月31日，被告人肖某作为纳税义务人，未按规定申报，少申报税款计人民币587164.5元，欠缴税款占应纳税款的83%，数额巨大，其行为已构成逃税罪。

肖某不服，提起上诉，认为其主观上没有逃税故意，只是欠税。二审法院认为，其未按规定申报，少申报纳税款，且在接到税务机关催缴和处罚通知后，既未补缴税款，也未申请复议等，可以认定其主观上具有逃税的故意，最终维持原判。

正确地进行税收筹划，包含两层意思：一是降低税负，通过选择最优纳税方案，达到降低税负，减少成本的目的。二是滞延纳税时间，即通过一定的技巧，在资金运用方面做到提前收款、延缓支付，从而避免高边际税率或减少利息支出，注意这跟不按税法规定期限缴纳税款的欠税行为有着根本区别。

税务筹划首要的是，要做到对适用税收法律法规的准确理解，厘清税务筹划和欠税、偷逃税之间的关系，把握税务筹划的法律红线。

从主观心态来看，逃税是主观上故意追求少缴、不缴税款的结果；而欠税虽然也产生了少缴、不缴税款的结果，但是主观方面可能为过失，或者故意以拖延纳税为目的，并不具有非法占有应当缴纳税款的目的。在定性之后，法律法规等对欠税与逃税的制裁是不同的。法律对于欠税较为轻缓《税收征收管理法》规定，纳税人因有特殊困难，不能按期缴纳税款的，经省、自治区、直辖市国家税务局、地方税务局批准，可以延期缴纳税款，但是最长不得超过三个月。但是，未申请延期或者延期未获得批准而欠缴税款的，税务机关将责令限期缴纳，并且可以从滞纳税款之日起，按日加收滞纳税款万分之五的滞纳金。除面临滞纳金外，欠税人还将面临其他限制，如处分财产受到限制、人身出境受到限制、欠税情况被向社会公布。

三者的区别不仅是实践中行为的不同，还跟四条现行涉税法律规定密切相关。

《税收征收管理法》第六十三条，对于“偷税”行为进行了明确的定义：纳税人伪造、变造、隐匿、擅自销毁账簿、记账凭证，或者在账簿上多列支出或者不列、少列收入，或者经税务机关通知申报而拒不申报或者进行虚假的纳税申报，不缴或者少缴应纳税款的，是偷税。

对偷税行为的处罚，依据行为的严重程度，《税收征收管理法》第六十三条规定了行政处罚和刑事处罚两种方式，对纳税人偷税的，由税务机关追缴其不缴或者少缴的税款、滞纳金，并处不缴或者少缴的税款百分之五十以上五倍以下的罚款；构成犯罪的，依法追究刑事责任。

对于“偷税”的刑事处罚，适用《刑法》第二百零一条第一、二、三款规定：纳税人采取欺骗、隐瞒手段进行虚假纳税申报或者不申报，逃避缴纳税款数额较大并且占应纳税额百分之十以上的，处三年以下有期徒刑或者拘役，并处罚金；数额巨大并且占应纳税额百分之三十以上的，处三年以上七年以下有期徒刑，并处罚金。扣缴义务人采取前款所列手段，不缴或者少缴已扣、已收税款，数额较大的，依照前款的规定处罚。对多次实施前两款行为，未经处理的，按照累计数额计算。

《刑法》关于“逃税罪”的规定非常重要，明确回答了什么是“逃税”行为，构成“逃税罪”应承但何种刑事责任。但更为重要的是，该条第四款还确认了涉税犯罪“首犯免刑”制度：有第一款行为，经税务机关依法下达追缴通知后，补缴应纳税款，缴纳滞纳金，已受行政处罚的，不予追究刑事责任；但是，五年内因逃避缴纳税款受过刑事处罚或者被税务机关给予二次以上行政处罚的除外。

这一规定很好地践行了“宽严相济”的刑事政策，既做到“惩前毖后”，又体现了刑法“治病救人”的效用。

所以，我们现在可以给税务筹划下一个大致的定义：在不违反法律强制性规定的情况下，采取合理、合法的措施，并积极利用税收优惠政策，达到节税的目的。合法是前提，合理是关键，节税是结果，避税应禁止。一个好的税务风险管理和规划方案，自然能经得起时间的考验，帮助高净值人士留下“税后”收入和可供传承的财富。

四、典型的违法筹划

1. 名为筹划，实为财务造假。财务和税务虽有千丝万缕的联系，但是本质上分属不同的体系，利用“两套账”“做假账”等财务核算进行的“税务筹划”，是违反会计法和税法规定的。

2. 合同筹划。在交易既定的情况下，交易双方“合作”从交易合同上进行“筹划”，玩文字游戏，实际上漏洞百出，很容易被税务机关识破。

3. 不入账户，实为逃税。私设或乱用账户，转移经营收益，或者直接以借款等名义转移到离岸账户。

4. 发票“筹划”。“发票”市场的“繁荣”，既有以票控税的制度性原因，也有实际监管难度大的现实困境。需要提示的是，发票“筹划”风险日益增加，特别是涉及增值税专用发票，会涉嫌刑事责任。

5. 骗取税收优惠资格。部分企业通过提交虚假材料、利用权力寻租或利用税收优惠备案制改革的便利等骗取税收优惠资格，需要提示的是，现行税收优惠管理已经从前端走向中后端，税务核查将会越来越多，税收优惠申请，纳税人对报送材料的真实性和合法性承担责任。

在税务筹划上，长期以来国内乱象丛生，各种税务筹划方案满天飞，从税务律师的角度看，大部分方案都是违法的，很多筹划仅仅从财务核算出发，并没有充分理解税法。比如，在应对税务稽查以及税务争议解决过程中，通常税收相关法律不尽完善，税务机关又相对强势，寄希望于请托送礼、网开一面等，最终不但没有达到效果，更因涉嫌行贿会导致更重的处罚。在维护合法权益过程中，要以法律为准绳，以各种交易凭证等证据材料为依据，充分把握听证、复议、诉讼等争议解决程序的规则，才能收到预期效果。

在共同申报准则（Common Reporting Standard，CRS）全球反避税的背景下，海外资产的投入需要更加谨慎。在符合法律规定的基础上，结合自身资产的特点进行跨国、跨地区的多重身份配置与资产组合，实现合法减少税负。至于如何利用各地区税率、政策的差异性，来灵活安排资产持有人、公司注册地等问题，需要取决于自身合理筹划的空间。同时，还应密切关注国内政策动向，深入解读个税改革、自然人纳税人识别号制度的开启，有效面对全新税收时代的到来。

法条链接

◇《税收征收管理法》

第四十四条　欠缴税款的纳税人或者他的法定代表人需要出境的，应当在出境前向税务机关结清应纳税款、滞纳金或者提供担保。未结清税款、滞纳金，又不提供担保的，税务机关可以通知出境管理机关阻止其出境。

第四十五条　税务机关征收税款，税收优先于无担保债权，法律另有规定的除外；纳税人欠缴的税款发生在纳税人以其财产设定抵押、质押或者纳税人的财产被留置之前的，税收应当先于抵押权、质权、留置权执行。纳税人欠缴税款，同时又被行政机关决定处以罚款、没收违法所得的，税收优先于罚款、没收违法所得。税务机关应当对纳税人欠缴税款的情况定期予以公告。

第六十三条第一款　纳税人伪造、变造、隐匿、擅自销毁账簿、记账凭证，或者在账簿上多列支出或者不列、少列收入，或者经税务机关通知申报而拒不申报或者进行虚假的纳税申报，不缴或者少缴应纳税款的，是偷税。

6.2 中国个税改革和资产安全性

个人所得税是我国税收种类中与人们生活最密切相关的一种典型的直接税，它旨在对高薪人群多征税，对中、低收入人群少征或不征税来达到国家宏观调控、实现收入分配的目的。2018年，中国进行了第七次个人所得税改革，实施综合与分类相结合所得税制度、专项附加扣除制度、反避税制度、第三方涉税信息提供制度、汇算清缴制度等，这些制度创新对于我国建立现代税收制度具有里程碑意义。

一、我国个税制度发展进程

在新中国成立初期，因受计划经济体制和产权制度影响，我国长期未开征个人所得税。

1980年9月10日，第五届全国人民代表大会第三次会议通过《个人所得税法》，标志着个人所得税正式登上新中国的税制舞台；1986年1月，《城乡个体工商业户所得税暂行条例》（现已失效）颁布，城乡个体工商户所得税适用7%至60%不等的十级超额累进税率；1987年1月1日，《个人收入调节税暂行条例》（现已失效）颁布，个人收入调节税征收有了法律依据。至此，“一法两例”初步形成了我国内外两套个人所得税制，充满时代特点。

随着改革开放所带来的快速发展，民营企业重新回归经济舞台，国家亟须对这一批高收入者以税收的形式分配收入。1994年，个税第一次全面改革，在纳税主体、纳税对象、免税项目、个税税率、个税费用方面都有了变化。之后，为了适应不同时期社会经济发展和税制改革的需要，先后于1999年、2005年、2007年、2008年、2011年进行了修改。

案例 6-2-1

2015年8月8日，京东创始人刘强东宣布未来10年自己只拿1元年薪。马云更神，其在做客某档节目时曾透露从1999年创建阿里巴巴时就没有拿过工资。中国平安集团董事长马明哲也表示，2009年将领取零元年薪。

2016年11月6日，时任乐视董事长兼CEO的贾跃亭在内部信中表示，LeEco战略实现的节奏过快，组织与资金面临极大挑战，他和公司管理层将为此承担责任。“即日起，我自愿永远只领取公司1元年薪。”

不可否认零元年薪对企业员工的激励作用，也在很大程度上让员工与企业高管一起共渡难关。但是如果不拿工资，他们是怎么成为富豪的呢？股权增长带来的收益很多，但是这块收益与拿高额工资并不冲突。在上市公司高管薪酬榜中，位列榜首的往往是高大上的金融机构，动辄数千万。

根据我国现行个人所得税税率计算，企业高管甲如果全年拿100万元工资、薪金，将缴纳30万元左右的个税。而如果高管乙拿1元年薪以及价值100万元的股票期权，则适用20%的税率，只需要缴纳20万元左右的个税。①

由于多方面的原因，如企业单位瞒报偷漏税，高收入人群纳税遵从度较低，不缴少缴个税等，我国个税过往的课税方式，已经难以满足税制公平和收入分配的调节，不能较好体现“量能负担”，导致“挣得多但是税缴得少”的情况，原本旨在平衡财富分配、缩小贫富差距和缓解社会矛盾的个税，沦为“工薪税”，进而成为财富分配失衡的助推者。为了更好地体现个人所得税税制的公平性，国家有关部门一直在不断探索更优越的、更适合我国的个税征收方式。2018年8月31日，第十三届全国人民代表大会常务委员会第五次会议通过了《关于修改〈中华人民共和国个人所得税法〉的决定》，标志着中国正式开始第七次个税改革。2019年1月1日，新个税法正式生效实施。

二、中国新个税改革与变化

第七次个税修订后，与以往相比有着不小的变化，主要体现在以下几个方面：

---

① 新浪财经．朱邦凌：零元年薪是激励还是避税，个税不能成为工薪税［R/OL］．（2018-03-19）［2018-04-06］.http://finance.sina.com.cn/money/lczx/2018-03-19/doc-ifyskeua9246456.shtml.

（一）引入税务居民概念

在世界税制体系中，缴纳个税的群体通常被分为居民纳税人和非居民纳税人，虽然我国之前也对个税缴纳群体作出了上述分类，但概念界定方面一直处于含混不清的状态，导致实践中经常产生种种争议。而此次修订对两种纳税人的概念给出了明确的定义。《个人所得税法》第一条规定：“在中国境内有住所，或者无住所而一个纳税年度内在中国境内居住累计满一百八十三天的个人，为居民个人。居民个人从中国境内和境外取得的所得，依照本法规定缴纳个人所得税。”这一规定将为相关部门施行税收管辖权提供法律保障，从而更好地保护国家的税收权益。比如，一些人在获得外国护照后，如果仍然习惯性居住于境内，则仍有很大可能被认定为中国税务居民。

根据新个税法，即便是“无住所”个人，只要在一个日历年度内在境内居住累计满 183 天，就面临全球收入都须在境内申报的局面。为了避免双重缴税，中国税收居民境外投资纳税额将依据两国之间的税收协定和税率差，以及“多不退少要补”的规则进行纳税。举例来说，某中国税收居民在境外投资赚得 100 元，根据投资所在地税法应缴纳税款为 10 元，根据我国税法应根据税前所得缴纳税款为 15 元，则该居民应向境内补缴税款 5 元，若在境外缴纳 20 元，则该居民只需向境内税务机关申报而不必交税。

（二）施行综合征税

我国的《个人所得税法》将个人所得分为 11 类课税对象，此次修订决定对其中部分课税对象施行综合征税。根据《个人所得税法》第二条、第三条的规定，包括工资薪金、劳务报酬所得、稿酬所得、特许权使用费所得均适用统一的超额累进税率，居民个人按年合并计算个人所得税，非居民个人按月或者按次分项计算个人所得税。

个体工商户、个人独资企业和合伙企业的合伙人适用的是“经营所得”纳税，税率依然是 5%—35% 的五级超额累进税率，但适用各档税率的收入均有大幅提高。

当然，新个税法还存有很多遗憾，如目前综合进来的都是劳动所得，受超额累进税率调整，没有将非劳动所得综合进来，对资本所得的调整较小，存在影响税负公平的问题。在未来，需要进一步完善综合与分类所得，保障税法适用的公平性。

（三）增加专项附加扣除

本次改革新增多项扣除项目，与之前的制度相比，税费扣除标准不再“一刀切”，对于有多项经济负担的人群实现了税收优惠，减轻了税负。

表 6-2-1　专项附加扣除新旧法对比

	专项扣除	专项附加扣除	其他扣除项目
旧法	三险一金	无	无
新法	三险一金	子女教育、继续教育、大病医疗、住房贷款利息或者住房租金、赡养老人	如符合国家规定的企业年金、职业年金、商业健康保险、税收递延型商业养老保险等

随着我国经济的高速发展，人们从过去的温饱需求转向现今的物质文化需求，医疗、教育在支出中所占比例越来越大，此次税改将人们的大部分需求支出纳入专项附加扣除中，是根据现实需求调整政策的体现。

案例 6-2-2

小张是独生子女，丈夫也是独生子女，需要赡养三位老人和养育两个小孩，两个小孩分别在读幼儿园和小学，并且背负房贷，每月月薪在扣除“三险一金”后，小张收入 2 万元，丈夫收入 3 万元。按新个税法规定，纳税人的工资、薪金所得，先行以每月收入额减除费用 5000 元以及专项扣除并依照个人所得税税率表（工资薪金所得适用）按月计算缴纳税款。

如按照之前的个税规定计算，小张交税 3120 元，丈夫交税 5620 元。按照新个税规定计算，若子女教育和房贷利息计算在小张丈夫一方，小张可享受一项赡养老人 2000 元的专项附加扣除；她丈夫可扣除的有：2000 元（赡养老人）

+2000 元（子女教育）+1000 元（房贷利息）=5000 元，依照“应纳税所得额 = 月度收入 −5000 元（起征点）− 专项扣除（三险一金等）− 专项附加扣除 − 依法确定的其他扣除”来计算，小张交税金额为 1190 元，丈夫交税金额为 2590 元，在个税改革后，夫妻二人个税优惠共 4960 元。

（四）免税额提高

在此次税改中，不同类型的收入执行不同的税率政策。

表 6-2-2　综合所得适用

级　数	全年应纳税所得额	税率（%）
1	不超过 36000 元的	3
2	超过 36000 元至 144000 元的部分	10
3	超过 144000 元至 300000 元的部分	20
4	超过 300000 元至 420000 元的部分	25
5	超过 420000 元至 660000 元的部分	30
6	超过 660000 元至 960000 元的部分	35
7	超过 960000 元的部分	45

注：本表所称全年应纳税所得额是指依照《个人所得税法》第六条的规定，居民个人取得综合所得以每一纳税年度收入额减除费用六万元以及专项扣除、专项附加扣除和依法确定的其他扣除后的余额。

非居民个人取得工资、薪金所得，劳务报酬所得，稿酬所得和特许权使用费所得，依照本表按月换算后计算应纳税额。

表 6-2-3　经营所得适用

级　数	全年应纳税所得额	税率（%）
1	不超过 30000 元的	5
2	超过 30000 元至 90000 元的部分	10
3	超过 90000 元至 300000 元的部分	20

续表

级　数	全年应纳税所得额	税率（%）
4	超过 300000 元至 500000 元的部分	30
5	超过 500000 元的部分	35

注：本表所称全年应纳税所得额是指依照《个人所得税法》第六条的规定，以每一纳税年度的收入总额减除成本、费用以及损失后的余额。

案例 6-2-3

珠海格力电器股份有限公司董事长、总裁，全国人大代表董明珠建议个税提高到一万元起征点，并且直言不讳地说破了零元年薪的奥秘。董明珠直言，普通工薪阶层要有纳税意识，但要在比较好的保障的前提下。她认为，在提高个税起征点的同时，可提高高收入群体的税负，有助于缩小贫富差距。她以企业家的收入为例来说明，“上两三百万元的，如果提高到 50% 的税率（目前最高税率 45%）交税，也还有一百多万元”，这些人有更大的纳税能力，可以用这部分的纳税来补充低薪工人的纳税。此外，她表示国家还要规范纳税的条件，有的企业负责人声称“零工资”，但其花费实际上全部由企业来报销，从另一个层面而言，这也是一种偷税漏税的现象。[①]

新个税法规定，扩大 3%、10%、20% 三档低税率的级距，缩小 25% 税率的级距，30%、35%、45% 三档较高税率级距不变，减税向中低收入倾斜。同时，居民个人的综合所得，以每一纳税年度的收入额减除费用六万元以及专项扣除、专项附加扣除和依法确定的其他扣除后的余额，为应纳税所得额，这些利好政策无疑都是为了提高老百姓实际到手的收入。税务无小事，新个税法的落地，应使中国家庭认真思考该如何做好财富规划和税务筹划，保障财富的长久安全。

① 朱邦凌 . 零元年薪是激励还是避税，个税不能成为工薪税［R/OL］.（2018-03-19［2018-04-06］. http://finance.sina.com.cn/money/lczx/2018-03-19/doc-ifyskeua9246456.shtml.

三、新个税时代与资产安全性

案例 6-2-4

2009 年 11 月，税务人员调取了境外 A 公司当年及上年同期纳税数据开展税收分析工作。在比较分析该公司个税缴税情况时，税务人员发现 A 公司缴税记录异常：2008 年每月都有申报缴纳个税的记录，但 2009 年的个税却均是零申报。当税务人员找到该公司原来的财务人员询问相关情况时，回复竟然是“这个公司没有工作人员”。

一家注册资本达 6000 万元的境外独资企业竟然没有工作人员，显然不符合常理。税务人员随即展开了调查。

税务人员经调查发现，A 公司的母公司的股权发生了变更，公司业务聘请一家管理公司 B 公司代为打理。原公司人员部分被解雇，部分转移，原公司的财务人员成为 B 公司的职员。再三追问之下，税务人员得知，A 公司作为业主，B 公司作为顾问，双方签订了一份关于 A 公司的管理咨询协议。从 A 公司的现状来看，确实只有注册的一个法定代表人，已无其他工作人员。根据 B 公司财务人员提供的成本及经营费用账册，证实 A 公司的确没有工资支出记录。税务人员认为，对于 A 公司的个税问题只能暂时画上句号，但 A 公司转让股权的问题却值得进一步追踪。

A 公司税务登记方面的资料显示，A 公司的股东为境外的 C 公司，属于非居民企业。这类型公司的股权转让行为正是《国家税务总局关于加强非居民企业股权转让所得企业所得税管理的通知》（国税发〔2009〕698 号，以下简称 698 号文件）要求规范的行为。于是，税务人员把该文件传真给 B 公司，要求协助提供有关境外 C 公司股权转让的资料。可是左等右等不见回音。几经催促，B 公司的回答是：“我们只代理 A 公司业务，境外 C 公司股权转让在境外交易，与我们无关，我们不负有提供资料的义务。”

的确，这是一宗完全发生在境外的股权转让个案，境外公司将自己投资控股的境内公司一并转让，这种交易方式使现有的征管方式陷入困境：一是 A 公司没有发生股东变更的信息，当然无须提供股权转让资料；二是代管公司又不负有提供资料的义务；三是 C 公司在境外，我国没有管辖权。

税务人员认为，既然A公司已无工作人员，财务制度就不复存在，根据《税收征收管理法》的有关规定，税务人员对A公司停供发票，促使他们提供股权转让的资料。但是，A公司采用法人授权代管公司的方式，化解了税务机关停供发票给自己带来的危机。追索资料的希望再次受挫。然而，税务人员通过仔细查看A、B公司所签订的协议书，发现这是一份管理咨询协议，而不是委托管理协议，也就是说，B公司对A公司无代理行为。

税务人员再次采用停供发票的手段，没想到A公司的法定代表人亲自上门来购票。在税务人员的再三宣传下，该法定代表人口头答应尽快提供资料，但就是不见下文。不久后，A公司急需办理一份关于该公司近年来无税务违章的证明。为尽快得到"无税务违章"的证明，A公司很无奈地提供了境外C公司股权买卖的资料。从这些资料中税务人员了解到，境外C公司是香港个人（以下称为黄某）以1万港元注册的，黄某与境外D公司签订买卖境外C公司股权以及控股的境内A公司股权的协议，转让金额相当于2.2亿元人民币。

但是，新的问题出现了。698号文件针对的主体是非居民企业股权转让所得，而境外C公司是非居民个人转让行为。698号文件并不适用于非居民个人转让行为。对于非居民个人在境外完成的股权转让行为是首次发现，到底要不要征税？征什么税？适用什么法律、法规？

经请示国家税务总局，国家税务总局发来《关于非居民个人股权转让相关政策的批复》（国税函〔2011〕14号），该函中规定："C公司控股方为香港居民个人，其股权转让行为不适用《中华人民共和国企业所得税法》一般反避税的规定。根据《中华人民共和国个人所得税法实施条例》，该案件股权转让协议中的转让标的包括C公司和A公司的资产，该股权转让所得中涉及转让A公司部分的所得为来源于中国境内的所得，应对其进行征税。"

2011年5月19日，这笔非居民个人间接转让中国境内企业股权所得所包含的1368万元个人所得税税款终于解缴入库。[①]

---

① 广东省深圳区保税区地税局.非居民个人境外转让股权，补缴个税超千万元[R/OL].（2013-06-17）[2018-04-25].http://www.tax168.net/zixun/Print.asp?ArticleID=304046.

根据《个人所得税法》的基本规则，中国税收居民需对其取得的全球收入在中国缴纳个人所得税，而非中国税收居民仅需对其取得的来源于中国的收入在中国缴纳个人所得税。但请注意，来源于中国的收入并非限于由境内公司支付的工资、薪金，而是该外籍个人实际在中国境内工作期间取得的所有工资薪金。即外籍个人实际在中国境内工作期间取得的工资薪金，不论是由中国境内还是境外公司支付的，均属来源于中国境内的所得。外籍个人实际在中国境外工作期间取得的工资薪金，不论是由中国境内还是境外公司支付的，都属于来源于中国境外的所得。

2020 年 1 月 22 日，财政部、国税总局发布《关于境外所得有关个人所得税政策的公告》(财政部　税务总局公告 2020 年第 3 号)，对居民个人取得境外所得相关个税计算和申报进行了全面规定，新政策无疑将与 CRS 全球涉税信息收集形成征管合力，高净值家庭境外资产和收益将面临税务机关更加严苛的征管环境。

案例 6-2-5

不久前，鹤山市地税局稽查局收到一封纳税人举报信。信中称，当地某制造企业涉嫌在 2014—2016 年，通过虚列企业工作人员人数、虚增工资数额的方式偷逃个人所得税。但举报信中只提到企业存在偷逃税款问题，并未提供被举报企业详细的经营情况、实质性资料证据等关键信息。

鹤山市地税局稽查人员结合行业信息和征管数据，对举报信息分析后认为，该举报信中所反映情况真实度较高，决定对某制造企业 2014—2016 年个人所得税缴纳情况实施税收检查。根据企业情况，稽查人员针对企业账簿中的工资费用项目，从四个方面入手实施核查：

一是审核工资支出凭证。

检查企业的人员花名册、考勤表、工资明细账和计算表，审核工资发放凭证与银行代发工资卡等凭证资料的数据是否对应无差异。

二是核查企业职工人数、薪酬标准是否存在异常。

稽查人员分析企业记账凭证和原始凭证，结合企业生产经营情况和生产规模，核实从业职工人数和薪酬标准，重点核实月工资额低于 3500 元的人数占比情况。

三是检查“账实”差异。

审查分析企业“应付职工薪酬”账户与实付工资总额是否对应，核对各种津贴、补贴、奖金的发放是否正确。检查“应付福利费”账户支出情况，核实企业通过该账户发放现金和实物的具体情况。

四是结合第三方信息分析企业数据。

利用金税三期系统和社保系统，核查工资表中人员与企业缴纳社保人员在数量上是否存在较大差异，并对企业申报个人所得税人员的比例和收入情况实施核查。

经过核查取证，稽查人员确认，该企业在2014—2016年，通过非法冒用他人的个人身份信息的方式，虚列10多名企业人员，虚增工资费用60多万元，以此偷逃个人所得税20多万元。面对稽查人员出示的证据，企业承认了违法事实。鹤山市地税局稽查局依法对企业作出追缴税款、加收滞纳金，并处罚款共计40多万元的处理决定。①

在本案例中，虽然是被举报引起税务机关的关注，但是举报信并未有实质性的证据，税务机关还是依靠金税三期系统中的同行业信息和征管数据来收集企业出现的破绽。

近年来，针对高收入和高资产的“两高”人群的税务稽查正在趋严。“两高”自然人主要是指拥有高收入、高资产的人群。新个税法时代，“两高”人群所涉及的个人所得税税目主要包括：经营所得、财产转让所得、利息股息红利所得。税务机关依托金税三期等大数据系统，可以很容易地发现纳税人纳税数据中存在的异常。纳税人企图继续通过一些违法违规的老办法实现节税效果，不但不能实现节税的目的，还会带来违反税法的风险，若是被行政处罚，很可能得不偿失。

---

① 广东省地方税务局.中国财务报[N/OL].[2018-04-25].http://www.gdltax.gov.cn/gdsite/100001004010/2018-01/23/content_131f65ce418448f1a0ad6b32fd15dbfa.shtml.

案例 6-2-6

按照上级部门工作部署，2017 年 5 月，眉山市人民银行、公安局、国税局和地税局四个部门召开联席会议，商议税、警、银三方四部门协作开展“三反”工作等相关事宜。

2017 年 6 月，眉山市某商业银行依照《金融机构大额交易和可疑交易报告管理办法》向眉山市人民银行反洗钱中心提交了一份有关自然人黄庆（化名）的重点可疑交易报告。可疑交易报告显示，眉山市人黄庆在眉山市某商业银行开设的个人结算账户，在 2015 年 5 月 1 日至 2017 年 5 月 1 日共发生交易 1904 笔，累计金额高达 12.28 亿元。这些交易主要通过网银渠道完成，具有明显的异常特征。比如，其账户大额资金交易频繁，大大超出个人结算账户的正常使用范畴。其账户不设置资金限额，不控制资金风险，不符合常规。还有，黄庆本人身份复杂，是多家公司的法定代表人，其个人账户与其控制的公司账户间频繁交易，且资金通常是快进快出，过渡性特征明显。

眉山市地税局立即组织人员对报告全面分析，同时指派市地税局稽查局对黄庆展开摸底调查。经过调查，稽查人员确定黄庆的个人结算账户在两年间共与 45 家公司发生了资金往来，这些公司位于安徽、四川、北京、上海和重庆 5 省市，其中多家公司由黄庆控股或者担任法定代表人。由黄庆控股或者担任法定代表人的公司中有 7 家位于眉山市，黄庆的个人账户与这 7 家眉山公司之间的资金往来共 489 笔，占其与公司账户间资金往来总笔数的 26%，交易金额达 50653.21 万元。

稽查人员认为，黄庆与其控股或参股公司之间资金往来频繁，资金交易规模与其控股或参股公司的注册资本、生产和经营规模不匹配，很可能存在取得工资薪金、股息红利和股权转让所得等未缴纳个人所得税的问题。眉山市地税局在掌握上述信息后，采取了“自查 + 约谈”的方式，最终纳税人先后于 2017 年 7 月和 9 月两次补缴股息、红利所得个人所得税 2200 万元，并制订了剩余 1800 万元应补税款在 2018 年 2 月底前分期补缴入库的缴纳计划。

新个税法规定公安、人民银行、金融监督管理等相关部门应当协助税务机关确认纳税人身份和银行账户等信息。可以说，随着中国个税改革的持续推进，纳税人识别号征管系统的建立等，中国已进入全民资产透明化时代。个人或企业一旦被税务稽查，那么税务机关除会调取其账簿凭证、增值税专用发票、电子账套等公司财务资料外，还可能依照《税务稽查工作规程》的要求，经一定的签批手续后对法定代表人、实际控制人、主要责任人、财务人员等个人账户进行调查。尤其在虚开案件中，资金回流往往成为税务机关、公安机关证实虚开的关键突破点。

新个税时代，民营企业和高净值人群，要想保障财富的安全性，需要准确识别风险，化解三大雷区：

雷区一：家业、企业混同，新税政策下风险抵御能力极差。

中国的民营企业普遍面临公司注册资本金不足和账目混乱的问题，股东和经营管理人员很多都是家庭内部成员。从企业诞生的第一天起，就欠缺公司财产独立的认知，公司所有权和经营权不分。

随着企业的经营壮大，在企业融资和经营过程中，核心股东往往和公司绑定，以家庭、个人资产对企业债务承担连带责任，一旦企业经营不利，现金流断裂，企业家个人和家庭的财产也难以幸免于难。

雷区二：社保一旦由税局代征后，民营企业风险指数上升。

中国民营企业社保费率偏高，社保相关税费负担占税前利润的比重高达48%，居全球高位。按照目前税务改革政策，社保将围绕个人所得税工资薪金所得与企业所得税工资薪金支出、社会保险费缴费基数、年金缴费基数、住房公积金缴费基数是否匹配等，进行重点识别。

2017年，社保缴纳基数合规的企业占比仅为25%。很多企业过去人工成本占收入的40%，严格执行社保政策后可能达到60%，这样沉重的负担使得制造业、服务业等行业压力巨大。合规，难以生存；不合规，更万万不能。在如此矛盾的背景下，需要中央更大规模地进行社保改革，让企业合规合法安心经营。

雷区三：大数据治税与大额交易监管。

税收领域信息化系统“金三”不仅覆盖全税种，涉税信息收集也非常全面，税务机关可以通过对财务、税务、工商等数据的比对，可以发现企业涉税“异常”事项。特别是，政府不断加强对大额交易和可疑交易的监管，让民营企业“传统”

的走私账逃避税的路子不再通畅。虽然走私账和偷逃税并没有直接的关联性，但是资金流的异常流动会被税务机关严查。想想看，一个企业或老板，今天给张三转 100 万元，明天又给李四转 200 万元，过了两天别人又给他转回来 400 万元，当然容易触发大额交易监管预警和随之而来的税务稽查。

过往中国企业年稽查率在 3% 左右，有许多纳税人依靠运气，侥幸少缴了税而未被发现。随着新个税法的实施，在纳税人识别号的建立和新征管系统的完善下，中国已进入全民资产透明化时代。对于高净值人群的财富来说，如何提前做好税务筹划，减低税收成本，实现财富保值增值，显得既紧迫又重要。高净值人士和家族企业主是时候重新审视税务筹划方案了。

法条链接

◇《个人所得税法》

第二条 下列各项个人所得，应当缴纳个人所得税：

（一）工资、薪金所得；

（二）劳务报酬所得；

（三）稿酬所得；

（四）特许权使用费所得；

（五）经营所得；

（六）利息、股息、红利所得；

（七）财产租赁所得；

（八）财产转让所得；

（九）偶然所得。

居民个人取得前款第一项至第四项所得（以下称综合所得），按纳税年度合并计算个人所得税；非居民个人取得前款第一项至第四项所得，按月或者按次分项计算个人所得税。纳税人取得前款第五项至第九项所得，依照本法规定分别计算个人所得税。

第四条 下列各项个人所得，免征个人所得税：

（一）省级人民政府、国务院部委和中国人民解放军军以上单位，以及外国组织、国际组织颁发的科学、教育、技术、文化、卫生、体育、环境保护等方面的奖金；

（二）国债和国家发行的金融债券利息；

（三）按照国家统一规定发给的补贴、津贴；

（四）福利费、抚恤金、救济金；

（五）保险赔款；

（六）军人的转业费、复员费、退役金；

（七）按照国家统一规定发给干部、职工的安家费、退职费、基本养老金或者退休费、离休费、离休生活补助费；

（八）依照有关法律规定应予免税的各国驻华使馆、领事馆的外交代表、领事官员和其他人员的所得；

（九）中国政府参加的国际公约、签订的协议中规定免税的所得；

（十）国务院规定的其他免税所得。

前款第十项免税规定，由国务院报全国人民代表大会常务委员会备案。

◇《个人所得税法实施条例》

第二十八条　居民个人取得工资、薪金所得时，可以向扣缴义务人提供专项附加扣除有关信息，由扣缴义务人扣缴税款时减除专项附加扣除。纳税人同时从两处以上取得工资、薪金所得，并由扣缴义务人减除专项附加扣除的，对同一专项附加扣除项目，在一个纳税年度内只能选择从一处取得的所得中减除。

居民个人取得劳务报酬所得、稿酬所得、特许权使用费所得，应当在汇算清缴时向税务机关提供有关信息，减除专项附加扣除。

6.3　房地产税的前世今生

一、房地产税概述和历史脉络

房地产税，顾名思义，“房”是房产，“地”是房屋下面的土地。从广义上来说，一切与房地产有关的税收都属于房地产税，包括在房地产的开发、建设、流转环节与持有环节征收的各种税。而我国目前要推进的房地产税，是对房地产的持有环节所要征收的一种税，是以房屋为征税对象，按房屋的计税余值或租金收入为计税依据，向房屋产权所有人征收的一种财产税，不包括开发、建设、流转环节已经征收的“房地产交易税”。

1951 年 8 月 8 日，国务院颁布了《城市房地产税暂行条例》，将城市中的房屋及占地合并征收房产税和地产税，统称为城市房地产税。在当时城市土地可以归私人所有，不同于今天的征收概念。

1973 年，中国简化税制，把对国营企业和集体企业征收的城市房地产税并入工商税，对房地产管理部门和个人房屋，以及外资企业、中外合资、合作经营企业的房屋，继续保留税种。

1984 年 10 月，国务院决定在推行第二步利改税和改革工商税制时，将城市房地产税划分为房产税和城镇土地使用税两个税种，对内资企业和个人征收，对外商投资企业和外国企业继续征收城市房地产税。

1986 年 9 月 15 日，国务院发布了《房产税暂行条例》，同年 10 月 1 日开始施行，适用于国内单位和个人。征收对象是以房屋形态表现的财产，由房屋所有权人缴纳，但因为规定“个人所有的非营业性房产”不必缴纳房地产税，绝大多数房屋实际上并不在征收范围内。

1994 年，国务院印发《关于深化城镇住房制度改革的决定》，停止了住房实物分配，商品房制度逐步确立，但房产税的征收方法仍然沿用 1986 年《房产税暂行条例》的规定。同年，中国实行“分税制”改革，将大部分税收回归中央，再通过转移支付方式划分到地方使用，实现国家财力向上集中。分税制导致基层政府财力不足，为谋求财政收支平衡，地方各级政府利用划分给基层政府的土地出让金及房地产业、建筑业的营业税，不断收取更多的土地出让金和房地产交易税来弥补财政资金的不足，“土地财政”应运而生。

2004 年 9 月，财政部、国家税务总局联合下发《财政部、国家税务总局关于北京等 6 个地区开展房地产模拟评税试点工作的批复》。文件中的“房地产税”，当时被媒体报道称为“物业税”，就是今天我们所说的“房地产税”。因缺乏相应的法律基础、配套制度和利益博弈等因素，“物业税”空转至今，并未开始征收。

2008年12月31日，国务院发布第546号令，自2009年1月1日起废止《城市房地产税暂行条例》，外商投资企业、外国企业和组织以及外籍个人依照《房产税暂行条例》缴纳房产税。在全国范围内实行内外统一的房产税。

2011年3月，十一届全国人大四次会议批准通过的第十二个五年规划纲要明确提出了要“研究推进房地产税改革”，自此不再使用物业税的提法和概念。

2013年11月，党的十八届三中全会明确提出要“加快房地产税立法并适时推进改革”，首次定下了房地产税先立法、后改革的总体思路。彼时，社会各界对房地产税法的研究、讨论和争辩持续了很长时间，减缓了房地产税立法的速度。2014年，政府工作报告中尚还提到“做好房地产税立法相关工作”，但在2015年、2016年和2017年的政府工作报告中均没有再提及房地产税立法。

2020年5月，国务院总理李克强在政府工作报告中提出“稳妥推进房地产税立法”，表明我国房地产税立法计划正有条不紊地向前推进。

二、房地产税征收的趋势

房地产税法的落地出台关乎民生福祉，公众对其赋予了太多的期待，而各方面配套制度的完善对于其实施至关重要。我们认为，房地产税立法是必然，但房地产税开征仍然面临着诸多困境。具体如下：

第一，科学完善的房产价值评估系统尚未建立。

房地产税的评估机构、评估流程、评估方法和争议处理等都需要详细的规章制度加以明确。与此同时，我国的不动产统一登记制度尚未完善，房管部门未来如何与税务机关协调进行税源管理等问题有待解决。

第二，房地产税属于地方税，房地产税的征税范围、税率等标准的确定是一项极为复杂的工作。

房地产税的收入归属于地方政府，地方政府用这些收入来满足教育、治安和其他公共基础设施建设等支出。我国各地区经济发展水平不同，房屋产权状况复杂，既要发挥房地产税法调节收入差距的作用，又要制定出一个公平合理、普遍适用的标准，这就需要一个漫长、复杂的论证过程。

第三，我国目前房地产税的税收征管模式尚未建立。

房地产税是一种主要面向个人征收的直接税，而长期以来我国税务系统主要是面向企业征收增值税、消费税等间接税，即使是个人所得税，也是通过单位代扣代缴的形式加以征收。税务系统缺乏面向如此庞大规模个人征税的经验。房地产税的税基确定比较复杂，需要建立完备的税收征管模式，而目前我国征管法也在修改之中，房地产税如何申报、缴纳、催收、处罚、执行，这一系列程序性问题未能明确前，则不具备房地产税的征收条件。

第四，房地产税的开征需合并整合相关的税种，使房地产税制度更合理、更公平。

目前的房地产税收体系存在房地产开发和交易环节的税种多、税负重，而保有环节的税种少、税负轻，甚至零税负。这样的税种设置助长了房地产的闲置、浪费和隐形交易，鼓励了炒房的投机行为，通过房地产税立法，并辅以相应的税制改革，取消或合并部分税种，降低开发、交易环节的税负后，房地产税才能出台。

三、房地产税征收的结果及应对措施

房地产税被很多业内人士解读为抑制房价的重要措施，并被当成房地产长效机制的组成部分。那么，房地产税真的能让房价降下来吗？让我们先来看看历史经验。

2011 年，重庆、上海率先展开房产税试点。如今将近 7 年过去，两地的房价上涨态势丝毫未受房产税的影响。

再以早就开征房地产税的美国为例，美国的房产税税率从 1% 至 3.3% 不等，而且征收实现全面覆盖，无论是新购房产还是存量住宅，都在征收之列。即便是如此完善的房地产税体系，同样未能阻止美国大城市房价在 2007 年之前的暴涨，后来压住这一暴涨势头的，不是房地产税，而是次贷危机。[①]

从根本上来讲，决定房价的因素很多，货币、信贷、土地、人口、供求关

① 爱在花桥．家有 8 套房，可以不用怕房地产税？原来，这才是真相［R/OL］.（2018-01-02）［2018-04-06］.http://news.ks.fang.com/open/27494659.html.

系以及房地产政策等。因此，房地产税本身可能会影响房价，但不会成为影响房价走势的决定性因素。从全球范围内来讲，任何一个发达城市，如纽约、中国香港、首尔等，都没有出现过因为征收房产税而导致房价下跌的情况，也就是说征收房地产税对抑制房价的上涨没有多大的成效。

我国推进房地产税的征收，也并非是为了降低房价。但是房地产税一旦征收，对于手中有多套房、负债率非常高的炒房者或者加杠杆、超承受能力买多套房的家庭，将会造成巨大经济压力。

中国缺少能带来稳定、持续、不错的回报率的投资品。很多人在无奈之下选择了房地产。但从资产配置安全性和合理性角度来说，对于高净值家庭未来的家庭资产配置，投资性房地产加上自住性房地产，最高不要超过50%。高净值家庭的投资组合，应涵盖不同风险级别、不同收益水平、不同市场和不同流动的投资标的，分散风险，组合投资，降低房地产税征收对财富造成的缩水冲击，才能在房地产税的征收浪潮中对财富的影响降到最小。

6.4　CRS全球税收新政下的财富管理

随着资本市场的不断发展，一大批高净值人士完成了财富积累，基于财富保值增值、分散资产风险、避税、传承、养老和子女教育等不同原因，越来越多的高净值人士选择将资产转移到境外。为了防范利用海外账户逃避税，CRS应运而生。CRS的实施，让全球富豪谈虎色变。不少人称，财富传承的“凛冬”将至。在此情况下，高净值人士应全面检视自己的税务居民身份现状，并关注新税法的实施对其税务居民身份、个人及家族资产的跨境持有架构等可能产生的影响，考虑采取必要的行动以确保在合规的前提下减少、规避税务风险。

但在了解什么是CRS之前，我们先来看一下中国高净值人士是如何向海外转移资产的。

1.“蚂蚁搬家”式转移资产

由于个人每年购汇的额度只有5万美元，因此某些打算在海外置业的人通过靠亲戚朋友帮助转账的方式实现资金的转移。这种靠人头拆分金额汇款的办法，违反了“个人不得以分拆等方式规避个人结汇和境内个人购汇年度总额管理”的要求，而且，自2017年起，外汇管理部门加强了外汇信息申报管理监控力度，购汇流程更加复杂，购汇用途监管也更严格。

2. 地下钱庄“洗钱”

通过地下钱庄“洗钱”，是资金外流的重要方式。以人民币和外币的汇兑为例：人民币与外汇的兑换和汇付以间接的方式进行，而不以直接汇兑的运作手法完成，人民币不必流出境外，外汇也不必流入境内，各自分别对应循环。利用此种交易方式跨境转移资产的主体较为复杂，除了腐败分子和国企高管，还有某些企业为了避税逃税和享受外商投资优惠待遇而跨境转移其灰色资金等。

3. 通过在境外的特定关系人转移资金

通常此类参与转移资金的特定关系人在他国均已取得合法身份，或者是留学，或者是他国居民或公民。一方面，可以通过特定关系人以合法手续携带或汇出资金；另一方面，这些特定关系人利用其国外身份在当地注册企业后，以投资形式在中国开设机构，然后以关联交易等形式转移资产。

4. 利用经常项目下的交易形式向境外转移资产

此种形式大致有五类：进口预付货款，出口延期收汇；伪造佣金及其他服务贸易项目对外付款；通过企业之间的关联交易实现向境外转移资产的目的；利用虚假境外贸易合同骗取外汇管理部门核准外汇汇出境外；少报出口，多报进口。

5. 利用投资形式向境外转移资产

此类资金转移的特点是资金向境外转移在形式上基本合法，通常以企业正常海外投资的形式转往国外。资金性质的改变发生在境外，在境外被非法占有或挪作他用。采用此种手法转移资金的多为大型企业高管人员或某项具体业务的负责人员。

案例 6-4-1

某大型跨国集团企业的境外管理人员在华平均月工资仅1万余元。这一申报收入与职场情况明显不符的现象，引起广东省东莞市地税局对S公司的注意。

该局通过案头分析、辅导约谈和情报交换等措施，追缴108名境外人员个人所得税3608万元。这是广东省最大一笔通过对外专项情报交换补征的税款。

S公司隶属境外某集团公司，该集团公司在全球有20家工厂，S公司是其中一家。2014年10月，东莞市地税局对全市境外人员的个人所得税数据展开排查分析，发现S公司每月申报境外人员20人左右，职务均为中层，平均月工资1万多元，明显偏低。同时，这些人员的境外收入为零，不合常规。针对这些疑点，东莞市地税局迅速联合S公司的主管税务机关成立专案组，展开调查。

在通过征管信息系统掌握S公司的税务登记、经营状况等基础数据后，专案组向该公司发出了询问通知书。围绕有关国际税收概念、我国个人所得税法律和法规规定等内容，专案组对S公司财务负责人和其集团财务总监等人展开了3轮约谈，企业最后承认存在虚假申报的情况，对已有申报记录的55名境外员工补缴个人所得税470多万元。

专案组并未到此为止，而是加强与有关专业机构信息互通，拓展境外人员来华工作的信息源，充实国际薪酬数据库，掌握S公司所在行业和境外人员的工资标准。经过广泛取证和深入分析，专案组发现S公司补申报的人均工资水平仍然偏低，于是向市出入境部门发出协查函，了解该公司境外人员的出入境情况。同时，专案组通过查询企业网站信息得知，S公司是其境外集团的3个管理机构之一，肩负行政、生产和人事管理重任，而从其申报的人员构成及人数来看，应该不足以承担如此重担。

由于S公司称已经全员申报，而其境外员工的境外企业支付部分收入无法核实，专案组经请示上级机关对外发出专项情报交换请求。收到情报交换请求后，境外税务部门很配合，及时到S公司的集团公司核查，并在不久后反馈了该集团公司的有关工资支付及经营情况。

这时，专案组重新约谈S公司财务负责人和其集团财务总监，对方补缴税后以为事情已经完结，再被约谈显得很意外，但坚持称已经足额申报。专案组告知已经掌握企业境外人员的境外收入情况，且知道其集团公司正在筹备融资上市，如果发现企业人员没有足额申报个人所得税，除补税和罚款外还会对集团公司上市产生重大影响。

一周后，S公司与税务机关联系，承认隐瞒了公司境外人员境外收入少缴个人所得税及部分境外雇员未申报个人所得税的事实，并表示会配合税务机关足额补缴税款。

S公司之前的个人所得税申报是境内财务人员负责，但此次补税数额巨大，其集团公司委托境外财务人员接管。但因境外财务人员对我国个人所得税法和申报流程不甚了解，加上补申报年度长，申报记录多，且涉及境外境内收入合并计算，还涉及逗留天数、工作天数等一系列国际税收概念，计税补税过程对企业财务人员来说难度极大。这时，东莞市地税局基层分局税收管理人员出面，讲法规，说流程，核对数据，对企业财务人员做了大量辅导工作。最终，该公司申报的境外人员平均年薪从10多万元升至40多万元，之前没有申报个税的，其中1人的年薪高达1000多万元，年纳税额300多万元。该公司共计补扣缴境外人员2011—2016年度个人所得税3608万元。[①]

多年以来，数以千万计的高净值人群，在全球范围内通过离岸金融机构进行投资和资产配置，并将收益隐匿在境外金融账户以逃避居民国纳税义务的现象越发严重。与境内投资交易相比，跨境交易的信息更加难以掌握，或者情报交换成本特别大（启动程序要求高、周期长），长期以来，对于跨境个人税收的征管都是一个世界性难题。在此背景下，各国在加强税收征管合作方面达成空前的一致，《统一报告标准》应运而生。CRS是通过参与国家与地区之间交换税务居民资料的过程，进一步强化税务透明度和打击通过复杂化手段进行跨境逃税的行为。

一、CRS的概述与发展

2012年，包括英国、法国、德国、意大利和西班牙在内的欧洲五国分别与美国签订了实施海外账户税收合规法案（Foreign Account Tax Compliance

① 广东省地方税务局.中国时务报[N/OL].[2018-04-25].http://www.gdltax.gov.cn/gdsite/100001004010/2018-01/16/content_5edfdbc27af3426688be3ecc889ec44c.shtml.

Act，FATCA）的政府间协议。2013 年 4 月，在 FATCA 这一全新涉税信息跨国自动交换制度的启发下，欧洲五国宣布将发展和试行一项基于美国 FATCA 政府间协议模式一的多边涉税信息自动交换机制，这一举动立刻得到了欧盟理事会的一致支持和同意，并意图将自动交换制度扩展到整个欧盟国家甚至全球范围。

在欧盟和八国集团（G8）的积极推动下，二十国集团（G20）成员国也开始对全球版的金融账户涉税信息自动交换产生浓厚兴趣。2013 年 9 月，在圣彼得堡峰会上，G20 成员国正式请求经合组织制定一套类似于美国 FATCA 制度的全球版金融账户涉税信息自动交换的统一报告标准。

2014 年 2 月，经合组织基于美国 FATCA 政府间协议模式一的范本内容，向二十国集团提交了 CRS，并随后得到二十国集团批准，成为金融账户涉税信息自动交换的全球标准。

2014 年 6 月，经合组织正式发布《CRS 文本标准释义》，以及有关电子信息交换的 XML 文档格式要求（XML Schema）。随后，经合组织还发布了指导各国政府制定本地 CRS 落地实施法规的《CRS 实施手册》（CRS Implementation Handbook）。这一系列重要文件，为各国结合本国实际落实金融账户涉税信息自动交换全球统一标准提供了参考和指导。①

2014 年 10 月，包括已经与英国正在实施英国版 FATICA 的所有属地和领地在内的 50 个国家发布共同声明，承诺将在 2016 年 1 月 1 日实施 CRS，并在 2017 年 9 月开展 CRS 下的第一次金融账户涉税信息自动交换。这 50 个国家也被称为是“早期实施国”（Early Adopters）。②

截至目前，全球已有 156 个国家和地区承诺加入 CRS，几乎涵盖了所有的经济发达体，曾经被视为可以保护个人资产隐私的国家或地区，甚至全球主要“离岸避税地”和“洗钱中心”，如百慕大、英属维尔京群岛、开曼群岛、

---

① 经合组织官网 . 二十国集团领导人圣彼得堡宣言［R/OL］.［2018-04-09］.http://www.oecd.org/g20/sum-mits/saint-petersburg/Saint-Petersburg-Declaration.pdf.

② 经合组织官网 .CRS 早期实施国共同宣言［R/OL］.［2018-04-09］.http://www.oecd.org/ctp/exchange-of-tax-information/AEOI-early-adopters-statement.pdf.

卢森堡等，在 CRS 框架下褪去了“隐身衣”，不再成为高净值人士资产保护的避风港。

具体国家和地区名单如下：①

承诺 2017 年首次自动交换信息的管辖区（共 49 个）		
安拉圭	德国	墨西哥
阿根廷	直布罗陀	蒙特塞拉特
比利时	希腊	荷兰
百慕大	根西岛	挪威
英属维尔京群岛	匈牙利	波兰
保加利亚	冰岛	葡萄牙
开曼群岛	印度	罗马尼亚
哥伦比亚	爱尔兰	圣马力诺
克罗地亚	马恩岛	塞舌尔
塞浦路斯	意大利	斯洛伐克
捷克	泽西岛	斯洛文尼亚
丹麦	韩国	南非
爱沙尼亚	拉脱维亚	西班牙
法罗群岛	列支敦士登	瑞典
芬兰	立陶宛	特克斯和凯科斯群岛
法国	卢森堡	英国
马耳他		

承诺 2018 年首次自动交换信息的管辖区（共 51 个）		
安道尔	库拉索岛	俄罗斯
安提瓜和巴布达	多米尼克	圣基茨和尼维斯
阿鲁巴	格陵兰岛	纽埃
澳大利亚	格林纳达	巴拿马
奥地利	中国香港地区	卡塔尔
阿塞拜疆	印度尼西亚	萨摩亚
巴哈马	以色列	圣卢西亚

① 经合组织官网．承诺国家和地区名单［R/OL］．［2018-04-10］http://www.oecd.org/tax/automatic-exchange/commitment-and-monitoring-process/AEOI-commitments.pdf.

续表

承诺 2018 年首次自动交换信息的管辖区（共 51 个）		
巴林	日本	圣文森特和格林纳丁斯
巴巴多斯	黎巴嫩	沙特阿拉伯
伯利兹	马绍尔群岛	新加坡
巴西	中国澳门地区	圣马丁
巴基斯坦	马来西亚	瑞士
文莱达鲁萨兰国	毛里求斯	特立尼达和多巴哥
加拿大	摩纳哥	土耳其
智利	瑙鲁	阿拉伯联合酋长国
中国	新西兰	乌拉圭
库克群岛	哥斯达黎加	瓦努阿图

承诺 2019 年首次自动交换信息的管辖区（共 2 个）		
科威特	加纳	

承诺 2020 年首次自动交换信息的管辖区（共 7 个）		
阿尔巴尼亚	马尔代夫	尼日利亚
阿曼	哈萨克斯坦	厄瓜多尔
秘鲁		

目前仍未确定首次自动交换信息日期的发展中国家（共 47 个）		
亚美尼亚	加蓬	纳米比亚
贝宁	格鲁吉亚	尼日尔
波斯尼亚	危地马拉	北马其顿
黑塞哥维那	几内亚	巴布亚新几内亚
博茨瓦纳	圭亚那	巴拉圭
布基纳法索	海地	菲律宾
佛得角	洪都拉斯	卢旺达
柬埔寨	牙买加	塞内加尔
喀麦隆	肯尼亚	塞尔维亚
乍得	莱索托	坦桑尼亚
科特迪瓦	利比里亚	泰国

续表

目前仍未确定首次自动交换信息日期的发展中国家（共 47 个）		
吉布提	马达加斯加	多哥
多米尼加共和国	摩尔多瓦	突尼斯
埃及	蒙古	乌干达
萨尔瓦多	黑山共和国	乌克兰
史瓦帝尼	摩洛哥	

CRS 作为经济合作与发展组织（OECD）制定的 AEOI 标准（Standard for Automatic Exchange of Financial Account Information in Tax Matter，金融账户涉税信息自动交换标准）的一个构成部分，用于指导参与司法管辖区定期对税务居民金融账户信息进行交换的准则，旨在通过加强全球税收合作，提高税务透明度，打击利用跨境金融账户逃避税行为。

二、“中国版”CRS 落地实施

2014 年 9 月，中国官方承诺将实施《AEOI 标准》，并将在 2018 年 9 月正式在 CRS 框架下完成第一次信息互换。

2015 年 12 月 17 日，中国签署的《金融账户涉税信息自动交换之多边政府间协议》规定，各签约协议国的金融机构，包括商业银行、保险公司、证券公司、基金公司等需要向中国税务总局自动提交中国公民及税收居民身份的一切资产、投资资料。

2017 年 7 月 1 日，由国家税务总局、财政部、中国人民银行、中国银行业监督管理委员会、中国证券监督管理委员会、中国保险监督管理委员会六部委共同制定并颁布了《非居民金融账户涉税信息尽职调查管理办法》，这标志着中国版 CRS 终于正式落地了。

2018 年 9 月 1 日，中国实现了首次信息交换，相关中国个人或机构的海外金融账户信息（持有人名称、纳税人识别号、地址、账号、账户余额或价值、利息、股息以及出售金融资产的收入等信息）将被呈报至中国税务机关。这一结果主要影响有二：

一是境外收益征管漏洞将被堵住。根据《个人所得税法》第一条规定，在中国境内有住所，或者无住所而一个纳税年度内在中国境内居住累计满一百八十三天的个人，为居民个人。居民个人从中国境内和境外取得的所得，依照本法规定缴纳个人所得税。以往，在缺少有效监控的情况下，境外收益，似乎沦为税收监管的“法外之地”，CRS 全面落地后，包括境外投资、劳务等收益均要向中国税务机关履行纳税申报的义务。CRS 的申报范畴不仅包括个人自身的账户，还包括个人设立的海外公司账户。

二是非法离境资产将面临补税的法律责任。根据《税收征收管理法》第三十二条，纳税人未按照规定期限缴纳税款的，扣缴义务人未按照规定期限解缴税款的，税务机关除责令限期缴纳外，从滞纳税款之日起，按日加收滞纳税款万分之五的滞纳金。目前，部分境外个人名下的存量金融账户内的存款等金融资产，实际上是通过借款、虚假贸易、虚假投资等途径非法离境的，并未按照中国相关税收法律、法规规定进行完税，在法律上处于“应申报而未申报”的状态。金融账户涉税信息交换后，中国税收居民境外金融账户涉税信息反馈到中国税务机关时，这些未完税“收入”将面临补税等法律风险和法律责任。

三、CRS 税务新政下金融账户交换程序

CRS 正在重写全球资产配置的“游戏规则”，让中国的高净值人士如履薄冰，惶恐不安。但 CRS 并非洪水猛兽，其目的是让金融账户信息透明化，打击利用跨境金融账户等方式逃避税务的不合法行为。换句话说，高净值人士合法的跨境金融资产配置，即使信息被交换回税收居民所在国，也是没有税务风险的。

根据《非居民金融账户涉税信息尽职调查管理办法》，中国非居民个人和非居民机构均会受到尽职调查，反过来说，中国税收居民和机构的金融账户不会被调查。判定 CRS 是否会对自身财富带来风险，首先要了解 CRS 如何运作。

（一）识别非税收居民

通过下表我们来认识中国内地的税收居民认证标准：

<table>
<tr><th colspan="3">中国内地：只要符合任何一项就属于税收居民</th></tr>
<tr><td rowspan="2">居民企业</td><td>注册地原则</td><td>主要针对依法在中国境内成立的企业，包括依照中国法律、行政法规在中国境内成立的企业、事业单位、社会团体以及其他取得收入的组织。</td></tr>
<tr><td>实际管理机构原则</td><td>实际管理机构指对企业和生产经营、人员、账务、财产等实施实际性全面管理和控制的机构。</td></tr>
<tr><td rowspan="2">居民个人</td><td>居民个人：在中国境内有住所的中国公民和外国侨民</td><td>但不包括虽具有中国国籍，却并未在中国内地定居，而是移民海外的华侨和居住在港、澳及台湾地区的同胞。</td></tr>
<tr><td colspan="2">在中国境内无住所而一个纳税年度内在中国境内居住累计满一百八十三天的个人。</td></tr>
</table>

除上述居民个人和企业外的人，如果在我国金融机构开立账户，就会受到尽职调查。例如，一位已经移居新西兰的华侨在中国境内金融机构开立的账户会受到尽职调查；一家在英属维尔京群岛（BVI）设立的企业在中国境内金融机构开户，该账户也会受到尽职调查。

案例 6-4-2

林先生持有的是中国护照，但取得加拿大永久居留权并长期生活在加拿大，那么可以认定他是加拿大的税务居民。假如他以加拿大居民的身份在中国香港开设金融账户，且金融资产超过一定数额人民币，中国香港金融机构按照 CRS 协议有责任将该信息向加拿大交换，而不是向中国内地交换。

对于高净值人士个人来说，CRS 的目标人群最主要有两种：

第一种是在海外有金融账户的中国税收居民，其在中国境外拥有的任何金融资产，如存款、投资性保险产品、投资基金、信托和持有金融机构的股权 / 债权权益等，都有可能被视为当地的非居民金融账户而与中国税务局进行信息交换。

第二种是金融资产在中国境内的非中国税收居民，其在中国境内的金融账户将被视为中国的“非居民账户”，账户信息将会被收集、报送，交还给其税收居民所在国。

案例 6-4-3

贾老板是广州某玉石外贸企业的老板，属于中国税收居民。贾老板分别在美国（非 CRS 参与国）和中国香港（CRS 参与地区）设立了 A 公司和 B 公司，从事外贸业务。贾老板是这两家公司的唯一股东和实际控制人。A 公司和 B 公司分别在中国香港汇丰银行开立了存款账户。对于业务性质完全相同的两家公司，由于其设立国家不同，在 CRS 下其合规身份也会不同。

中国香港汇丰银行作为管理该存款账户的金融机构，需要对账户持有人，即 A 公司和 B 公司进行尽职调查。对于 A 公司来说，由于其设立在非 CRS 参与国，银行会将贾老板的信息申报并最终交换给中国税务机关，对于 B 公司来说，由于其设立在 CRS 参与地区，该账户不需要被申报。

（二）筛选金融账户开展尽职调查

对个人来说，该管理办法区分了以下账户，这三类账户均要受到尽职调查，只是存在时间上的先后：

新开立账户	2017 年 1 月 1 日以后在金融机构开立	2017 年 1 月 1 日开始
高净值账户	截至 2016 年 12 月 31 日账户加总余额超过 600 万元	2017 年 12 月 31 日前完成
低净值账户	截至 2016 年 12 月 31 日账户加总余额不超过 600 万元	2018 年 12 月 31 日前完成

对机构来说，管理办法区分了 150 万元以上的机构账户和 150 万元以下的机构账户，分情况对其尽职调查：

2016 年 12 月 31 日账户加总余额超过 150 万元的存量机构账户	2018 年 12 月 31 日完成
2016 年 12 月 31 日账户加总余额不超过 150 万元的存量机构账户	不调查，但当之后任一公历年度末账户加总余额超过 150 万元时，金融机构应当在次年 12 月 31 日前完成对账户的尽职调查

（三）金融机构获取涉税信息，提交给税务机关

金融机构是整个全球金融账户涉税信息自动交换的核心，因为金融机构是所有有关金融账户尽职调查和信息申报等合规程序的主体。按照CRS的标准，有义务进行尽职调查的金融机构包括：

①商业银行、农村信用合作社等吸收公众存款的金融机构以及政策性银行；

②证券公司；

③期货公司；

④证券投资基金管理公司、私募基金管理公司、从事私募基金管理业务的合伙企业；

⑤开展有现金价值的保险公司或者年金业务的保险公司、保险资产管理公司；

⑥信托公司；

⑦其他符合《非居民金融账户涉税信息尽职调查管理办法》第六条规定的机构。要注意金融资产管理公司、财务公司、金融租赁公司、汽车金融公司、消费金融公司、货币经纪公司、证券登记结算机构不属于该管理办法所称的金融机构。

（四）境外账户信息互换

CRS的详细规则非常复杂，但基本原则相对比较容易遵守。其目的是要求A国的金融机构识别出在A国持有但属于B国的税收居民的金融资产，并将这些资产报告给B国。然后，B国会查看该税收居民是否已为这些资产报税，且是否已支付由这些资产所产生的收入及所得的相关税项。

例如，如果中国的税收居民在新加坡的银行有一个投资账户，该银行则需要识别账户所有人或控制人的税务居所，并向新加坡金融管理局提供账户余额信息，以及账户所产生的收入及所得。新加坡金融管理局会把这些信息提交给中国国家税务局。此类交换每年执行一次。

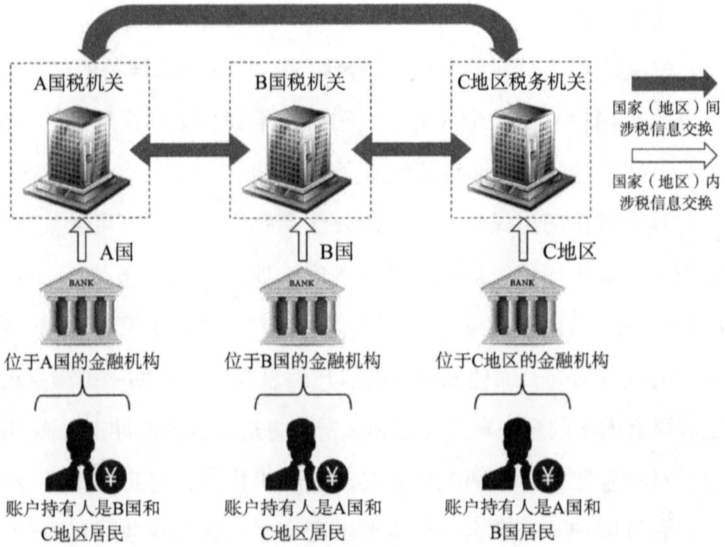

CRS 流程图

案例 6-4-4

李丽具有中国国籍，其在开曼群岛和美国均有多个银行及信托账户，李丽在美国和开曼群岛的账户信息是否会在中国与美国以及中国与开曼群岛税务机关之间交换？

开曼群岛的税务机关会将李丽在开曼群岛的前述银行账户及信托账户与中国税务机关交换，包括账户及账户余额、姓名以及出生日期（个人）、税收居住地（国别）、年度付至或记入该账户的总额等信息。而根据中国税法的规定，中国税收居民应就其全球所得缴纳个人所得税，当中国税务机关掌握李丽在开曼群岛的存款信息以后，会判断与该存款有关的相关利息收入或其他应税收入是否应申报纳税。而由于美国并非 CRS 参与国，因此不需要按照 CRS 的要求与中国税务机关交换李丽在美国的金融账户信息。

四、CRS 税务新政下的税务筹划和资产配置

为了帮助中国财富人士认识和了解 CRS，更好地配置家庭财富，我们有必

要厘清如下几个问题：

第一，中国版 CRS 针对的是在大陆金融机构的非税收居民的金融账户信息。账户持有人为中国税收居民个人的，金融机构不会收集和报送他的相关账户信息，更谈不上把金融信息交换给其他国家（地区）。但是，有一点需要特别提醒大家的是，越来越多的中国人开始在海外生活和工作，很有可能某金融账户的持有人会同时构成中国税收居民和其他国家（地区）税收居民，一旦出现这种“双税收居民身份”的情况，他在中国境内的账户信息将会交换给另一税收居民国（地区）的税务当局，而他在境外的账户信息也将交换回中国国家税务总局。这种情况对财富人士的金融资产配置和私密性将造成极大的冲击，需引起重视。

第二，对存量账户，识别工作主要由金融机构依据客户的留存资料进行检索开展。对新开账户，按照金融机构要求配合主动声明税收居民身份。由于在我国境内金融机构开立账户的个人和机构绝大部分为中国税收居民，填写声明文件时仅需勾选“中国税收居民”即可，开户体验影响不大。如果上述个人和机构前期已经开立了账户，2017 年 7 月 1 日之后在同一金融机构开立新账户时，大部分情况下无须进行税收居民身份声明，其税收居民身份由金融机构根据留存资料来确认。

案例 6-4-5

罗先生是中国税收居民，他在新加坡某银行持有 200 万美元的现金存款账户。那么理论上，罗先生该存款账户信息将在 2018 年 9 月 1 日之后被申报和交换给中国税务机关。在这个过程中，CRS 要解决的是罗先生的信息如何申报和交换等，但是这个过程中并不涉及罗先生的 200 万美元存款是否应当征税以及应当征多少税的问题。

从个人所得税的角度来看，税务机关所关注的是，罗先生因为这 200 万美元的存款产生了多少利息收入，以及该部分收入是否有依法合理申报纳税等，这其中还涉及国际税收法律规则中的抵免甚至跨国税收协定的适用等具体的法律规范。

中国实施 CRS 以后，有关“资产裸奔”和“秋后算账”等标题党层出不穷，中国财富人士对CRS有许多担心和误解，甚至有的人还认为，他在境外的资产信息被披露回中国后，会直接适用《个人所得税法》中的最高税率（45%）征收个人所得税。实际上，我们刚才已经分析了，CRS属于国际税收征管协作制度，本质上属于税收程序法问题，各国政府当然希望能够打击利用海外账户逃避税的行为，但前提是确有逃避税的行为发生，而不是对合法的公民财产进行打击和征收过头税。虽然参与国是通过跨国间的税收情报交换，实现本国纳税人海外资产的透明化，但是CRS本身并不解决纳税人的某项资产或者某个经济行为是否应当征税的问题。

CRS实施后，虽然想让金融账户信息完全处于隐蔽状态是不可能的，但是可以做的工作是对风险进行甄别，然后通过好的设计和规划尽量将风险降到最低。下面通过具体的案例来重点分析中国移民人士如何对财产进行规划。

案例 6-4-6

高先生通过投资移民取得了澳大利亚国籍，并在澳大利亚购买了住房，但由于其前期生活在中国，在中国的银行开立了银行账户。如果中国的银行确认高先生是澳大利亚居民，则会对该账户进行尽职调查，中国的税务机关会将其在中国的财产信息自动交换给澳大利亚的税务当局。那么这种移民人士应该如何对财产进行规划呢？

一、通过建立合适的信托架构进行规划

信托公司虽然也属于具有申报义务的金融机构，但如果通过信托公司建立家族信托计划，那么在申报时该信托计划是按机构来对待的，就只需要披露信托的实际控制人。信托的实际控制人是指信托的委托人、受托人、受益人以及其他对信托实施最终有效控制的个人，因此可以通过设计信托合同选择合适的实际控制人，这样就可以较好地实现财产信息不被披露。

二、通过转换财产形式进行规划

金融账户涉税信息自动交换的内容主要是账户信息，而其他非货币财产（投

资机构的股权和债券除外）则不需要被尽职调查。移民人士可以考虑通过将货币财产转换成非货币财产的形式进行分散投资，从而达到规避交换的目的。但转换财产形式也要注意所转换财产的风险，如将货币财产转换成为不动产，最好选择不动产的坐落地在没有遗产税的国家，否则会面临继承时高额税负的风险。

三、通过转换财产持有人进行规划

根据管理办法，非居民个人账户和企业账户均要被尽职调查并报送信息。如果非居民个人无法改变纳税居民状态，可以通过非居民个人在当地设立居民企业的方式，改变账户持有人并且不失去对账户的控制权，同时也可以规避尽职调查和对外信息交换。

在全面执行 CRS 国家和地区开展投资、资产配置，需要充分关注投资架构和方式。比如，对外投资的法律组织形式不同，在税法上的纳税义务和申报规则差异很大，按照中国税法的规定，公司相比较于个人，具有递延纳税的功能，具有更大的税收弹性空间。在资产配置和管理中也可以积极引入信托架构，以实现金融账户保密的功能。另外，合理进行转让定价也是跨国企业最常用的一种避税方式。

四、重视和合理利用“税收居民身份”规划

税法意义上的居民并非依据国籍标准，税收居民身份判定是按照各国国内法，由住所、居所、成立地、实际管理机构所在地或者其他类似的标准而进行的税法层面的税收身份界定。比如，按照新《个人所得税法》的规定，在中国境内有住所，或者无住所而一个纳税年度内在中国境内居住累计满一百八十三天的个人，属于税法意义上的居民个人，其从中国境内和境外取得的所得，均要依规全面履行个人所得税纳税义务。CRS 实务中，如果客户向金融机构声明其为某个国家的税收居民，同时又能提供相应的税号，甚至该国税务机关出具的居民身份证明，即通过了金融机构的“合理性审核”。换句话说，也就通过了金融机构 CRS 合规门槛。

在 CRS 全球涉税信息自动交换的大背景下，税务机关的目标是反避税和反

洗钱。对于海外资产的被披露和申报，如果存在欠税等行为，税务机关会通过适用国际税法规则，要求高净值人士补税，但是如果通过欺骗和隐瞒等，违反反洗钱监管，甚至可能触犯刑事责任。对于一个本身海外资产不存在违法问题的高净值个人，为了所谓的规避CRS，采取欺骗金融机构隐瞒真实身份的做法，属于南辕北辙，把“钱”洗黑，应引起足够的警惕和重视。

总之，在全球涉税信息自动交换的大背景下，进行税收规划是移民人士必然的选择。但需要注意的是，所有的措施都必须立足于现行法律，守法合规。对于海外投资者而言，需要综合考虑将来由于可能的身份变更对于自身税务负担的影响以及非税务居民在投资地产，金融产品及衍生产品等被动型收入和主动性投资等税务细则有哪些变更等。

法条链接

◇主要国家（或地区）关于“自然人”税收居民身份认定的规则

1. 中国税收居民身份认定规则

在中国境内有住所，或者无住所而一个纳税年度内在中国境内居住累计满一百八十三天的个人。

在中国境内有住所是指因户籍、家庭、经济利益关系而在中国境内习惯性居住。所谓习惯性居住，是判定纳税义务人是居民或非居民的一个法律意义上的标准，不是指实际居住或在某一个特定时期内的居住地。

如因学习、工作、探亲、旅游等而在中国境外居住的，在其原因消除之后，必须回到中国境内居住的个人，则中国即为该纳税人习惯性居住地。

2. 中国香港税收居民身份认定规则

符合以下任一条件的个人视为中国香港税收居民：

（a）通常（ordinarily）居住于香港的个人；

（b）在某纳税年度内在中国香港停留超过180天或在连续两个纳税年度（其中一个是有关的纳税年度）内在中国香港停留超过300天的个人；

如果个人在中国香港有自己或家人所居住的永久性的家，则该个人一般会被视为“通常居住于中国香港”。具体的法律规定为：

（a）“通常居所”是指个人除了偶然或临时离境的情况下，持续地在中国香港居住的居所。

（b）要被视为通常居住在中国香港的个人，该个人除临时性或偶然性离境一定时间外，必须习惯性（habitually）及通常性（normally）居住在中国香港。通常居住的概念是指个人在中国香港居住是出于自愿并以定居为目的，具有一定的持续性，并且不论时间长短，为其当前生活的惯常状态。

在确定个人停留在中国香港的天数时，如在中国香港境内停留不足 1 天的，按 1 天计算。

3. 英国税收居民身份认定规则

自 2013 年 4 月 6 日起，英国的税收居民身份须根据“法定居民身份测试”（Statutory Residence Test）的结果判定，2013 年金融法案第 45 条列明了法定居民身份测试的内容，并判定什么属于英国税收居民，什么不属于英国税收居民。测试内容包括个人在英国停留的时间、是否仅在英国有家、是否在英国从事全职工作以及与英国的关联等。

一般来说，在英国逗留超过半年的个人很有可能被判定为英国税收居民。英国税务海关总署（HMRC）发布了一份有关法定居民测试指引 2，同时在网上设置了测试工具（Tax Residence Indicator）以供个人查询自己的税收居民身份。

如个人的情况较为复杂，应同时参考 HMRC 有关居所（residence）、住所（domicile）和汇款的指引 3，也可以登录 Gov.uk 网站的相关网页或向他们的税务顾问咨询。

4. 加拿大税收居民身份认定规则

个人是否为税收居民应视具体情况而定。加拿大的个人税收居民身份可以分为普通居民（也称为事实居民，factual resident）或视同居民（deemed resident）。判断个人的税收居民身份时须根据其整体情况和所有相关事实，并参考加拿大税法和法庭的判定来认定。

加拿大税收居民包括在加拿大经常、通常或习惯性居住并生活的个人。因此，与加拿大有居住关系，如家在加拿大、在加拿大有社会与经济利益以及其他与加拿大的关联，皆为重要考量。此外，加拿大税法中“视同认定规定（deeming provision)”对于判定个人是否构成加拿大居民也很重要。(这些“视同认定规定”适用于那些不在加拿大居住但与加拿大有联系的个人，如一个纳税年度在加拿大境内停留时间超过183天或以上，受雇于加拿大政府或加拿大某省。)

个人在判定其是否是加拿大居民时，还需要考虑加拿大对外签署的税收协定中有关居民的定义。

加拿大税务局下列网站详细列出了相关信息，帮助个人判定其税收居民身份，并了解判定需要考虑的因素。

5. 新加坡税收居民身份认定规则

根据新加坡所得税法案（第134章）第2（1）节有关新加坡税收居民的法律定义，“新加坡税收居民”指：

（a）纳税年度的前一年在新加坡境内居住（合理的临时离境除外）或者工作（作为公司董事的情况除外）超过183天的个人；

（b）在新加坡境内经营且主要管理机构位于新加坡境内的公司或其他团体。

符合以下任一标准的个人视为新加坡税收居民：

1）定量标准

a. 纳税年度的前一公历年内在新加坡境内居住超过183天；

b. 纳税年度的前一公历年在新加坡境内工作（作为公司董事的情况除外）超过183天。

2）定性标准

个人在新加坡永久居住，合理的临时离境除外。

6. 澳大利亚税收居民身份认定规则

为协助个人（包括已进入或离开澳大利亚的个人）认定其自身是否为澳大利亚税收居民，澳大利亚税务局（ATO）发布了在线指南及计算工具。

一般情况下，判定个人是否为澳大利亚税收居民依据普通法和成文法并结合该人具体情况确定。例如，一个纳税年度内在澳大利亚居住时间超过一半的个人很可能构成澳大利亚税收居民。

个人如果由于情况复杂等原因，在认定澳大利亚税收居民身份方面需要进一步帮助，应咨询税务顾问或联系澳大利亚税务局。

1. 普通法认定

根据“居住”一词的本义［1936 所得税评估法案第 6（1）章节 3］，澳大利亚税收居民是指在澳大利亚“居住”的个人。

一般而言，居住概念需要考虑个人在相应纳税年度的整体情况，包括：

停留在澳大利亚境内的意图或目的家庭、经营活动和就业与澳大利亚的关联程度个人资产所在地和维护情况社会和生活安排。

税务裁定 98/174 提供了澳大利亚税务局局长依据 1936 所得税评估法案第 6（1）章节对“居住”一词在一般意义上的解读。

2. 成文法认定

如个人不满足普通法对于居住的认定，但符合 1936 所得税评估法案第 6（1）章节陈述的以下三条成文法认定中的任一条，仍应被认定为澳大利亚税收居民：

其住所 / 永久性居住地位于澳大利亚的个人（永久性居住地不在澳大利亚境内的除外，其在一个纳税年度内在澳大利亚境内实际停留时间超过一半的个人（习惯性住所不在澳大利亚境内的除外），缴纳联邦政府公务员养老金的个人（包括其配偶及 16 岁以下的孩子）。

此外，还有一种个人为澳大利亚临时税收居民的情形（temporary Australian resident）。这种情况通常为个人持有澳大利亚临时居民签证，可以进入澳大利亚境内并在限定的时间内停留（如一名跨国公司雇员经过人员调动被派遣到澳大利亚分公司工作三年）。该临时居民签证持有者在此期间负有特定的所得税、资本利得税和养老金的纳税义务。

（来源：中国国家税务总局和经济合作与发展组织资料综合整理）

6.5 中国遗产税立法前沿问题

一、遗产税的概述

遗产税，顾名思义，是针对巨额遗产征收的税种。对于富裕阶层来说，遗产税历来是一个敏感的话题，始终是一块隐秘的心病。放眼全球，遗产税也是引导财富迁徙和配置的一块风向标。各国对遗产税的纳税人有不同的规定，有的规定遗产继承人和受赠人是纳税人，有的则规定被继承人是纳税人，即向死人纳税，因此遗产税在这些国家也被称为“死人税”。基于通过赠与方式转移财产，是富人阶层逃避遗产税的惯用伎俩，因此，一般来说赠与税与遗产税都是并行征收的。

目前，全球大概有三分之二的国家与地区开征了遗产税，但是各国与地区具体执行的遗产税制度却存在很大的差别。

案例 6-5-1

2018 年 2 月，三星电子董事长李健熙（Lee Kun-hee）被韩国警方称发现他以 72 个不同三星高管的名字开设的 260 个新账户，隐匿财产，这些账户由三星核心监管机构负责管理，共有约 4000 亿韩元（约合 3.52 亿美元）。根据媒体披露，李健熙使用别人名下账户的主要原因是避税，尤其是“遗产税”。

案例 6-5-2

王永庆在我国台湾地区是一个家喻户晓的传奇式人物。自 1954 年筹资创办台塑公司，靠“坚持两权彻底分离”的管理制度，他的“台塑集团”发展成我国台湾地区企业的“王中之王”。

自 2006 年台塑集团的市值就达到了 1.8 兆台币，王永庆个人资产更高达 54 亿美元。然而 2008 年 10 月 15 日，在美国视察途中，王永庆老先生因心脏衰竭而辞世，享年 92 岁。由于事出突然，王永庆老先生并未留下关于遗产分配的只言片语，其生前亦未留下遗嘱。自此，王永庆老先生辞世后在我国台湾地区留下遗产价值逾 600 亿元新台币，一方面导致了其庞大家族对其遗产的争夺，另一方面我国台湾地区税务部门核定其继承人必须缴纳遗产税 119 亿元，创下了我国台湾地区最高遗产税纪录，引发了社会各界再一次对遗产税的热议。

王永庆名下遗产以股票为主，约占 8 成，金额约 500 亿元新台币；加上土地、高尔夫球证等财产，税务部门核定的遗产总额逾 600 亿元新台币。王家人向税务部门申请“夫妻剩余财产差额分配请求权”，有一半约 300 亿元新台币无须缴税；而另一半遗产，扣除捐赠、免税、扣除额等，遗产净额为 238 亿元新台币。根据我国台湾地区当时适用的 50% 的税率，台北市税务部门最终核定王永庆的遗产税需缴纳约 147 亿元新台币。由于依照我国台湾地区相关规定，遗产捐赠给合法的公益慈善团体，可以免课遗产税。于是王永庆的家人儿女决定把数十亿元财产捐给长庚医院基金会、信望爱基金会等四个公益慈善团体。税务部门审查后认定相关捐赠符合规定，重新计算税额为 119 亿元，遗产税数额依旧庞大，可抵全台两年税收，创下我国台湾地区最高金额遗产税纪录。

因为没有留下遗嘱，其遗嘱应该如何处理，须由王永庆的妻子与子女共同协商处理。与很多富豪家族一样，王永庆枝繁叶茂，他拥有三房太太，两个儿子，七个女儿，“四房”三姐弟也进行认祖归宗官司。但从各继承人的具体行动来看，协商并未取得显著成效，各继承人并不能达成一致共识，遗产争夺异常激烈。十二名继承人最终用“质押股票”和“借款”方式来筹集需缴纳的遗产税金。①

王永庆生前没有订立合法有效的遗嘱，没有就财产的继承问题事先做出安排，在我国台湾地区征收遗产税的情况下，遗产被课以重税，并导致继承人之间旷日持久的遗产继承纠纷。

二、遗产税的风险与防范措施

（一）提前通过赠与方式传承财产

如果是已经移民的高净值人士想要生前传承财富，建议采取不移民家庭成员通过赠与方式向移民的家庭成员进行传承。

---

① 网易新闻 . 王永庆遗产税 119 亿元，创我国台湾地区最高遗产税纪录［R/OL］.（2010-08-02）［2018-04-11］.http://news.163.com/10/0802/18/6D3OKKQI000146BD.html.

案例 6-5-3

持有美国绿卡的王总想在生前就将名下大笔财富传给儿子，那么考虑到美国赠与税的问题，王总可安排家庭成员中不移民美国的父母或者岳父母作为赠与人，将名下各类财富通过赠与的方式赠与移民美国的家庭成员（美国绿卡持有者）。根据美国税法，纳税人是赠与一方，因此只要作为赠与人不加入美国国籍，不取得美国绿卡，不属于美国税收居民，那么无论赠与多少，都无须缴纳美国赠与税。

在本书第四章，我们曾介绍赠与具有生前定向传承的优势，但赠与也有它显著的缺点：一是家庭成员中必须至少有一个不移民的成员在国内继续持有家族的巨额资产；二是频繁的、大笔的免缴纳赠与税的财富赠与，容易引起税务局部门的注意，引发税务稽查风险；三是一次性赠与大笔财产，如果受赠人缺乏财产管理的能力，容易导致财产被挥霍。

因此，对于有海外移民和海外投资计划的财富人群来说，建议在移民与投资前咨询专业人士，了解其移民 / 投资目标国的税务政策与税务风险，根据自身情况事先进行筹划设计，以免掉进税务陷阱而遭遇巨大财富损失。

（二）运用保险规划工具

在开征遗产税的国家，高净值人士往往会在生前将应税财产转为免税财产，通过购买保险并指定受益人来规避遗产税。

案例 6-5-4

2004 年，我国台湾地区首富蔡万霖辞世，他曾以拥有 85 亿美元私产位居全球富豪排行榜第六名。根据我国台湾地区“遗产税条例”的相关规定，遗产在一亿元新台币以上的，适用税率为 50%。即便是以蔡万霖死时被公认的身家财产 46 亿美元来估算，蔡家后人要缴纳的遗产税将高达约 782 亿元新台币。然而，以寿险、信托业务起家的蔡万霖对于避税之道很有心得，通过配置高额人寿保险、设立投资公司和对基金会进行运作等方式将其庞大的资产安全合法地转移给下一代。经过有效的税务规划，蔡万霖名下的财产所缴纳的遗产税额大大缩小，最终遗产税金只有6亿元新台币。①

首先，人寿保险金给付给指定受益人，不计入被保险人的遗产，即不会被征收遗产税。根据《民法典》继承编和《保险法》的规定，被保险人的人身保险赔款能否列入被保险人的遗产，取决于被保险人是否指定了受益人。未指定受益人的，或虽指定了受益人，但受益人在被保险人之前身故，或丧失、放弃收益权，没有其他受益人的，可以作为被保险人遗产处理，可以用来清偿债务和征收遗产税；指定了受益人的，由受益人享有，不计入被保险的遗产总额，当然也就不征收遗产税。

其次，购买人寿保险的现金支出可以降低未来遗产税的税基，并且为缴付遗产税的税金提供现金流支持。此外，保险赔款免缴个人所得税。根据《个人所得税法》第四条第（五）项规定，保险赔款免纳个人所得税。因为保险赔偿金是赔偿个人遭受意外不幸的损失，不属于个人收入，不属于个人所得税征收范围。

（三）运用信托规避遗产税

通过设立家族信托，并根据不同受益人的税务身份以及不同信托资产类别和所在地进行不同形式的税务筹划管理和分配，可以达到纳税递延、税种变更以及税率减低等效果。比如，乔布斯离世留下83亿元遗产，其中大部分资金放在一个信托项目中，这笔资金获得的超过利息部分的收益，会在免予遗产和赠与税的情况下，让下一代继承。

三、中国是否会开征遗产税

在中国，关于遗产税即将开征的“谣言”更是“前赴后继”，几乎每隔一段

① 搜狐网．不可不知的财富风险：婚变与税务［R/OL］．（2017-11-14）［2018-07-11］.http://www.sohu.com/a/204371132_676006.

时间就会被病毒传播一次，而且这其中不乏金融从业者、培训机构，甚至一些知名律师等。

那么，遗产税对于中国的税收立法乃至中国的富裕阶层规划，究竟扮演着一个什么样的角色？我想从如下三个方面来做简单的阐述。

第一，就立法“初心”和税收功能来说，遗产税不是为所谓“劫富济贫”而开征。

作为财富管理和税务规划律师，我们经常听到社会上的一个观点：开征遗产税是为了调解贫富差距。但真相是，遗产税从诞生之日起，就从未担负过调解贫富差距的重任。征收遗产税的初衷是增加政府收入，应付特殊情况（如战争）时的开支需求。遗产税税率根据开征国家的财政需要，经历过从低到高，又从高到低的过程。遗产税一旦使命完成，就可能被废除或提高起征点。

第二，取消遗产税是世界主流趋势。

1. 虽然全球有 100 多个国家开征过遗产税或对遗产课征税收，但取消遗产税已经成了全球当今主流趋势。部分曾经开征遗产税，后取消遗产税的国家清单：

加拿大 1972 年

澳大利亚 1978 年

以色列 1981 年

印度 1985 年

新西兰 1992 年

埃及 1996 年

塞浦路斯 2000 年

意大利 2001 年

瑞典 2005 年

俄罗斯 2006 年

奥地利 2008 年

新加坡 2008 年

……

2. 根据联合国的相关报告显示，全球贫富差距扩大 1% 人口掌握超半数财富。尤其是在已经征收遗产税的国家，其贫富差距不仅没有缩小，反而呈现出了扩大的态势，如美国（美国遗产税可以追溯到 1906 年，美国对公民和永久居民在全球的资产进行遗产税征收）。

3. 当一国政府寄希望于通过遗产税来达成缩小贫富差距之时，必然会导致避税或逃税的盛行，进而会导致本国巨额的资本外流。即使像美国这种早已开征遗产税的国家，也难以避免富裕人群利用慈善基金会、家族信托和离岸金融中心等进行避税的行为。遗产税对于美国政府收入来说微不足道，只占到联邦政府年财政收入 0.6% 左右（个别年份有差异）。

第三，中国未来亦不会开征遗产税。

先援引一段《财政部：从未发布遗产税相关条例或条例草案》的答复："我国目前并未开征遗产税，也从未发布遗产税相关条例或条例草案。从近年来遗产和赠与税的国际发展趋势看，征收遗产和赠与税在调节贫富差距的同时，可能会对一国的经济特别是国外资本流入和国内资本流出产生一定的影响，是否征收遗产和赠与税已逐步成为国家、地区间税收竞争、吸引投资的一项重要内容。部分开征遗产和赠与税的国家和地区近年来出现了取消或弱化该税种的趋势。下一步，财政部将继续跟踪国际上遗产税的发展趋势，进一步研究遗产税有关问题。"

个人认为，财政部的本段答复已经把遗产税是否开征的问题阐述得比较清楚了。所以，我们可以这样理解，遗产税不是一项能够在今日之中国落地开征的税种，既没有必要性，也不符合客观规律和历史潮流。个别机构或者个人利用所谓"遗产税开征"博取眼球、贩卖焦虑，或可谋一时之利，但终究会被良知和时间唾弃。

其实，如前所述，即使中国开征遗产税，规避遗产税的方法也有很多。向海外转移资产、购买信托基金、购买人寿保单和通过全球投资等途径，都有较好的避税功能。高净值人群，最需要面对的，实际并不是遗产税最终何年何月开征的问题，而是根据自身的需求与实际情况选择与制订合理、合法的财富保障与传承方案，才能最终使财富安全地、最大效益地传承给下一代。

6.6 企业主的特别税务风险与应对方案

一、企业主面临的特别税务风险剖析

2015 年，胡润研究院发布的《高净值人群医养白皮书》报告显示，中国净资产超过 1000 万元的高净值人群中，55% 是企业主，20% 是金领，剩下的 25% 是职业股民和炒房者。净资产超过 1 亿元的超高净值人群中，75% 是企业主，25% 是炒房子和炒股票的人。这说明在我国高净值人群当中，企业主占据了非常大的比例，他们的发展和壮大已经发展成一种值得关注的经济现象。

从企业运营的角度来看，企业主最大的风险是税务风险或者说是资金风险，也就意味着企业家在大部分时候很有可能没有进行税务的合规清缴，主要包括两方面：

一是企业的涉税行为不符合税收法规的规定，应纳税而未纳税、少纳税，从而面临补税、罚款、加收滞纳金、刑责（判刑、罚金）以及声誉损害等风险；

二是企业经营行为适用税法不准确。如家族企业经营实践中，经常存在企业家将公司资金用于个人或家庭，或将公司资金用于股东个人购买车辆和个人房屋的情况等。此时，根据相关税法规定，其实质为企业对股东进行了红利性质的实物分配，应按照“利息、股息、红利所得”项目征收个人所得税。企业涉税风险存在，既引起企业成本增加，产生一些不必要的支出，又导致企业信誉受损，产生负面影响。

当然，家业企业不分还有很多种表现，如家族成员之间不同公司发生关联交易、企业股东分红为避税采取股东借款的财务处理、企业虚假出资或抽逃注册资本等。一旦企业主忽略风险，未来不仅要承担税务上的惩罚，还有可能会

导致刑事责任、民事责任、行政责任三重不利后果。

二、企业主如何在税务风险中保全财富

税务筹划方案的合法性，要求目的合法、手段合法和程序合法。税务筹划的合理性和可行性，更是需要丰富的实操经验，运用不同的企业形式、节税工具，掌握好税收的各时间节点，综合筹划。以下仅简单列举几项以供参考。

（一）不同实业形式，税收政策是不同的

大体来说，企业实体可以通过改变收入性质，适合不同的税收政策。有限责任公司（含一人有限责任公司）、合伙企业、个人独资企业，乃至个体工商户，适用的税收政策各有差别。

比如说，一人有限责任公司和个人独资企业，看起来都只有一个老板，一个人控制，但税收政策完全不同。一人有限责任公司适用《企业所得税法》及其实施条例，企业层面需要就经营所得缴纳25%的企业所得税；如果为自然人股东，利润分配时还需要就分红所得缴纳20%的个人所得税。个人独资企业比照《个人所得税法》经营所得，适用5%—35%的五级超额累进税率，计算征收个人所得税。

当然，这些实业形式没有绝对的优与劣，一个理想的纳税模型，应当是根据收入的来源，结合未来的投资与费用，选择成立和适用不同的实业形式，最大化地利用节税税收政策。

2019年，中国政府大力减税降费，实施了大量利好中小微企业的税优政策，具有一定的节税空间。尤其对于难以取得进项抵扣发票的企业，可以利用管道公司和企业分拆等方式，争取适用小规模纳税人按3%征收率缴纳增值税的政策，合理降低税负。

（二）税务稽查是有期限的

《税收征收管理法》第八十六条规定：违反税收法律、行政法规应当给予行政处罚的行为，在五年内未被发现的，不再给予行政处罚。

比如，2019年3月1日，某稽查局对涉税情况进行检查发现，2012年甲公司通过多列支出手段，少缴2011年企业所得税30万元；2013年通过少列收入手段，少缴2012年企业所得税50万元。因此，2018年发现甲公司2012年多列支出、2013年少列收入的偷税行为，超过五年处罚期，可不予处罚。

（三）重视实际税负率，守住底线是可以降低风险的

如果企业（或一项业务）的实际税负率触碰了税务机关设定的警戒线，将会引发税务机关的高度关注。大数据治税，尤其要关注实际税负率，守住底线，不踩红线。

另外还要注意在实践中，税务机关基于税务征管效率，通常会以“成本无法准确核算”等理由对某些企业采取核定征收，对于高利润的行业和企业形态而言，采取核定征收往往可以降低实际税负。

（四）递延纳税是有价值和可行的

在税法、商业允许的范围内，企业可以通过相关合同条款的拟定，规划开具发票的时间，合法推迟纳税义务的产生。虽然不能减少纳税人纳税总额，但是相当于得到一笔无息贷款，获得资金的时间价值。

案例 6-6-1

今年45岁的赵先生是一位私营企业主，目前拥有四家品牌鞋业连锁专卖店经营公司，事业正处于上升阶段，每年都对企业再投入，计划增开连锁店。赵太太42岁，在一家外资企业担任主管。赵先生夫妇均有社保及商业保险。孩子12岁，今年下半年将升读初中。

赵先生家庭的理财目标有4个：购买300万元旺地商铺作为投资；将企业的风险与家庭隔离，避免企业可能发生的债务风险影响家庭生活；为孩子6年后海外留学做好教育金储备；提早做好退休养老规划，保证未来的生活水平与目前生活水平相当。

那么，赵先生如何才能科学达成上述4个理财目标呢？

（1）家庭财务状况分析及诊断

赵先生家庭处于成长期，从指标分析可看出收入较高，负债较少，资金积累较多，短期家庭的抗风险能力较强。但也存在以下不足：

其一，资产配置欠合理。总资产中，生息资产占72.22%，自用资产占27.27%。其中生息资产中，现金和活期存款占总资产的10%，其他生息资产占总资产的69%。总体来看，流动性资产规模偏高，但收益率不高，资产增值能力不足。建议降低流动性资产占比，以提高资产收益性。

其二，金融资产的收益率较低。赵先生家庭的投资与净资产比率偏低，说明通过投资提高净资产规模的能力偏低，不利于家庭财富的增长。从目前已有的金融产品的选择及赵先生家庭的风险承受能力来分析，可以考虑适当增加一定比例有一定风险但收益高的金融产品，通过投资提高净资产水平。

其三，家庭意外风险保障力不足。赵先生夫妇已购买一定额度的重大疾病保险并参加了社会保障和基本医疗保险，但是现有的保险不足以抵抗家庭的意外风险对已有生活水准及未来的生活目标的冲击，有必要进行补充完善。此外，赵先生家庭主要的经济来源于企业经营，应增加适当的财产保险。

其四，企业风险与家庭风险未有效隔离。建议增加购买人寿保险。万一企业破产，股票、存款等都会被冻结，只有人寿保单被冻结风险最小，而且不受债务人索债，债权人也不能要求受益人以保险收益来偿还债务，这是人寿保险投资和其他投资大不相同的地方。

（2）家庭理财规划及解决方案

第一，购置价值300万元商铺。

目前，赵先生家庭已拥有住房，能满足居住所需，现在购置300万元的房产规划是出于今后事业发展及投资需求考虑，按4.5万元 / 平方米计算，可购买近70平方米商铺。考虑到赵先生未来几年对企业继续投入及扩大经营，建议采取部分按揭方式购置。

如果5年还完贷款，则可选择首付60%，以7.04%的房贷利率计算，每月还款23784.09元；如果分10年还完贷款，则可选择首付50%，以7.2%的房贷利率计算，每月还款17571.28元。购置商铺后，资产配置得到改善，在不影响家庭资产流动性的情况下，以租金收入支付按揭贷款，扩大生息资产规模。

第二，子女教育规划。

赵先生表示，考虑未来把孩子送到加拿大留学。按现在的留学开支费用水平测算，到加拿大读大学 4 年的总费用约 95 万元，家庭已备 50 万元，缺口为 45 万。参照中国金融市场相关投资品种的历史表现，建议投资安排：购买货币市场基金 15%，国债 35%，专项储蓄 50%。根据此投资理财组合，每年预计投资收益率为 6.125%。

第三，退休养老规划。

赵先生家庭目前的生活水平每年开支 30 万元，距离退休还有 15 年，养老保障至少应规划到 80 岁。退休后按现行标准支出水平，考虑通胀及生活费增长后，赵先生家庭退休养老金应备 935 万元，已备商业养老保险金 120 万元，养老专项储蓄 100 万元，养老专项证券投资 20 万元，养老金缺口 695 万元。由于赵先生家庭现金流充沛，建议在退休养老金的储备上更多应考虑强制性，主要是投资长期国债和购买养老年金，这样能在保证基本收益率基础上建立退休保障。

第四，风险隔离规划。

赵先生家庭处于成长期，结合生活规划，购买保险应侧重于教育基金，以及夫妇俩自身寿险保障。基于家庭 10 年生活开支、夫妇寿险责任、债务偿还等测算，家庭保障需求为 403 万元，已备 300 万元，需求缺口为 103 万元。健康保障（夫妇二人重大疾病保障）需求 95 万元，已购买保障 50 万元，需求缺口 45 万元。

同时，由于赵先生家庭的主要收入来源是工资及经营收入，加强经营风险的管理是必须考虑的，由于连锁店中货物较多，还建议增加财产险，转嫁风险。[①]

---

① 高国辉，蒲春艳 . 企业主扩大经营时如何科学规避债务风险？［R/OL］.（2013-04-08）［2018-04-12］.http://finance.ce.cn/rolling/201304/08/t20130408_17090572.shtml.

案例 6-6-2

当A老板经营某企业多年（为方便，称“老公司”），面对“老公司”的经营风险，如果不想重蹈“范冰冰税案”的覆辙，除在未来加强税务合规外，A老板至少可以从以下三个步骤进行“税务筹划”，有效降低风险，进而打造“安全现金流”。

第一，A老板投资设立管道公司，用“管道公司”持有目前存在风险的“老公司”。管道公司不从事实质上的业务经营，利用“有限责任”把自己与“老公司”隔离开，降低风险；

第二，A老板将个人名下部分资产由管道公司持有，相比于自己持有，不仅有税收上的抵扣优势；也与个人财富风险、“老公司”风险相隔离，起到“防火墙”的作用；

第三，A老板将支出费用化。比如，每月可通过“管道公司”向有风险的“老公司”提供咨询或管理服务，收取咨询或服务费用。A老板不但可“暂时规避”个人所得税的支出，“老公司”还能取得可抵扣的专用发票；同时，“老公司”可向管道公司分红，管道公司取得的分红为免税收入，这笔免税收入经过合理的企业运营开支，最终通过费用化降低个人所得税负。

通过以上三个步骤，不但让A老板的税负更为合理，更主要的是在没有降低A老板家庭生活品质的情况下，提升了税务合规性和安全性，并且完善了合法资金来源和完税凭证。随着时间的推移，A老板原本的个人财富会成为“老钱”，管道公司中利润未来即使分红，税务成本也大幅降低。

6.7 结束语

我国私人财富正快步迈向“透明化时代”，涉税事项的处理将会越来越重要，处理不当将会引发严重的行政、刑事风险。此外，《民法典》继承制度中涉及多项税收条款。在对遗产的处理问题上，《民法典》对清偿被继承人依法应当缴纳的税款予以了明确规定。高净值人士需要及时关注国家法律动态、合理搭建交易架构，进行税收筹划、避免纳税调整雷区，才能在中国税制改革的浪潮中安全地进行财富保障与传承。

第七章

私人财富保障与传承的智慧角色——家族基金会

没有别人的帮助，将难有家庭的温暖。

——英国谚语

7.1 家族基金会的概念与国内外发展现状

一、家族基金会的概念

家族基金会，顾名思义由个人或家族出资，有自行设立的董事会和工作团队，有明确的宗旨、目标和规划，面向全社会提供服务。在家族基金会中，个人或家族的兴趣和意愿是决策行动的主要依据，这使得家族基金会的决策机制相对灵活，可以根据不断变化的社会需求拓展不同的领域，而且可以集中资源优势，在某一领域或项目上持续投入，向纵深发展。

1. 慈善安排是家族财富管理的标配

家族财富管理中的慈善安排，是家族资产管理的一个重要配置。其在家族资产传承、子女教育、家族文化的建立上有着不可替代的深远价值和意义。

在发达国家，将慈善作为终极安排的企业家很多，如巴菲特、比尔·盖茨等。中国（超）高净值人士慈善捐款方向一般以教育为主，尤其是捐给母校。另外，捐赠给家乡的扶贫和公益项目也是一个较为常见的选择。

案例 7–1–1

2017 年 6 月 9 日，胡润研究院发布《2017 胡润慈善榜》，100 名中国大陆最慷慨的慈善家上榜。浙江物流大王，传化集团创始人，56 岁的徐冠巨及其家族去年 10 月捐出总价值 30 亿元的现金和有价证券注入传化公益慈善基金成为中国首善，该基金主要用于精准扶贫、医疗与健康、教育与科技、绿色与生态、农业与农村以及员工发展与保障工作。徐冠巨家族以财富 230 亿元位列《2017

胡润全球富豪榜》第592名。"腾讯五虎"之一，46岁的陈一丹以22.5亿元捐赠额连续两年保持第二，主要捐赠是在中国香港设立全球最具规模的教育奖项"一丹奖"，被视为当代互联网慈善家的佼佼者。陈一丹以财富70亿元位列《2017胡润全球富豪榜》第2114名。地产大亨许家印捐赠12.4亿元排名第三，主要结对帮扶贵州省大方县捐赠30亿元，第二期帮扶资金10亿元已就位；以集团名义在广东扶贫日认捐2亿元；以集团名义向哈佛大学捐赠1.3亿元，用于健康、科学和绿色科技研究。自2005年起许家印已连续13年荣登胡润慈善榜，许家印目前持有恒大地产74%的股份，以财富830亿元位列《2017胡润全球富豪榜》第98名。[①]

前十名慈善家

	姓名	捐赠额（亿元人民币）	主要捐赠方向	公司	年龄	主要行业
1*	徐冠巨家族	30	社会公益	传化	56	物流、化工、投资
2-	陈一丹	22.5	教育	腾讯	46	IT、娱乐
3 ↑	许家印	12.4	扶贫、社会公益、文化、教育	恒大	59	房地产、投资
4 ↑	卢志强	11.6	教育、扶贫	泛海	65	房地产、金融、投资
5*	陈天桥、雒芊芊夫妇	8.1	医疗	盛大	44	投资
6 ↓	王健林家族	6.5	扶贫、社会公益	万达	63	房地产、金融
7 ↓	黄如论	4.54	教育、基础设施建设、扶贫	世纪金源	66	房地产
8*	胡葆森	4.53	基础设施建设、教育	建业	67	房地产

① 搜狐网.用数据看清2017中国公益行业［R/OL］.（2018-04-27）［2018-07-11］.https://www.sohu.com/a/229751118_351230.

续表

	姓名	捐赠额（亿元人民币）	主要捐赠方向	公司	年龄	主要行业
9*	杨国强、杨惠妍父女	4.46	扶贫、社会公益、教育	碧桂园	62、36	房地产
10*	熊新翔	3.9	教育	博恩	49	互联网金融

来源：《2017 胡润慈善榜》

* 表示对比去年新进入前十名　↑表示对比去年排名上升　↓表示对比去年排名下降

– 表示对比去年排名不变

前十名中有超过一半的企业家选择捐助教育以及扶贫。

前十名中有 70% 涉足地产和金融行业；从事 IT 的有 2 位。

前十名门槛比去年上升 4 成多。

2. 适当比例的慈善安排，对家族财富保障与传承也大有裨益

家族慈善解决了如何有意义地花钱这一问题，而且还承担起一个家族关于传统及价值观的传承重任。成功的中国企业家正处于一个资产配置和传承的关键时期，采用规范的方法积累慈善基金，并使其呈现出持续增长的态势，对家族财富、社会发展都非常有益。

案例 7-1-2

叶先生的企业刚刚上市，变现了大量资产。叶先生是一个非常有家庭责任感的人，他与太太的家族兄弟姐妹们比较多，叶先生经常资助家庭成员中的晚辈。叶先生自己也有一双儿女，叶先生很重视子女的教育，不想让孩子过早地接触大量的金钱，希望对于家族的财务支持，能够有更为长久的一种方式。

由于经商多年，看到身边很多朋友在商海中沉浮的经历，他希望自己的资产有一个安全性和确定性的保障，他还希望在慈善方面对家族资产做出安排，传承家族财富和精神。

根据叶先生的相关需求，通过家族基金会的设立，无论是家族基金会的内部工作，还是慈善活动，让他的太太、儿子和女儿，以及他和太太的亲人们能得到妥善的安排，而且按照叶先生的意愿，把资金在他的家乡做相应的慈善安排，他只需要定时检查慈善结果就可以了。

二、家族基金会国内外发展现状

美国家族基金起源于镀金时代的富豪家族，包括摩根、洛克菲勒家族基金和卡内基·梅隆等，为管理和传承家族资产成立的家族办公室。两个世纪以后，虽然这些家族已经没有超级富豪了，但是这些家族掌控的总资产还是以百亿计，而这些家族能够几代传承甚至超越世纪的主要原因，就是他们的家族财富都是通过家族基金的方式集中管理的。

案例 7-1-3

美国的第一个家族基金是洛克菲勒的家族办公室。约翰·洛克菲勒在积累了巨大的石油财富（福布斯估计在2008年的价值超过6000亿美元）之后把资产分成了几个部分：一部分捐赠给教育和科研，包括芝加哥大学和洛克菲勒大学等；一部分捐赠给了洛克菲勒基金会，永久存续地为各种社会公益事业提供帮助，管理着几十亿美元的资产；一部分留在洛克菲勒家族基金，就是现在的洛克菲勒金融公司，为洛克菲勒家族和其他机构管理超过300亿美元的资产。通过家族基金会的资产传承保证了洛克菲勒家族虽然再也没有出现过约翰·洛克菲勒一样的商业巨子，但同样在美国的政治、经济、文化、慈善等领域保持着巨大的影响力。

洛克菲勒把慈善作为处理巨大剩余财富的途径之外，也将之视为解决社会转型过程中急剧出现的社会问题的方法。洛克菲勒基金会设立之后，慈善成为洛克菲勒家族的核心价值观之一。赋予每一代洛克菲勒人以慈善热情，是洛克菲勒家族每年家族聚会的主题。因为对家族慈善文化高度认同，洛克菲勒的后人又先后建立了洛克菲勒兄弟基金会和洛克菲勒家庭基金会。自20世纪40年代以来，洛克菲勒基金会就开始资助对提高发展中国家农业生产力水平的研究，引领了全世界的第一次“绿色革命”，累计拯救了超过10亿人的生命。其另一核心关注领域是医疗卫生。众所周知，中国也是受益国之一。其中，1921 年落成的协和医学院是洛克菲勒基金会在海外单项拨款数目最大、时间延续最长的慈善援助项目，培养了林巧稚等一批顶尖医学精英，为后来中国现代医学的发展打下了基础。

家族基金会在家族传承方面也有正向作用。如今，洛克菲勒家族已经传承到了第六代，依然显赫全球。[①]

美国慈善制度的发达，以及其税收优惠配套制度的健全和完善，鼓励富豪们在大力推进慈善公益事业的同时，灵活设计法律架构，把公益与私益相结合，实现家族财富以慈善的方式进行代际传承。

案例 7–1–4

比尔及梅琳达·盖茨基金会由世界首富比尔·盖茨与其妻子梅琳达·盖茨于 2000 年作为创始人设立，是世界上最大的公开运营的私人基金会。基金会的目标是在发展中国家改善人们的健康状况，使他们有机会摆脱饥饿和极端贫困。基金会设立在西雅图，由基金会的三个理事控制：比尔·盖茨、梅琳达·盖茨以及沃伦·巴菲特。

根据美国国家税务局的信息，比尔及梅琳达·盖茨基金会是非营利性质的慈善机构，享受联邦所得税（税率为 15%—39%）豁免和州所得税及地方所得税（税率为 12% 以下）豁免的待遇。根据美国税法，任何向享受该等税收豁免待遇的机构做出的捐赠，均可在缴纳所得时予以扣除，从而使得捐赠人可以因其捐赠而少交一部分所得税款。作为一个慈善基金会，比尔及梅琳达·盖茨基金会需每年捐出相当其资产价值 5% 的财产。根据基金会官方网站上公布的数据，基金会现有员工 1116 人，自成立以后资助发放总额已经超过了 261 亿美元。

2006 年 10 月，基金会的理事设立了一种双实体结构：比尔及梅琳达·盖茨

---

① 顶亚商务 . 家族传承的 N 钟可能性［R/OL］.（2017-10-26）［2017-07-11］.http://www.gsc-offshore.com/post-2384.html.

基金会（基金会）和比尔及梅琳达·盖茨信托基金（信托基金）。这两个实体均为慈善信托形式的免税私人基金会，每个实体都有其明确的目标：基金会致力于减少全球范围内的不平等现象。

2007 年，基金会的创始人比尔·盖茨获评全美第二慷慨的慈善家。根据维基百科的数据，2013 年 5 月 16 日，比尔·盖茨已向基金会捐赠了 280 亿美元。[①]

2020 年，新冠疫情在全球暴发后，比尔及梅琳达·盖茨基金会官方宣布，承诺最高捐赠 1 亿美元，用于支持全球应对新型冠状病毒（2019-nCoV）疫情，这笔捐赠资金包括其在 1 月末已承诺投入抗疫的 1000 万美元。

提起盖茨基金会，不得不提巴菲特，巴菲特的礼物让盖茨基金会的资产翻倍。2006 年 6 月，巴菲特宣布向盖茨基金会捐赠当时价值约 310 亿美元的股票。天上不会掉馅饼，盖茨基金会的运作模式才是巴菲特选择其作为捐赠对象的重要原因之一。以“投资”的眼光来看待慈善事业：合理投资—高额回报—部分收益用于慈善，剩余收益和本金继续投资。

随着我国创富一代逐渐面临传承的问题，很多人把慈善传承与财富和事业的传承一并提上议事日程。设立家族基金会，聘请专业人员辅佐家族成员，“善”用财富是很多创富一代采取的方法。

案例 7-1-5

有感于中国西北的严重沙化问题的企业家们，为了改善和恢复内蒙古阿拉善地区的生态环境，减缓或遏制沙尘暴的发生，于 2004 年 6 月 5 日成立了这家以保护地球生态为目标的 NGO（非政府组织）公益机构——阿拉善慈善生态协会。2008 年，由阿拉善 SEE 生态协会发起成立了阿拉善慈善基金会，阿拉善慈善基金会是一个由“大腕级”慈善企业组成的环保组织，国内很多一线优秀企业家都已加入。

---

① 凤凰网 . 比尔及梅琳达·盖茨基金会：承担那些真正的难题［R/OL］.（2011-11-16）［2018-07-11］.http://finance.ifeng.com/money/wealth/millionaire/20101116/2892573.shtml.

阿拉善慈善基金连续几年投了几个亿的资金，用于当地的沙漠化治理和全国的环境污染治理，相继支持了 300 多家企业，400 多个项目。阿拉善慈善基金目前正在进行规范管理、治理提升的尝试，已走在国内慈善基金管理的前列。基金在更多体现捐赠人意识的前提下，也为捐赠人的资产增值做了全面的铺垫和安排。[①]

2014 年，中国基金会中心网对中国家族基金会给出如下判断标准：基金会名称包含家族名称；基金会发起人或出资人为个人或家庭；家族成员在基金会任职。

可以预见的是，随着中国经济的继续发展，中国现代慈善体制的进一步完善，企业家创办的家族基金会将成为中国特色现代慈善的生力军之一。而要实现这一目标，还需要政府的扶持、社会的支持和舆论的引导，特别是法律制度的跟进，如逐步简化注册登记程序、税收上给予明确的优惠措施和立法支持等。

从家族基金会自身发展的角度来讲，必须明确家族价值观。家族价值观是家族基金会的灵魂所在。在西方社会，特别是美国，家族基金会具体做了什么项目，因历史久远，可能已经没人记得了，但是他们的基本理念或者基本价值观，却是大家耳熟能详的，很多家族基金会的宗旨是既能推动公益事业的发展，又能促进社会的发展和进步。正像中国企业必须走向世界一样，中国的慈善、中国的家族基金会也应该走向全世界，拓宽国际化视野，不断学习完善。

7.2 家族基金会的功能

家族基金会的作用，简单来说包含教化、纽带和传承等功能。

第一，家族基金会的教化功能。

中国的很多富一代都是在艰苦奋斗中闯出来的，他们深知今天幸福生活的

---

① 搜狐网 . 郑锦桥：慈善安排是家族财富管理的标配 [R/OL] . (2016-10-28) [2018-07-11] . http://www.sohu.com/a/117462395_481658.

来之不易，但他们的子女——被称为“含着金钥匙出生”的富二代，经常是衣来伸手、饭来张口，从来不用为生活生计发愁，也许他们根本就不知道世界上还有贫困。通过家族基金会的慈善活动和行为，既能帮助他人，也能对富二代们进行忆苦思甜式的精神教育。

第二，家族基金会的纽带功能。

家族基金会不仅是一个慈善救助的实体机构，还是一个家族精神文化寄托和传承的重要载体，是家族成员联系沟通的有力纽带。在家族基金会的延续和传承中，每一代成长起来的、成为领袖、成为精英的家族成员，他们的成长足迹、精神风貌、文化取向和价值内涵等有形或无形的印记都可以在这里有所记载和体现，也必将通过这里来发扬光大，这也将有效激励后来的家族成员不断成长并实现超越。

第三，家族基金会的传承功能。

对于高净值家族的传承来说，家族基金会是家族文化不断升华、永续传承的重要载体。设立家族慈善基金会，能够改变家族成员对于巨额家族财富分配的预期，创一代的这种安排会让二代意识到，家族的财富并不当然地留给二代，二代应该自己开创事业。同时，这种安排也为家族后代留下一个心理预期：每个成员都应该为自己的生活方式和经济状况负责，而不应指望家族财富的分配。这是慈善和家族基金会相结合产生的“化学反应”，能够在很大程度上解决目前层出不穷的“金钱惯坏下一代”的问题。①

另外，家族发展至第二代、第三代后，成员众多，基金会也能用来安置那些不愿加入家族企业的家族后代，让他们仍然是家族事业（慈善基金会事业）的一分子。基金会也可以用来训练那些希望在未来加入家族企业的家族后代。很多创一代普遍认为，通过参与家族慈善事业使家族后代成员获得的发展，比将财富直接交接给他们所能获得的发展更大。②

在中国现行的慈善法律框架下，慈善基金会与慈善信托是目前最重要的两

---

① 张映宇 . 家族基金会的三大作用［N/OL］.（2017-08-29）［2018-04-25］.http://www.gongyishibao.com/ html/zhuanlan/2017/0829/12345.html.

② 李・豪斯纳，道格拉斯・克・佛里曼 . 遗产家族，帕尔格雷夫・麦克米伦［M］.2009:104.

种慈善模式。

案例 7-2-1

谈到慈善基金会，在中国，就不得不提曹德旺和他的“河仁基金会”，这是全国第一也是目前唯一经由国务院审批、以金融资产（上市公司股票）创办的全国性非公募基金会。

发起人曹德旺先生是我国著名企业家、玻璃大王、福耀集团董事局主席。“河仁”二字为曹德旺父亲曹河仁之名，寓意“上善若水、厚德载物”。他捐出其家族所持福耀集团的3亿股权，当时总市值为35.49亿元人民币。从这个角度来讲，也可以称为曹氏家族慈善基金会。

河仁慈善基金会是以国务院侨务办公室为主管单位的涉侨基金会，成立之前，曹先生捐赠股票成立基金会支持社会公益慈善事业的想法，面临诸多体制上的不便，为促成此创新之举，国侨办做了大量的协调推动工作，股捐形式得到了多位国家领导人的关注和支持。河仁慈善基金会在资金注入方式、运作模式和管理规则等方面开创了中国基金会的先河。

在2009年2月，曹德旺宣布将捐出其曹氏家族持有的福耀玻璃的70%股份来成立慈善基金。之后，引起不少人热议。当时，曹氏家族共持有福耀玻璃股票10.8亿股，其全部股票的70%约有7.56亿股，按照福耀玻璃2009年2月16日的收盘价6.49元/股计算，这部分的股份达到43.8亿元。

国人议论的起因，主要是因为福耀玻璃公告中表示：为保持曹氏家族对公司控制地位不变，曹德旺在捐赠协议中要求“受捐单位在持有公司股票期间以及其今后有大宗交易等涉及公司事务时，一律授权第二大股东表决”。虽然有法学家出来说明，这种安排并不违反我国法律规定，但仍有人质疑其股捐的真实意图。其实早在成立家族基金会之前，曹德旺家族捐款支持慈善事业已经达到几十个亿。当慈善成了一个企业家的另一项追求，家族企业与慈善事业便同时放入了他生命天平两端的托盘之中，二者相辅相成，家族企业向慈善事业提供源泉，慈善事业助力家族企业发展。

河仁慈善基金会成立之后，作为A股上市公司福耀玻璃的两个大股东，基金会持股近15%，另一个大股东是注册在中国香港的三益发展有限公司，持股近20%。据相关资料显示和披露，三益发展有限公司是由曹德旺先生实际控制，两个大股东股权比例占到了35%左右。按照相关规定，企业捐赠后，必须办理股权变更手续，不再对已捐赠股权行使股东权利，并不得要求受赠单位予以经济回报。曹德旺家族捐赠股票之后，所有权不在曹家，而属于基金会所有，股东权利义务由基金会行使和承担。当然，基金会如何行使股东权利，如何行使表决权，如何参加公司董事会，均为其独立享有的权利，只要依法履行法律和章程规定的程序，完全可以形成一致的行动意见，任何人都无权干预。

关于基金会权力机构理事会的人选构成问题，我国《基金会管理条例》规定：理事会理事由5人至25人组成，每届任期不得超过5年，任期届满，连选可以连任；非公募基金会，相互间有近亲属关系的基金会理事，总数不得超过理事总人数的三分之一。

家族慈善基金会设立完成，福耀玻璃企业形象提升很快，公司股价和企业效益一路攀升。曹德旺的儿子曹晖自2006年9月16日以来，任上市公司董事、总经理，负责公司的日常经营管理，家族企业正逐步完成代际传承和接班。①

在中国现行法律制度体系下，家族基金会的功能和作用往往相对有限，设立家族基金会以及家族基金会接受捐赠也都会面临一些体制上的障碍。从税务角度来看，对于受赠人来说，根据目前所得税法的相关规定，接受捐赠的一方要就其受赠所得缴纳所得税。在曹德旺先生的案例中，从河仁基金会官方网站上公布的组织章程中可以发现，基金会接受曹德旺家族捐赠的股票，“在过户手续完成后，由基金会缴纳”所得税。据媒体报道，经与相关部门反复协调，经特批后，价值35亿元的股票捐赠涉及的税款高达5亿元，分5年缴纳。就全世界的基金会而言，这样的税务负担无疑是较重而且不合理的，不利于慈善基金会募集资金开展慈善活动。

---

① 贾明军，王小成．三大家族基金会的运作模式［R/OL］．（2015-06-19）［2018-04-07］.http://finance.eastmoney.com/news/1622，20150619519078984.html.

除了税务负担的问题，摆在中国家族基金会面前的另一大难题就是功能限制，根据现行《基金会管理条例》的规定，基金会“以行使公益事业为目的”，“基金会依照章程从事公益活动，应当遵循公开、透明的原则”。也就是说，中国家族基金会的目的受到法规的严格限制，只能以公益为唯一目的。

案例 7-2-2

牛根生决定要做家族基金会，而且要做“活”、做到“长治久安”，所以，他“考察学习了欧美国家近百年来已发展得相当成熟的慈善资产管理方式和机构运营模式，然后在国内外专业人士的帮助下，完成了慈善财产的信托化”，委托中国香港一家专业资产管理机构管理投资老牛基金会的资产。

老牛基金会是一个依托公益信托的家族基金会，公益信托、家族基金会，这两个模式在中国都是首创。这种方式的好处主要体现在：一方面在不耽误慈善目的的同时，将捐赠财产置于家族信托下，如果基金会停止运作了，剩余的财产由于还处于家族信托下，所以无须转移给目的相似的其他公益机构，从而能够最大限度地保全家族财富；另一方面最大限度地利用了基金会税务优惠和信托运作灵活的优势。但这种方式有其缺点，主要体现在家族信托的机制不是很成熟，具有一定的不确定性。

7.3 家族基金会的设立与管理模式

中国的家族基金会作为一个慈善类的基金会，首先要受到《慈善法》的诸多制约和影响，《慈善法》第四十条就明确规定“捐赠人与慈善组织约定捐赠财产的用途和受益人时，不得指定捐赠人的利害关系人作为受益人”，这就点出了家族基金会在家族成员救助中的固有缺陷，即来源于家族捐赠的家族基金会无法捐资救助困难的家族成员。言外之意，就是如果家族成员出现贫困等影响生活发展的问题时，将不能通过家族基金会来救助。

一、信托结构下的慈善基金

根据性质不同，慈善基金会分为两种形式：公募和非公募，如“红十字”基金会、青少年基金会、宋庆龄基金会等，可以向不特定人群募捐资金，它们是公募基金会。企业的慈善基金会形式属于后者，即基金会没有向社会筹集捐款的权利。

按照国务院 2004 年 6 月 1 日颁布的《基金会管理条例》第八条规定，企业慈善基金会成立的条件如下：为特定的公益目的而设立；非公募基金会的原始基金不低于 200 万元人民币，原始基金必须为到账货币资金；有规范的名称、章程、组织机构以及与其开展活动相适应的专职工作人员；有固定的住所；能够独立承担民事责任。

慈善基金会有多种设立方式，既可以现金方式设立，也可以资产（如股票）方式设立。并且慈善基金既可以独立存在，也可以在信托结构下存在。在信托结构下的家族慈善基金可以指定专门的管理人，受托人作为监督机构行使职责，使慈善基金的管理更加透明、规范。

将慈善基金放在信托结构下，更加有利于慈善基金与信托架构之间功能的互补，便于家族更好地管理与控制慈善基金。基金会与信托在法律架构上有着一定的区别，基金会具有法人资格，没有股东。它可以拥有自己的财产，并独立承担责任。而信托不具有法人资格。

捐赠人捐出资金成立基金会，并由基金会用这些资金去开展慈善活动，给需要帮助的人。在英、美法律体系下，基金会用这些资金做慈善的同时，也可以给捐赠人孩子和配偶进行定期的资金分配。同时，捐赠人可以把其他的财产用信托的方式交给基金会持有，从而保证家族的资产不被孩子将来的配偶或债权人拿走。

案例 7-3-1

1982 年，宜家的创始人瑞典亿万富翁坎普拉德（Ingvar Kamprad）在荷兰创立了斯帝廷·英格卡（Stichting Ingka）基金会，这是世界上最大的慈善基金会，同时也是全球最大的非营利组织。基金会章程中申明基金会“致力于提升建筑与室内设计领域内的创新”。斯帝廷·英格卡基金会拥有设立在荷兰莱顿的英格卡控股公司（Ingka Holding），旗下拥有三百多家宜家品牌折扣店。据报道，斯帝廷·英格卡基金会章程规定基金会的资金只能用于两个目的：一是用于宜家的投资运营，二是用于慈善。

2006 年，国际权威媒体——英国《经济学人》杂志发表文章认为，斯帝廷·英格卡基金大约拥有 360 亿美元价值的财产，是当时世界上最富有的慈善机构。

2011 年，斯帝廷·英格卡基金会宣布将提高捐赠金额至每年 1 亿欧元，其中将在三年时间内每年捐赠 4000 万欧元给肯尼亚的达达布（Dadaab）地区，其余资金将分别用于联合国机构和救助儿童的项目。[①]

二、慈善基金的成立时间

做慈善的时间其实就是转变的时刻，是资源被释放出来重新进行配置的时候。通常，创业一代着手建立私人基金会做慈善常在其 55 岁（或者更晚的年龄）以后。过去十年，世界范围内慈善事业的发展主要受益于企业资产的配置。私人基金会一直伴着家族企业而存在，家族企业通常会将每年产生的利润捐赠给私人基金会。近年来这种细水长流式的捐赠正在被一种新的方式所取代：财富所有人通常在获得最大的资产收入时（如出售企业）向慈善机构进行一次较大金额的捐赠。

三、关于家族基金会的问题清单

（超）高净值人士在打算设立家族基金会时应该考虑的问题有哪些？以下清单可用来评估审视一个成功的家族基金会的关键要素，以及基金会创设人着手从事慈善的准备程度。

---

① 公益时报 . 宜家基金会：赚钱慈善两不误［R/OL］.（2016-03-03）［2018-07-12］.http://www.gongyishibao.com/html/guojianli/9406.html.

- **设立私人基金会问题清单**

1. 您有已经想好或正在打算的慈善目标吗？
2. 您会将年净收入的 5% 或者更多部分用于慈善捐赠吗？
3. 您想参与到慈善事业中吗？
4. 您的基金会最终能够达到资产价值 400 万美元的级别吗？
5. 您想亲身参与到您支持的慈善活动中吗？
6. 您想让自己的家庭成员参与到慈善事业中吗？
7. 您的私人基金会会存续 / 活跃 25 年吗？
8. 您拥有开展一项慈善事业的技巧、天赋和爱好吗？
9. 您享受身处组织有序的状态中吗？
10. 您认为慈善组织应该对资金捐助者负责吗？

关于这份问题清单，只需回答“是”或者“否”就可以。如果十个答案中有七个或者更多的“是”，则说明私人基金会对于这个人或家庭来说是比较合适的配置。如果低于六个“是”，说明还要再好好考虑一下。

7.4　家族基金会在财富保障与传承中的优势与前景

事实上，“向贫困根源开战”的慈善理念和实践，在中国历史上并不鲜见。如清末企业家张謇，就明志要以教育开启民智。除一般慈善机构外，他还举办了育婴堂、养老院、医院、贫民工厂、残废院、盲哑学校等，从理念到实践都符合现代公益慈善观念。甚至对于残疾人，他也不曾视其为怜悯和救济的对象，而是教育、培养他们拥有自立能力，成为对社会有用的人。

由于社会动荡，这些慈善理念和实践在中国一度中断。随着中国的一些富人开始探索“散财之道”，家族基金会逐渐兴起。但自 1994 年《人民日报》“为慈善正名”至今，二十年过去，中国大陆的家族基金会仍寥寥无几。基金会中心网、社会科学文献出版社共同发布了《基金会绿皮书：中国基金会发展独立研究报告（2017）》，报告利用基金会中心网采集的最新年报数据，对中国基金会2015年的发展状况进行了系统分析。总的来看，2015年中国基金会进一步快速发展，但中国家族基金会数量还非常少，不到100家，且大多数规模比较小，与发达国家还有很大的差距，是未来中国家族基金会需要大力发展的方向。

在现实中，中国慈善事业中的绝大多数捐赠都是依托基金会进行。未来，相信关于基金会的法规政策会进一步调整，包括税收法律和基金会管理的相关条例的进一步完善，会有越来越多的高净值人群参与慈善事业，从而使得中国慈善基金会更好地向前发展。

法条链接

◇《慈善法》

第八条 本法所称慈善组织，是指依法成立、符合本法规定，以面向社会开展慈善活动为宗旨的非营利性组织。

慈善组织可以采取基金会、社会团体、社会服务机构等组织形式。

第七十九条 慈善组织及其取得的收入依法享受税收优惠。

第八十条 自然人、法人和其他组织捐赠财产用于慈善活动的，依法享受税收优惠。企业慈善捐赠支出超过法律规定的准予在计算企业所得税应纳税所得额时当年扣除的部分，允许结转以后三年内在计算应纳税所得额时扣除。

境外捐赠用于慈善活动的物资，依法减征或者免征进口关税和进口环节增值税。

◇《慈善信托管理办法》

第十四条 慈善信托文件应当载明下列事项：

（一）慈善信托名称；

（二）慈善信托目的；

（三）委托人、受托人的姓名或者名称、住所，如设置监察人，监察人的姓名或者名称、住所；

（四）受益人范围及选定的程序和方法；

（五）信托财产的范围、种类、状况和管理方法；

（六）年度慈善支出的比例或数额；

（七）信息披露的内容和方式；

（八）受益人取得信托利益的形式和方法；

（九）信托报酬收取标准和方法。

除前款所列事项外，可以载明信托期限、新受托人的选任方式、信托终止事由、争议解决方式等事项。

7.5　结束语

对于早已获得财富自由的高净值人士来说，单纯的物质财富的传承已经不能完全满足其需求，如何将物质财富与精神财富一起传承，应该是高净值家庭更关注的问题。而慈善，可以说是精神财富传承的最好工具之一，既回馈了社会，又树立了家风。

虽然未来仍有诸多不确定的因素，但是，思考财富的意义和归宿，回应转型时期的社会需求，对于改革开放后的这一代高净值人群来说，是孜孜以求的传承目标。以历史为鉴，创办家族基金会，通过"给予的艺术"把早年积累的巨额财富转化成社会创新和社会进步的推动力，是利家、利民和利国的多赢选择之一。

第八章

私人财富保障与传承中的王冠
——家族信托

信托就是坟墓中伸出来的一只手，紧紧地抓住自己的钱袋子。

——欧洲谚语

近年来，由于大量西方成功家族案例的报道，家族信托越来越为国人所熟知，更是逐渐被超高净值家族所认可。

传统的继承方式处理身后事存在弊端，究其原因就是高净值人士身后的事情，已脱离了其相应的控制和管理。而家族信托的设立人在生前不仅可以将财产交付给家里人，同时还可以针对继承的弊端进行一系列的规则限制。只要信托规则条款制订得体恰当，在专业受托人管理下，即使设立人离世，这类信托也可以持续按照信托契约规定的方式“自动运行”，不会受到其他因素的干扰。

8.1 家族信托的概念与类型

家族信托能超越我们人类生理和意志的极限，身后也能牢牢控制住财富，成为财富的保险柜。家族信托是对冲家业风险的最优工具，包括子女保障信托、企业风险隔离信托、家族成员保障信托、隔代传承信托、保险金信托以及家族慈善信托等多种模式。

一、家族信托的概念

信托制度的目的在于传承和保护家庭财产，通过一种独特的方案设计，以规避现有法令政策对财产管理和遗产继承的严格限制，而并非是出于对投资的需求以及财富增值的渴望。信托制度诞生之初主要是以家族信托为主要的表现形式，用以经营管理家族财产，涉及家庭和个人财产的管理、处分，遗产的继承和管理等事项。

因此，我们可以这样定义家族信托，它是以家庭财富的管理、传承和保护为目的的信托，在内容上既包括以资产管理、投资组合等理财服务，实现对家族资产负债的全面管理；还包括提供财富转移、遗产规划、税务策划、子女教育、家族治理和慈善事业等多方面的服务。

一般来说，有设立家族信托需求的人群通常为拥有家族企业或者巨大家族财富的个人或者家庭，以满足其财富有效传承的需求。而家族信托的受益人可以是委托人本身或者由委托人指定的任何人。委托人可以根据自己的意愿更改信托受益人，或者在设立家族信托之初就对受益人进行限制，即只有受益人在满足委托人设定的条件时才享有受益权。

信托制度虽始于英国，但中华文明在5000年的发展历史中，也呈现出源远流长的信义重托文化，典型案例如春秋时期的赵氏孤儿、三国时期的白帝城托孤等。如今，中国家族信托业务发展方兴未艾，正是中国传统信义文化与现代信托制度结合的良好开端。

二、家族信托的类型

根据不同的划分标准可以将家族信托分为不同的类型，但由于实践中信托功能的多元化以及信托产品的复杂化，各信托类型之间的界限划分也趋于弱化。

（一）按设立地不同进行的划分

1. 在岸家族信托

又称境内信托，顾名思义就是设立在国内的家族信托，信托关系人以及信托行为均在国内完成的信托。由于国内信托适用的是该国的国内法，因此，在某些法律制度欠发达的地区，在岸家族信托的适用程度会有所限制。

2. 离岸家族信托

又称境外信托，顾名思义就是设立在国外的家族信托，信托关系人以及信托行为均在境外进行的信托。一般来说，离岸家族信托由设立地的法院管辖，因此，委托人可根据有利于自身的外国法来选择离岸家族信托的设立地，可选择的余地更为宽裕。

（二）按信托内容不同进行的划分

家族信托管理的内容主要为管理事务和管理财产，因此，根据管理内容的不同分为事务管理型家族信托和财产管理型家族信托。

1. 事务管理型

事务管理型家族信托是指委托人以完成家族事务管理为目的将信托财产交给受托人，指令受托人根据委托人的意愿从事家族事务管理。此种类型的家族信托由委托人做主导，受托人一般不主动对财产进行管理或者处分。受托人利用信托财产的独立性、风险有效隔离等制度优势，为委托人提供个性化的管理服务。例如，委托人离婚后孩子的抚养权不归自己，但是想给孩子留一笔生活资金，又不放心一次性交由其他家庭成员保管，于是委托人可以该笔资金设立家族信托，并指定委托人该笔资金仅用于子女的生活费。

2. 财产管理型

财产管理型家族信托是指以管理信托财产为主要内容的家族信托，委托人将信托财产（动产或不动产）交付给受托人，受托人通过对资金的管理和使用来实现对信托财产的保值增值。该类家族信托更多地倾向于一种投资，因此该种财产管理的功能并非信托所独有，但相较于其他投资方式，财产管理型家族信托独有的财产转移功能、长期控制规划以及灵活方便等特点，使其更具自身的独特性，也更加受到高净值人士的追捧。

（三）按信托财产对象不同进行的划分

按照信托财产对象的不同，大致可以分为资金管理家族信托、股权管理家族信托、不动产管理家族信托、文物、收藏品管理家族信托以及保险金家族信托五类。

1. 资金管理家族信托

资金管理家族信托是一种以金钱为标的的家族信托，一般以获取适当的收益为目的，受托人按照委托人的意愿以受托人的名义代为管理、运用和处分委托人的资金。

2. 股权管理家族信托

顾名思义，股权管理家族信托是以企业股权作为信托财产标的的家族信托。委托人将其拥有的股权转移给受托人，由受托人按照委托人的意愿以受托人的名义，代为管理和处分股权的行为。此时受托人作为名义股东，根据委托人的意愿持有企业股权，但不参与经营管理，委托人授权的除外。

3. 不动产管理家族信托

不动产管理家族信托是指委托人将自己的不动产作为信托财产标的的家族信托，受托人根据委托人的意愿为受益人的利益或特定目的对不动产加以管理、处分与运用。管理的方式包括但不限于出租、维护、投资等。

4. 文物、收藏品管理家族信托

文物、收藏品管理家庭信托是指委托人以文物、收藏品等作为信托财产标的的家族信托，受托人根据委托人的意愿以受托人的名义对该文物、收藏品等进行投资，再以其藏品设立家族信托，如此一来，既能满足委托人热爱收藏的愿望，也能避免出现子孙后代对其藏品保护不当、挥霍、变卖、抵债等风险。

5. 保险金家族信托

保险金家族信托是保险与家族信托的有效结合，兼具保险的杠杆效应、财富保全功能与信托的风险防护、事务处理和资产管理功能。委托人以保险金或人寿保单作为家族信托的标的，由委托人与信托机构签订保险信托合同，当保险期满产生保险金给付或者发生保险理赔时，保险公司直接将该笔资金转入信托机构中，由信托机构根据当初所签订的合同约定对该笔资金进行管理。在我国，保险金信托又可以分为身故保险金信托和生存金信托两类，其管理和运行模式基本相同，仅根据保险的类型有所区分。[①]

法条链接

◇《信托法》

第十五条 信托财产与委托人未设立信托的其他财产相区别。设立信托后，

---

① 韩良．家族信托——法理与案例精析［M］．北京：中国法制出版社，2015.

委托人死亡或者依法解散、被依法撤销、被宣告破产时，委托人是唯一受益人的，信托终止，信托财产作为其遗产或者清算财产；委托人不是唯一受益人的，信托存续，信托财产不作为其遗产或者清算财产；但作为共同受益人的委托人死亡或者依法解散、被依法撤销、被宣告破产时，其信托受益权作为其遗产或者清算财产。

第十六条 信托财产与属于受托人所有的财产（以下简称固有财产）相区别，不得归入受托人的固有财产或者成为固有财产的一部分。受托人死亡或者依法解散、被依法撤销、被宣告破产而终止，信托财产不属于其遗产或者清算财产。

8.2 家族信托的功能

在中国香港的200多家上市家族公司中，约有三分之一的企业通过家族信托的方式控股。家族信托已经成为富豪解决遗产问题的普遍选择。

一、财富保护功能

（一）隔离债务

作为一种极富灵活性的财产管理工具，信托天然具有良好的“屏障”功能。信托一经有效设立，信托财产的所有权就从委托人手中转移到受托人名下，由受托人按照双方签订的信托文件进行打理，并将收益分配给受益人。而这就意味着一旦企业家在部分财产之上设立了有效信托，则该部分财产就变成了信托财产，独立于委托人、受托人和受益人，在该部分财产与固有财产之间设立了一道屏障。

家族企业的一大弊端在于企业和个人的财产容易发生混同。当企业面临财务危机或者破产危机时，个人的资产往往也会成为债权人追偿的对象。由于企业家设立家族信托之后，信托财产所有权转移到了受托人名下，该部分财产既然不再属于企业家本人，则即使企业家被判定出现了财产混同等需要承担连带责任的情况，信托财产也不属于企业家的个人财产，不能被用于清偿公司债务。

（二）隔离破产清算

我国《信托法》第十五条和第十六条中规定，在设立信托后，只要委托人并非该信托的唯一受益人，委托人死亡或者依法解散、被依法撤销、被宣告破产时，信托存续、信托财产不作为其遗产或者清算财产。当委托人作为信托的共同受益人时，也仅仅是其信托受益权将会作为其遗产或者清算财产。信托财产与属于受托人的固有财产相区别，不得归入受托人的固有财产或者成为固有财产的一部分。

在此机制下委托人、受托人和受益人的债权人无法对信托财产进行强制执行，信托财产依法不被破产清算、不被抵销、混同以及继承，从而提高了企业家的抗风险能力。

案例 8-2-1

2004 年 4 月 22 日，易融公司与中融公司签订《资金信托合同》，约定易融公司委托中融公司以中融公司名义自河南豫联能源集团有限责任公司（以下简称豫联公司）受让该公司持有的中孚公司 3250 万股股份，信托期限截至 2007 年 7 月 28 日，易融公司为中融公司所持股权的信托受益人。

2005 年 4 月 13 日，易融公司与般诺公司签订《信托受益权转让协议》，将信托受益权转让给般诺公司，易融公司仍为委托人。

2007 年 3 月，因易融公司为陕西必康制药有限责任公司与西安交通银行之间的借款提供担保而被陕西省高级人民法院裁定强制执行。陕西省高院依法冻结并处置了河南中孚公司 400 万股限售流通股，用所得价款清偿债务及相关费用。

2007 年 8 月，般诺公司就涉案股票向陕西省高院提出执行异议，被陕西高院裁定驳回。然而最高人民法院执行办认为陕西高院所执行财产是具有独立性的信托财产，不应被强制执行，以明传电报形式要求撤销裁定。陕西高院遂撤销原裁定。[①]

当然，凡事无绝对，信托对债务和破产的隔离也是相对的。在设立信托前，债权人已依法行使对信托财产享有优先受偿的权利、受托人处理信托事务所产生的债务、信托财产本身应担负的税款以及一些法律规定的其他情形，信托财产的独立性将被打破，可以被强制执行。

（三）隔断刑事追索

大多数国家的刑法都有规定罚金以及没收个人财产等形式的刑罚，只要自然人触犯刑事犯罪，其个人财产则有可能会被罚没或没收。对此，信托财产的独立性能起到阻断此项风险的作用，即使委托人因承担刑事责任而被罚没财产，其合法设立的信托财产也不会作为个人财产被予以追缴。

（四）婚姻财产保护

根据《民法典》对于夫妻财产的规定，若夫妻双方婚前没有对财产进行任何约定，婚后的财产属于双方共同共有。若将来双方感情破裂，婚姻关系被解除，则面临共有财产的分割问题，如此一来，夫或妻一方的财产必将面临被分割或缩水的风险。

设立婚前家族信托，能很好地解决高资产单身人士的后顾之忧。一方面，由于家族信托属于封闭性的财产管理方式，身后事管理的私密性，可以通过家族信托来得到保障。亲属或受益的人不会知道其他受益人的财产分配情况。与信托无关的人，很难知道信托的存在。另一方面，若是二婚人士，还可将一婚时的子女列为家族信托的受益人之一，为其提供长期、稳定的现金流，保障子女的基本生活。万一以后发生婚变，该信托财产独立于夫妻共同财产，不会被

---

① 刘凌林．强制执行引发信托财产权纠纷［R/OL］．（2010-01-06）［2018-04-26］.http://china.findlaw.cn/gongsifalv/zhengquanfa/xt/xtcq/14358.html.

分割，保障婚姻财富安全。

二、传承规划作用

案例 8-2-2

龙湖集团掌门人吴亚军近500亿元个人财富信托转移事件，曾引发资本市场关注。11月22日晚，龙湖集团（00960.HK）发布公告称，公司董事会已获汇丰信托知会，作为家族财富及传承计划的一部分，于2018年11月21日，Silver Sea全部已发行股本由母亲信托（吴氏家族信托）分派至女儿信托。

女儿信托设立人为吴亚军的女儿蔡馨仪。而母亲信托为吴氏家族信托，由吴亚军在2008年6月11日设立，受益对象为包括蔡馨仪在内的吴亚军的若干家族成员。

据公告，Silver Sea持有Charm Talent全部发行股本，同时Charm Talent持有龙湖集团控股权益，即约26.09亿股股份，占公告日龙湖集团全部股权约43.98%。按公告日收盘价计算，此次分派总值为557.952亿港元（约合人民币494.68亿元）。

龙湖集团招股书显示，Silver Sea全称Silver Sea Assets Limited，是一家于2007年10月5日在英属维尔京群岛注册成立的有限公司，由吴氏家族信托受托人汇丰国际信托全资持有。Charm Talent即Charm Talent International Limited，是由Silver Sea全资控股的公司，成立于2007年10月30日。

简言之，原本由吴氏家族持有的龙湖集团43.98%的股份，全部转至蔡馨仪名下。但上述知情人士称，其他家庭成员在此次转移的信托中，也有适当安排。

本次财富传承安排并不影响龙湖公司营运。分派后，吴亚军仍担任龙湖集团主席及执行董事，如常参与公司运营管理。蔡馨仪亦无条件承诺及保证其根据吴亚军的指示行使相应股份的投票权，因此吴亚军继续拥有投票权。

吴亚军现年54岁，重庆人，1984年7月毕业于西北工业大学，曾从事过机械工程师、记者等职业。2012年，吴亚军家族以总财富350亿元位列胡润房地产富豪榜第二，吴亚军被称为“中国女首富”。2018年，吴亚军家族以总财富

585 亿元位列胡润女企业家排行榜第二。

龙湖集团由吴亚军与前夫蔡奎共同创办。蔡馨仪即吴亚军与其前夫蔡奎的女儿。2008 年，即龙湖集团赴港上市前一年，吴亚军与蔡奎分别设立了吴氏家族信托和蔡氏家族信托，两者均为全权信托。吴亚军和蔡奎将各自持有的龙湖集团股权分别注入 Sliver Sea 和 Sliver land 中，这两家公司再分别持有 Charm Talent 和 Junson Development 的股权。2012 年，吴亚军与蔡奎离婚，就是利用家族信托避免离婚事件波及龙湖股价和公司正常经营。

家族信托可以根据委托人的要求灵活设置各种条款，如设立期限、资产配置方式、突发情况时财产的处置等。但这些条款也并非一成不变，可根据事先约定，在信托存续期内进行调整。

第一，针对下一代“败家”的风险，信托能够避免传统的继承法律行为所导致的一次性将资产、企业的所有权交给继承人的情况。不少高净值人士都有这样的隐忧，即一旦自己的孩子在未来继承如此巨额的资产，很可能会因此失去进取心，甚至走上歧路，对于其健康成长不利。另外，富二代身边也可能会跟着一些心怀鬼胎的朋友，无论是赌博还是借款，抑或所谓的“投资”，都让创一代们备感担忧，传统工具进行传承往往难以解决创一代在这方面的顾虑。

第二，避免“分家”导致资产（尤其是企业股权）无法集中而使家业败落。当家族企业传承到第二代、第三代甚至第四代时，若通过分割家族企业股权进行传承，松散的股权可能令企业的所有权面临极大的挑战。设立家族信托，持有家族企业股权有助于保护家族企业的控制权。

企业创始人离世后，家庭成员分别继承股份将很可能导致上市公司股权结构分散，从而使得家族逐渐失去对上市公司的控制权。相反，设立家族信托后，即使发生创始人离世的变故，上市公司股权结构本身并不会因此发生变动，家庭成员仍作为信托受益人享有权益，可以有效避免创一代突然身故或丧失行为能力而给上市公司带来的冲击。

三、合理避税功能

节税是信托的固有属性。原理在于信托财产的所有权已经委托人的委托转移到受托人名下，税务机关无任何向委托人征收信托财产税收的依据，因此，合理的家族信托计划可以有效地规避财富代际传承过程中可能发生的遗产税、赠与税等税收风险。具体表现有以下两点：

第一，信托财产的独立性可以有效地规避遗产税征收的问题，通过设立永久存续的家族信托可以妥善地解决多代传承的税收问题。针对存有遗产税的国家和地区进行投资、置产或者移民，必须事先进行严密的税务筹划，考虑通过信托、基金会、投资公司架构等方式不同程度地达到节税的目的。

第二，委托人仅保留企业的控制权而把所有权转移至信托公司，即能有效地规避企业的营业税以及个人所得税的税负；而通过搭建离岸信托架构可以有效地规避企业所在地的营业地税收征缴。

四、结合慈善发展公益事业

在高净值人士考虑财富的身后事时，传承并不是单一的选项，另一种方式是以回馈社会为目的的慈善公益。家族信托除了家族的私益功能以外还有社会慈善的功能。

信托功能在于设立人通过信托将财产进行转移、管理和分配，分配既可以是家人，也可以是社会公益慈善群体或项目。通过信托法律方式将财产进行善用，用于回馈社会，慈善信托是一种新型的规范工具。

持有上市公司股份的高净值人士利用其股权成立慈善信托的做法成为家族信托的另一种发展趋势，这种做法除了能发挥回馈社会的慈善功能以外，还有助于家族企业形象的树立，更为重要的是慈善信托名下的企业股权不得随意转让或出售，能保证企业基业长青。相对于普通的捐款捐物，慈善信托能让家族和家族企业真正有效地介入慈善事业的运作和管理，而不仅仅是纸上谈兵。相比起其他捐赠方式来讲，具备更加透明、规范、严谨、点对点支付、受赠效果可检验等优势。可以在设立、运行、体验结果全流程方面满足设立人的慈善公益意愿。

8.3 中国家族信托发展的前沿问题

一、中国家族信托发展的现状

中国境内目前已有21家信托机构和14家商业银行开展了家族信托业务，家族信托规模约为441.8亿元。展望2020年，中国本土家族信托规模可达6275.5亿元。据《中国信托行业市场前瞻与转型策略分析报告》预计，在未来的5—10年，我国家族企业将迎来历史上规模最大的一次家族传承潮，超过300万家私营企业将在未来3—8年面对接班的问题，预计传承的财富价值为4万亿—7万亿元，中国可能会成为未来最大的家族信托市场。

调查显示，目前对家族信托感兴趣并认真思考财富保障和传承的群体多集中在50岁左右，早期财富持有群体处于财富增长和积累阶段，而到七八十岁则有些晚，因为家族信托的设立需要一定的时间。

近年来，国内诸多机构也逐步开始转向使用和推荐信托作为资产传承和财富管理的工具。家族信托具有其他方式不可比拟的理财优势。

二、中国家族信托发展的阻碍

我国大陆地区的家族信托，相比于国外和我国香港地区，起步晚、一度发展缓慢。国内家族信托要求较高的起步“门槛”，以常规操作而言，600万元为“入门”级别，更细致复杂的能够达到“定制”级别的家族信托往往需要3000万元以上的体量。

1. 综观《信托法》，我们找不到关于家族信托的相关规定，只在第十三条对遗嘱信托进行了规定。实践中，一些人将家族信托与遗嘱信托混为一谈，以遗嘱信托的规定规范家族信托。家族信托与遗嘱信托虽类似但仍旧存在巨大差别，二者的最大区别就在于信托内容生效的时间不同，遗嘱信托是在委托人死亡后契约才生效。尽管我国的一些信托公司、商业银行或第三方理财机构已经开始着手家族信托业务，但是无法援引我国关于家族信托的规定，只能依据信托法的一些规定以及借鉴其他国家的做法，这无疑是存在问题的。

2. 我国《信托法》第十条规定：“设立信托，对于信托财产，有关法律、行政法规规定应当办理登记手续的，应当依法办理信托登记。未依照前款规定办理信托登记的，应当补办登记手续；不补办的，该信托不产生效力。”我国信托登记遵循的是登记生效主义原则，信托财产需要办理登记手续的，只有依法办理信托登记才能产生效力。因此，在我国，委托人以需要办理登记手续的家族财产设立信托，必须将其财产进行登记公示，这样委托人的财产数额等隐私就会曝光，这与委托人选择家族信托保护隐私的初衷相背离，在一定程度上会打击富人们选择家族信托传承家族财富的积极性，从而不利于家族信托业务的开展。

3. 我国的信托税收制度还不健全，采用家族信托传承家族财富可能面临双重征税的问题。目前，我国信托法和税法都没有对信托税收问题做相关规定，依照现有的税收政策，可能会出现双重征税问题，无疑会影响富人们选择家族信托传承家族财富的积极性。

三、未来中国家族信托的发展

与家族信托的立法环境、监管环境相比，我国家族信托的司法环境近期出现了可喜的变化。2019 年上半年，上海市第二中级人民法院关于“李 1、钦某某等遗嘱继承纠纷二审民事判决书”引起了业界的广泛关注。该案被称为国内遗嘱信托可查“第一例”，该判决的确认信托受托人可为自然人，也确认了遗嘱信托的效力，开创了我国法院对民事信托进行司法审判监督的先河。

《全国法院民商事审判工作会议纪要》（法〔2019〕254 号）对营业信托的审判规则进行了确定，这对家族信托纠纷的审理具有借鉴意义。该纪要重申了信托的独立性原则，对信托公司通道业务的过渡期、受托人承担的过错责任与举证责任、信托财产不作为破产财产等均做出了明确的规定。

《民法典》第一千一百三十三条第四款规定：“自然人可以依法设立遗嘱信托。”对于家族资产量巨大的遗嘱人而言，设立遗嘱信托的目的，是给庞大的资产确定有资产管理能力的受托人，以保障财富的持续保值增值，保障家族子孙后代能够永续传递。

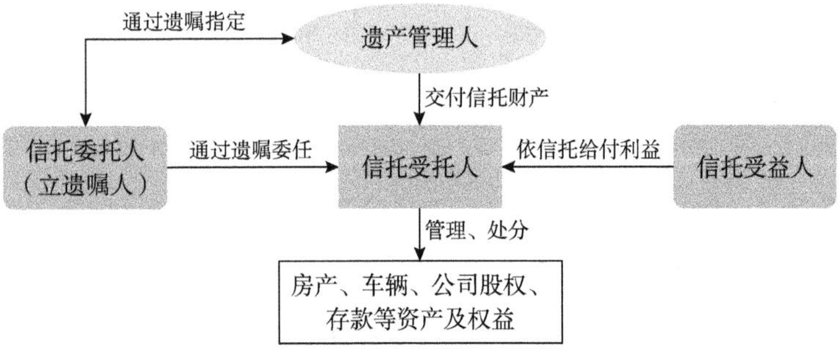

笔者相信，随着《民法典》的施行，家族信托在中国未来的发展，一定会更加迅速，并给财富管理市场带来全新的变化。

8.4 国内家族信托的设立与方案设计

一、国内家族信托的设立

2001 年 10 月 1 日生效的《信托法》，为中国家族信托的设立提供了基本的制度架构支持，信托的特殊三方当事人架构为家族财富的管理与传承开辟了一条新的道路。

在信托制度下，受益人的安排并不局限于家庭成员，还可涉及与自己没有血缘关系的第三人，而受益权的支付不只是现金，还可涉及其他物权；此外，当委托人丧失民事行为能力或者去世时，还可以通过信托的方式确定家族财产由受托人或者家族治理机构进行长期管理的方式，实现对家族财产的长期管理；而信托财产的所有权名义上归受托人的制度设定能有效地避免家族财产被分割以及被挥霍的风险。这种复杂的制度安排是传统的代理、合同等民事行为法律制度所不能涵盖和解决的，信托制度可以为各种不同受益人提供不同的受益权制度设计和保障。

（一）家族信托的当事人

家族信托的当事人包括委托人、受托人以及受益人。

1. 委托人

家族信托的委托人一般是指家族财产的原始所有者、家族财富的创造者，对家族财产拥有绝对的控制权，既包括个人创富者也包括夫妻。此外，自然人作为委托人时并不受中国银监会对于“合格投资者”的限制，只要委托人是具有完全民事行为能力的自热人、法人或者依法成立的其他组织即可。

2. 受托人

家族信托的受托人是指按照委托人的意愿，管理被授予的信托财产及家族事务并承担信托义务的当事人。我国《信托法》目前所允许成为家族信托受托人的民商事主体非常广泛，但实际上由于家族信托一般具有保护和传承的目的，交与受托人管理的家族信托财产投资理念偏于保守，因此，适合做家族信托受托人的民商事主体主要有自然人、信托公司、商业银行私人银行部门、律师事务所、第三方理财与服务机构等。

3. 受益人

家族信托的受益人是指委托人指定的享受家族信托财产及家族事务管理所产生利益的人。作为他益信托的家族信托，受益人主要是委托人的亲属，有时是家族企业的员工或者其他需要帮助的人。

（二）家族信托的登记

我国《信托法》规定了较为严格的设立信托生效要件，如家族信托的登记制度。实践中，一方面需要从事家族信托业务的律师严格按照《信托法》的规定要件进行审查和操作，另一方面需要立法机关和监管机构尽快完善信托（特别是民事信托）的登记制度。

《信托法》第十条规定：“设立信托，对于信托财产，有关法律、行政法规规定应当办理登记手续的，应当依法办理信托登记。未依照前款规定办理信托登记的，应当补办登记手续；不补办的，该信托不产生效力。”因此，登记是家族信托的重要生效要件。2017年8月25日，中国银监会发布了《信托登记管理办法》（以下简称《办法》），标志着全国统一的信托登记制度的建立，填补了我国信托登记领域的制度空白。按照《办法》第十条的规定，国内的资金类家族信托（单一资金信托）也需要办理信托登记。《办法》规定的信托登记制度的实施，可能会增加人们对本就不甚健全的国内资金类家族信托是否能够发挥其所应有的私密性保障作用的担忧。

我们注意到，在《办法》的第九条中明确规定了信托登记的信息范围，包括信托产品名称、信托类别、信托目的、信托期限、信托当事人、信托财产、信托利益分配等信托产品及其受益权信息和变动情况。也就是说，国内资金类家族信托需要按照《办法》的规定，将信托的受益人、信托分配机制等最为关键和需要保密的信息进行登记。这就需要律师等专业人士针对如何在信托登记制度下继续实现家族信托的私密性保障功能进行特别的架构设计与筹划。

二、设计家族信托方案

家族信托应当基于家庭结构、资产分布、传承目标等因素，厘清不同资产的收益权、控制权和转让权，明确委托人、受托人、受益人、保护人等各主体的权力和责任。鉴于企业和资产未来可能会发生难以预见的意外事件，家族要设计相应的弹性机制和退出机制，事先预设不确定因素处置方案。

案例 8-4-1

郭总跟太太在广东设立了一家机械实业公司。经过多年的努力，公司业务及利润日益稳定，每年均有固定结余。两人婚后生育两名儿子，目前大儿子14岁，小儿子12岁。

后来，郭太太家有亲戚身故，继承人为了财产分配的问题争吵不休，甚至亲人反目，这让郭先生夫妻俩意识到财产规划的重要性。

目前，郭先生名下的资产共计5000万元，郭太太的资产共计1000万元。夫妻二人每年固定结余至少500万元，财富积累的速度极快。假设两人继续工作

20 年，乐观的情况下财富至少增加 1 亿元。如果夫妻二人将现有的资产大部分转移至两个儿子名下，财富一下子失去控制，担心儿子会挥霍无度。

因此，我们建议郭先生夫妻成立两份家族信托，提早将资产转移到信托资金里，借由家族信托继续持有资产的控制权，保证儿子一生生活无忧，实现财富的有效传承。

郭先生夫妻还可将家族信托的期间设定为 80 年甚至更久，财产借由信托长时间的累积增值，可以让家族的资产传承到第二代，甚至第三代，让财富可以避免分配而越来越少，达到富过三代的目的。万一在信托收益期间受益人身故，还可将其信托受益权归属给其直系血亲的亲属个人独有，确保整个信托期间内家族都可以由信托来照顾，让辛苦奋斗的财产可以确定用在自己、配偶、儿子、孙子身上，不会被外人拿走，满足夫妻两人退休安养的需求，同时完成了子孙教养等多重目的。

本案中，由于“家族信托”内的财产全部登记在信托受托人手中，受益人只享有信托受益权，享受信托利益，而受益比例确定于信托契约之中，可以避免子孙争产的情形。将来财产可以留给儿子继承，让儿子可以独立运用资产，训练财富管理的能力。若儿子的理财能力不好，或时运不佳，导致继承的财产损失殆尽，还可以利用“家族信托”的保护机制，维系子孙的正常生活。

8.5　家族信托与大额保单的结合——保险金信托

除了传统的家族信托类型，保险金信托还融合了人寿保险和家族信托两大金融工具的功能，未来高净值人士以保险金信托作为财富传承方式将会成为一大趋势。

保险金信托最早起源于英国和德国，于 20 世纪初传入美国。日本保险金信托发展于 20 世纪 20 年代，当时的日本受金融危机及自然灾害的影响，民众对资本市场并不看好，而更热衷于投资保险业，保险金信托应运而生。

保险金信托，是指投保人在为自己投保时，将其在保险合同下的权益，主要是保险金请求权，设立信托。一旦发生保险理赔，信托公司将按照投保人事先对保险理赔金的处分和分配意志进行管理、运用资金，并于信托期间或终止时将信托利益分配给信托受益人。简单来说，就是将保险的受益人改成相关信托公司，未来留下的钱，不直接交给孩子，就不会被孩子滥用，也不会与配偶的夫妻共同财产混同或被其他人窥视。保险金信托属于事务管理＋资产管理类信托。保险类信托的重点，是实现委托人在保险理赔后对受益人如何获取财产的管理意志的延续，而不仅仅是简单的财富增值。

案例 8-5-1

2013 年，从事外贸生意的齐总购买了终身寿险，并设立了保险金信托，把儿子作为唯一的财产受益人，不幸的是齐总生意失败资不抵债，债主向法院提请要求取得这笔信托财产的受益权。

法院受理后进行调查，发现这笔信托财产的受益人并不是齐总，而是他的儿子，根据《信托法》规定，驳回了债主的诉讼请求。

相比单一的家族信托或者人寿保险的传承方式来说，保险金信托具有更加强大的优势，具体表现如下：

一、以较低的保费获得较高的保额

目前，我国境内的家族信托的设立虽然没有法律障碍，但设立门槛较高，最低也要 3000 万元人民币的起步价，与此相比，保险金信托就具有付出较低保费而获得较高保额的优势，保障家人和子女的后续生活。

二、信托化管理保险金

当保险公司发生保险理赔后，保险公司会根据事先签订的保险合同约定，将保险金交付于信托机构，该保险金转化为信托财产，根据信托财产的独立性要求，该保险金不再属于投保人和受益人，如果投保人对外欠债，债权人也无权要求投保人动用该笔保险金用以清偿债务或者申请法院强制执行，就实现了债务风险隔离的效果。

三、防范人寿保险带来的利益冲突与道德风险

人寿保险是以人的生命为标的的保险，被保险人身故后，受益人会因此而获得巨额保险金，如此一来，反而给投保人或者被保险人带来了潜在的危害。生活中，为谋取大额保单的保险金而杀害被保险人的事件时有发生，大额保单的运行机制，蕴藏了利益冲突和道德风险。但是，在保险金信托的结构下，被保险人身故后受益人并不能直接获得保险金，而是会根据保险合同的约定将赔付的保险金直接转入信托成为信托的独立财产，甚至设立保险金信托还可以约定对受益人保密。保险金信托的这种设置，既可以避免为取得保险金而危害被保险人的道德风险发生，还可以让受益人永久地享受信托利益。

案例 8-5-2

某私人银行的高净值客户唐女士，在事业上是雷厉风行的女强人，但由于分身不暇忽略了家庭，后与丈夫离婚，离婚时儿子 5 岁，唐女士获得了儿子的抚养权。

离婚后的唐女士既要兼顾事业又要照顾孩子，奔波劳碌非常辛苦，祸不单行，唐女士在一次公司体检中发现自己患了癌症。具有一定风险意识的唐女士，在患癌症之前就已经向保险公司投保了保额为 1000 万元人民币的人寿保险，并指定了自己 5 岁的儿子作为保险金的受益人。万一唐女士不幸因癌症离世，其未成年的儿子就可以一次性获得一笔 1000 万元的保险金。面对这突如其来的巨额财富，对于唐女士未成年的儿子来讲并不是一件好事，很有可能儿子未来的生活得不到真正的照顾和安排。

这时，保险金信托作为一种新型的财富传承工具，其较为独特的个性化优势，正好能解决类似唐女士这样的需求和担忧。唐女士在与保险公司签订保险合同的同时，与信托机构签订了另外一份信托合同，约定将来被保险人身故理赔或者期满保险金给付时，保险公司将保险理赔款或期满保险金交付于信托机

构，信托机构根据当初与唐女士签订的信托合同履行约定管理信托财产、将信托财产按约定分配给受益人以及在信托期间终止或到期时将剩余资产交付给受益人等义务。

唐女士还可以根据自身家庭情况和自己的意愿，对该信托财产进行私人定制的安排，个性化条款可做如下设计：

第一，学业激励。如果儿子考取国内名牌重点大学，给予一次性奖励10万元；考取国外著名大学的，提取20万元作为激励；顺利考取硕士和博士学位的，还可以分别获得30万元和50万元的奖励。

第二，创业激励。在儿子年满35岁或以上，有足够的工作经验并有创业意愿时，给予60万元的创业支持。

第三，防范婚姻变动稀释家族财富。可与信托公司约定，受益人不得领取收益金的特殊条款与资金滥用的惩罚性条款，防止领取后成为婚内财产导致财富被稀释。

每个家庭的矛盾点是不一样的，所以在传承方面的需求，不能一概而论。由此，我们以复杂的家庭模式来举例，看看在财富传承上都会遇到哪些问题？以及保险与保险金信托到底有何区别？能够从哪些角度解决财富传承的不同问题。

案例 8-5-3

经历了三十余年奋斗拼搏的陈先生，早已坐拥亿万身家。与太太共育有一女一子，女儿已结婚组建了小家庭，但与女婿的关系并不融洽，幼子尚未成年，陪在夫妇身边。

在别人眼里，陈先生是典型的“人生赢家”，但陈先生自己心里却总有一种“如人饮水冷暖自知”的感慨。陈太太娘家兄弟姐妹多，经济条件普通，看着自家人身在“豪门”，都希望能够从中捞些好处。陈太太念在亲情也经常接济兄弟姐妹，甚至帮自己的大弟弟偿还过上百万元的赌债。

陈先生久在生意场，看惯了人情冷暖。开始担心如果自己突然离世，妻子会不会更加肆意地挪动自己的资产去接济娘家人，从而导致子女的生活水平有所下降。于是陈先生决定购买一份大额人身保险——自己做投保人和被保险保人，子女做受益人——为孩子们将来的生活增加一份保障。

不料购买保险还不足三年，陈先生就在一次交通事故中意外身故，更为不幸的是，家中潜藏的危机也随之爆发。

首先，夫妻关系并不融洽的女儿女婿决意离婚，但在资产分割问题上出现了较大争议。甚至当陈先生的身故保险金兑现后，女婿更是当仁不让地要求分一杯羹。

其次，陈太太的娘家人更加频繁地向陈太太“借钱”，并怂恿陈太太出钱参与投资等。

最后，陈太太也想过，虽然根据陈先生制定的保单构架来看，大额保险赔付没有一分钱是留给自己的。但自己毕竟是儿女唯一的监护人，自己应争取获多更多的利益，毕竟那也是她的一份依靠，有可能会利于自己和孩子未来的生活。

那么在这样的情况下，女婿也好，陈太太也好，他们真的可以如愿以偿吗？

依照《婚姻法》的规定[①]，夫妻共同财产的认定，主要取决于财产是否来源于双方共同的时间和精力付出。而身故保险金的取得并不以时间和精力的付出为前提，是基于人身关系和保险合同约定而获得。2016 年 11 月 30 日，最高人民法院颁布了《第八次全国法院民事商事审判工作会议（民事部分）纪要》，该会议纪要明确，婚姻关系存续期间，夫妻一方作为被保险人因意外伤害或健康原因而获得的具有人身性质的保险金，或者作为受益人而获得的以死亡为给付条件的保险金，宜认定为个人财产。因此，根据该会议纪要，陈先生的女儿所获得的身故保险金一般认定为其个人财产。但身故保险金一般是一次性支付给受益人，即便陈先生的女儿所获身故保险金为个人财产，女儿在获得高额保险金后，可能出现挥霍，或者现金部分与女婿的夫妻共同财产混同。这样的情况一旦发生，势必与陈先生最初的规划有所冲突。

① 该条对应《民法典》第一千零六十二条。

因此，从财富传承的角度出发，大额保单势必需要更详细的结构性规划辅助后续执行，以最适宜的方式对接保险金信托服务。利用保险金信托，规避保险金可能面临的风险，并可以在保险金信托合同中详细地规划陈先生女儿未来的生活、工作和医疗等安排。

中国的家庭结构已经从标准的三口之家向多元结构转化，老父少子的情况在高净值人群中尤其多见。陈先生保险的受益人同时也包括了年幼的儿子，幼子尚未成年，陈太太是幼子的法定监护人，也是这笔保险金的实际控制人。虽然陈太太是幼子的母亲，这笔钱理应用于幼子未来的生活、教育，但从陈太太之前的做法来看，很有可能出现的是，作为法定监护人的陈太太私自挪用保险金，用于接济兄弟姐妹、参与其他投资等，而这种可能显然违背了陈先生最初的设想。

传统保单架构中将保单的受益人设为子女的做法，在受益人未成年的情况下，已经无法满足目前高净值人群的财富传承需求。如果陈先生当年考虑得再周全一些，在购买保险后选择保险金信托服务，陈先生就可以在信托合同中对这笔身故保险金如何分配设置一些条件并做出详细的规划，如儿子成年前每年可以支取多少学习和生活费用，出国留学每年可以领取多少费用，购房可以支持多少资金等。身故保险金进入信托后，就算陈太太作为幼子的法定监护人，也不能随意动用。

8.6 结束语

民法典时代，财富传承需求已经变得越来越复杂。与遗嘱、法律协议、保险等法律和金融工具相比，家族信托能够整合多领域资源和工具，满足高净值人士多样化、多层次和个性化财富管理需求。

我国的高净值家庭不缺乏创富的能力，但在传富和守富意识上普遍比较薄弱。我们总想防患于未然，却缺失详细的规划与适合自身情况的设计。与其耗费大量时间、金钱、精力去弥补之前所有的漏洞，不如从一开始就针对所要规避的风险，进行具体安排和详尽的规划。家族信托就是这样的一种预先安排，信托机构受高净值个人和家族的委托，运用家族信托、保险等工具将个人或者家庭资产与企业财产进行严格隔离，未雨绸缪，打造家族财富的护城河，让家族企业和家族财富的抗风险能力更上一层楼，达成家族财富保障和传承的目标。

法条链接

◇《民法典》

第一千零六十二条　夫妻在婚姻关系存续期间所得的下列财产，为夫妻的共同财产，归夫妻共同所有：

（一）工资、奖金、劳务报酬；

（二）生产、经营、投资的收益；

（三）知识产权的收益；

（四）继承或者受赠的财产，但是本法第一千零六十三条第三项规定的除外；

（五）其他应当归共同所有的财产。

夫妻对共同财产，有平等的处理权。

第一千一百三十三条　自然人可以依照本法规定立遗嘱处分个人财产，并可以指定遗嘱执行人。

自然人可以立遗嘱将个人财产指定由法定继承人中的一人或者数人继承。

自然人可以立遗嘱将个人财产赠与国家、集体或者法定继承人以外的组织、个人。

自然人可以依法设立遗嘱信托。

◇《信托法》

第十五条　信托财产与委托人未设立信托的其他财产相区别。……

第十六条第一款　信托财产与属于受托人的固有财产（以下简称固有财产）相区别，不得归入受托人的固有财产或者成为固有财产的一部分。

第十七条　除因下列情形之一外，对信托财产不得强制执行：

（一）设立信托前债权人已对该信托财产享有优先受偿的权利，并依法行使该权利的；

（二）受托人处理信托事务所产生债务，债权人要求清偿该债务的；

（三）信托财产本身应担负的税款；

（四）法律规定的其他情形。

对于违反前款规定而强制执行信托财产，委托人、受托人或者受益人有权向人民法院提出异议。

第九章

私人财富保障与传承中的大管家——家族办公室

财聚人散，财散人聚。

——《旧唐书》

9.1 家族办公室的历史与定义

一、家族办公室的历史

1868年，托马斯·梅隆在美国创立了第一个家族办公室。第二次世界大战期间，受到纳粹迫害的犹太人将钱存放于瑞士银行以求得保存的做法，刺激了金融服务业的创新，“类家族办公室”的业务得以进一步发展，该类机构的业务范围类似于今天的私人银行业务。

随着财富管理市场的需要，出现了涵盖经济、法律、文化等各方面的复杂管理需求，将金融专家、法律专家和会计专家集合起来，专门研究管理、保护家族财富和广泛的商业利益，现代意义上的家族办公室应运而生。

二、家族办公室的定义

家族办公室是家族财富管理的最高形态。但家族办公室一词并无统一的定义，美国作为家族办公室的发源国，其对家族办公室的解释为：家族办公室是指专为超高净值家庭提供全方位财富管理和家族服务，以使其资产的长期发展符合家族的预期和期望，并使其资产能够顺利地进行跨代传承和保值增值的机构。

家族办公室从家族的利益出发，通过成立独立的机构、聘用投资经理、自行管理家族资产。为富豪家族几代人提供监督及管理整个家族的资产、日常财务、企业管理、上市咨询，甚至包括家族教育、遗产规划、慈善、礼仪、家族和睦、家族财富等更贴心的服务。对于历史相对久远的大家族而言，更是为了让整个家族实现跨维度的财富与文化传承。

三、家族办公室的功能

家族办公室自出现以来，便一直为家族或家族企业财富提供保护。通过专业化的家族治理和家族企业管理，对整个家族以及家族企业的事务及财富进行合理规划，促进家族事业的繁荣发展。比如，通过全权委托管理的集中化和专业化，家族办公室具有金融产品的买方地位，更有可能为其投资决策实现更高的回报或更低的风险，有助于最大限度地提高家族成员资产的投资回报率。

案例 9-1-1

为了改善封闭式的家族理事会结构，皮特卡恩建立了与传统理事会平行的附属理事会。传统董事会由家族 10 名资深家族成员和 4 名非家族成员组成，每人负责与不同家族的分支进行交流。附属董事会通过研讨会或金融培训课程来培养年青一代家族成员，为家族未来的领导人提供施展拳脚的空间。

皮特卡恩家族办公室的首席投资官里克·皮特卡恩说："当家族逐渐壮大时，年轻人没有能够进入董事会，我们想到，为什么不为年轻人设立一个董事会，来告诉我们他们在'干什么'和'为什么'？"而附属董事会就是年青一代家族成员告诉老一代家族成员他们在"干什么"和"为什么"的媒介。时至今日，附属董事会成就了一批有才华的家族成员，如克里斯·克尔从 13 岁起就展露出了对家族事业的浓厚兴趣，36 岁就成为皮特卡恩家族正式的理事会成员。①

家族办公室通过法律、税务筹划以及财富管理，确保家族成员、家族及家

① 新浪财经.皮特卡恩家族办公室：退出家族企业后的财富传承［R/OL］.（2014-01-24）［2018-07-11］.http://finance.sina.com.cn/stock/t/20140124/154818075873.shtml.

族企业的事务及财富能在规划和控制下实现安全、顺畅、有效地传承，同时实现家族精神的传承与发扬光大。当家族办公室的职能不再仅限于家族财富管理，而是扩展延伸到投资、慈善、教育等领域时，很多家族都会考虑设置家族议会或者家族理事会来作为家族治理和决策机构。同时，家族宪法和家族宪章都是常用的家族议会和家族理事会的搭档。

9.2 家族办公室的选择和设立

虽然欧美国家在家族办公室方面早有实践，但是，中国的超高净值家族在设立家族办公室方面，不能简单地根据欧美家族的实践依葫芦画瓢。而是要根据家族企业的发展阶段和未来的发展方向，考虑自身的实际需求，再借鉴欧美成功的家族办公室案例，量身打造个性化的家族办公室。

家族办公室要精心设计架构以及治理模式，以保证家族的控制权、风险防控、家族决策的民主性、家族成员的参与积极性和凝聚力等。在选择家族办公室设立地时，应该同时兼顾考虑家族族长和主要成员的生活地点、家族办公室顾问人员的招募点、家族主要资产所在地、政治金融稳定性以及税务等相关因素。当家族企业或者控制家族资产的实体分布在几个不同的国家或地区时，可以考虑在家族财富控制人所在地以控股公司的形式设立家族办公室，这样既可以方便家族掌控家族资产，又可以同步管理各地子公司的运营。一些家族选择将管理服务的实体设置在家族族长和主要成员居住地，而将投资服务的实体设置在税收相对较低的地区，但具体落地操作需要进行复杂的法律和税务筹划。

在欧美国家，私人信托公司是控制家族办公室较常用的“工具”，但私人信托公司的架构搭建的复杂程度以及成本，也比传统信托更高。如果设计合理且运作得当，私人信托公司管理家族信托的能力，不仅能够惠及几代家族成员，而且能够为希望成为受托人的家族成员“减负”。私人信托公司可以消除对个人受托保持持续性的依赖。信托公司容易受政府规则和规章的管制，虽增加了成本，但提高了监督水平。

9.3 中国家族办公室的发展与方向

一、家族办公室的发展现状

近年来，中国第一批创富者已进入退休阶段，家族企业纷纷开始关注家族财富传承问题，因此，家族办公室迅速闯入了人们的视线。

自改革开放以来，银行储蓄、国债、股票、基金（保险占比非常小）构成了中国老百姓全部的金融资产。2001 年 9 月，开放式基金的发行是中国金融投资产品发展的重要起点，而在这之后，各类金融投资产品的蓬勃发展，为私人财富管理提供了广泛的投资工具。2005 年，商业银行理财业务管理办法颁布之前，有基金公司、证券公司、保险公司和信托公司等财富管理市场的参与机构。商业银行通过银行理财产品切入财富管理市场之后，一举打开国内财富管理市场之门。银行和非银行金融机构参与到了财富管理市场，进而推动了国内财富管理市场的快速稳健发展。最近十年，上市企业的快速增长带来中国私人财富的爆发性增长，也为家族办公室服务提供了肥沃的土壤。

毫无疑问，目前银行是中国规模最大的个人财富管理机构。从 2007 年开始，银行纷纷开拓私人银行业务，建立起普通客户、贵宾客户（含钻石客户）、私人银行客户分层级服务体系。中国的家族办公室服务起源与银行私人银行服务密不可分，传统私人银行服务针对 800 万元或 1000 万元以上金融资产个人客户，而 1 亿元以上客户的需求与 1000 万元客户的需求有着明显的不同。2017 年，工商银行、招商银行、光大银行等以及建信信托有限责任公司和中信信托有限责任公司等信托公司相继推出家族办公室服务，目的都是从“以产品为中心”转向“以客户为中心”，挖掘客户需求，为超高净值客户提供专业化、个性化服务，增加客户黏性，提升行业竞争力。2017 年也被业界定为“家族办公室元年”①。

在国内，很多中国企业家已经成立了专属的私人投资平台，搭建投资架构和专业团队，主要提供“财富管理”“家族治理”和“行政管家”服务，这些平台虽然没有家族办公室的名分，实际上却行使着家族办公室的实际功能，目标都是通过资本市场的运作来管理家族的财富。

二、中国家族办公室存在的问题与发展方向

由于目前我国的法律制度没有关于家族办公室的相关规定，以至于创办家族办公室需要的条件、审批申办的流程以及家族办公室的主体地位等都没有明确的规定。虽然山东省青岛市曾有审批先例，但国内的其他城市对此仍持谨慎和不开放的态度，导致家族办公室只是名义上的存在，实质可能是投资咨询公司或者其他金融机构。

我国的高净值家庭无论是家族企业还是上下游产业的投资都占据了家族财富的大量份额，使得财富家族的资产架构过于简单，而风险也暴露得相对明显。当遇到区域经济困境或者政策风险时，家族资产净值必然会出现缩水的情况。相反，欧洲国家的许多高净值家庭都对家族的实业资产与金融资产做了较为完善的分散布局，就算面对全球经济的下行风险和政局不稳定性也能从容应对。

因此，中国的超高净值家族在分散投资以及规避家族风险方面，急需通过专业的财富管理机构来协助解决。基于超高净值家庭的实际需要，相对于资产保值增值，财富的安全以及有效传承才是根本性的大问题。专业的财富管理，意味着顶层架构设计，资产专业化投资，确保财富长期保值增值，不被通货膨胀所蚕食。家族办公室对中国高净值家庭来说是一个全新的领域，充满机遇。

同时，家族办公室要充分适应中国的法律环境仍具一定的挑战性，尤其是在家族办公室的架构设计跨越资产管理的配置、股权结构、离岸信托、家族治理、传承和资产安全保护等多个领域时，需要法律和财务专家的无缝衔接和高效协

---

① 沣沅弘．家族办公室发展报告（2017）［R/OL］．（2018-04-16）［2018-07-12］.http://news.ifeng.com/a/20180328/57117664_0.shtml.

同，并与财富家族就其境内外资产布局、家庭成员情况和未来发展的愿景进行深入沟通，了解其特殊需求。

9.4 家族办公室在中国的应用

今天的家族办公室，其服务已不再是简单地提供财富管理服务，而是由拥有高度专业素质的顾问机构，基于家族基业长青、永续经营的长远目的，将家族成员、家族企业在目前及未来所可能预见的问题和事务集合起来，通过协调各方面的专家，为家族成员、家族以及家族企业提供全方位的服务。中国的许多家族企业创始人，或许都希望如世界著名的洛克菲勒家族、福特家族一样，能够子承父业、代代相袭，把家族企业、企业品牌做到基业长青、百年传承，但在中国家族办公室刚起步不久的时期，创始人们如何运用好家族办公室的特殊功能实现财富的保值、增值与传承，是时代赋予的严峻挑战。

案例 9-4-1

黄总夫妇经过三十多年的打拼，家族企业已颇具规模。黄总夫妇有三个儿子，都在家族企业工作，现在黄总到了退休年龄，是时候考虑将一生的事业交给儿子们了。更何况，第三代也陆续长大成人，如何能让自己家的企业福荫子孙后代，成了黄总心心念念的事情。

黄总想要按照中国传统“一碗水端平”的传统思维，对家族企业股权进行分配。他们夫妻各占 5%，余下的股份三个兄弟各占 30%。对于这个平均分配的方案，三兄弟都没有争议。但是一件让人出乎意料的事情发生了。年前，三兄弟中的老三意外去世了，留下妻子和一个未成年的儿子。尽管家族对老三家很是照顾，但老三的媳妇依然担心若有一日老爷子仙逝，自己跟孩子的利益不一定能得到保障。于是，老三的媳妇向家族提出，将分给老三的股份变现给自己跟孩子。

黄总家族无法答应这个要求。其一，30% 的股权兑为现金，将会严重影响到企业的整体运营和资金周转；其二，企业还未上市，如要兑现股权回购股权，必须面临资产清算，这不仅花费时间长，还可能会因清算而影响企业的正常运转；其三，出于自己家族的私心，老三的媳妇才三十多岁，今后一定会重组家庭，黄总不愿意看见家族的心血将来奉送给一个毫不相干的人。

所以，大家希望老三的媳妇等一等，等儿子成年了再来继承股份。但老三的媳妇认为分到老三名下的股份就是夫妻的共同财产，家族没有理由剥夺她的继承权。为了维护自己的权益，老三的媳妇多次索要股份变现未果后，请了一个律师把黄家所有成员告上了法庭，一场家族的股权争夺就此展开了。

黄氏家族，属于典型的家族企业，黄总家族的家族企业传承风险具有特别的典型性。如果企业的传承不能在黄总有生之年妥善安排好，黄总家族内斗势必葬送黄总夫妇30余年苦心经营的成果。家族企业传承是一个系统性的工程，并非只是简单的交接问题。家族与企业、交接人与接班人长期的筹谋布局才是传承规划的要点。接班人团队如何培养、“辅政大臣”如何安排、股权如何分配、产业如何整合升级、投资边界如何界定、不良资产如何处置、企业品牌如何再造等都需要顶层设计，战略规划。

可以说，黄总三儿媳的争产，三儿子的意外去世仅仅是导火索，实际上，通过前面我们分析的真功夫家族股权争夺一案，可以看出，黄总在面临家族企业股权传承的初步分配中，用传统思维，将家族企业股权均分的方式，就已经埋下了祸根，不但最终达不到福荫子孙的目标，甚至有可能出现兄弟反目，家族企业瓦解的局面。

那么，如果从家族办公室服务中的家族企业治理角度来讲，黄总的家族企业应该如何面对现今的危机局面呢？

1. 明确家族企业的宗旨

黄总在企业传承安排时，首先应该明确一个属于家族企业长远规划的目标，然后根据目标部署和决策。三个儿子不可能都成为接班人，一碗水端平的股权传承思路是思维的懒惰，看似最公平，实则没有解决任何传承问题。黄总应通过多年对第二代甚至第三代的培养和观察，根据家族文化和家族发展战略选择最适合的接班人。对于未取得家族企业股权的成员，可以考虑通过其他途径进行安排和传承。

2. 设立家族办公室助力传承

设立家族办公室。家族办公室的核心可粗分为法律、税务和财富管理三大基础部门，三者之间又以法律为主轴。家族办公室的律师及财税、投资顾问通过家族信托、大额保单等不同金融及法律工具，开始进行财富的逐渐集中化管理，将分布于多家银行、证券公司、保险公司、信托公司的金融资产汇集到一张跨境财务报表中，通过不同专业领域的深入，进行财务的风险管理、税务筹划、信贷管理、外汇处理、资产投资等优化配置，助力黄总家族完成财富的布局与传承。

美国罗斯柴尔德家族后人纳森·梅尔·罗斯柴尔德（Nathan Mayer Rothschild）曾感叹："要获取巨额财富，需要极大的勇气和极度谨慎的心理。而当你拥有它时，还需要投入 10 倍的精力和智慧去传承它……"但尽管面临家族财产传承的巨大压力和挑战，罗斯柴尔德家族还是运用多区域全球资产配置的方式，有效地避免了各种商业风险和政治风险，传承了八代之久。

其实，本章所有的成功案例，无不告诉中国的超高净值家族，要在充分借鉴吸收既有成功经验的基础上，借助专业财富管理机构的力量，结合中国特色的政治、经济、文化、法律环境以及本家族特质，建立适合的家族办公室。

9.5 结束语

在目前中国财富管理的实践中，许多高净值人士表面上是通过多家银行分散投资，但实际情况是，各家私人银行因为业绩压力，都绞尽脑汁地希望客户能将更多的资产转移过来，而非提供"专业顾问管理"。而家族办公室是以高净值人士顾问的模式，帮助客户选择银行、投资标的、移民、保险乃至个人问题解决等。

高净值人士采取家族办公室进行财富管理，得到的服务包括：提供多家私人银行做选择，并协助开户、商谈利率优惠、贷款额度，以及协助尽职调查所有程序；协助开立证券公司账户，减少通过私人银行买卖股票支付高佣金的损失；移民标的选择、税务分析、当地房产等；保单选择设计，并视需求设立信托保障资产；整合各地账单、各国税务处理；由家族办公室所有律师、会计师、投资顾问提报其即时各地资产分布情况，并提供后续投资建议。

现今，我们推崇家族办公室，就是因为它可以通过多样化的投资方式，专业的财富管理服务和家族服务，降低风险，从而更好地实现家族财富的保值增值和传承。

第十章

私人财富保障与传承之道

不可能的事情经常发生，你最好有所准备。

——英国前首相撒切尔夫人

积善之家，必有余庆。

——《易经》

家族财富的保障与传承，首先需要高净值人士拥有正确的财富管理观念和管理方法，需要对家族的财富提早进行规划和布局。从战略的角度，根据不同家族成员的个体诉求，对家族与个人的财富进行规划和安排，综合理解时间、风险和收益等对财富管理的要求。

对于中国的高净值人士和家族企业，很少会提前制订家族财富传承方案。以家族企业交接班为例，有数据显示，超过70%的内地企业倾向于在家族内部寻找接班人，但只有少于35%的下一代表示愿意继承家族业务，而有系统及清晰接班计划的企业比例更低至6%。这也就意味着，未来家族企业财富传承中，将无可避免地遭遇代际观念落差与期望冲突。

案例 10-0-1

浙江台州的上市公司海翔药业，2014年5月公司公告原大股东、董事长罗煜竑，将手中股权作价3.8亿元悉数出让给同乡王云富，而王云富则在接手股权的次日，火速推出19亿元的定增方案。

罗煜竑系海翔创始人罗邦鹏之子，1997年10月进入海翔药业，曾在生产车间、研发中心、销售和质量管理等部门工作，历任海翔总经理助理和副总经理、公司董事。2007年起，罗邦鹏逐步退居幕后，罗煜竑于2008年9月至2009年12月担任公司总经理，2009年4月上任董事长。2010年9月，罗煜竑受让其父罗邦鹏手中3480万股股份，以24.67%的持股比例，成为海翔药业实际控制人。

但从2013年开始，罗煜竑开始大笔抛售手中股份。数据显示，从2013年年初至9月30日，罗煜竑共5次减持股份，合计数量1980万股，持股比例降至18.31%。到2013年9月11日，罗煜竑已经把可流通股票全部卖出。与许多高管选择在高位出售股权不同，罗煜竑减持的均价十分低廉。

令人唏嘘的是，海翔药业系其父罗邦鹏所创，成立于1966年，前身是“黄岩县海门镇日用化工厂”，1980年更名为“浙江省海门区化工二厂”，之后经股权变更，最终成立浙江海翔药业股份有限公司，并于2006年12月26日在深交所中小板上市，主营业务为化学合成原料药和精细化学品的生产，公司70%以上的产品出口海外，客户包括德国的巴斯夫和比利时的杨森。

将一个乡镇日化工厂打造成上市公司，罗邦鹏耗费了40年，而罗煜竑传承上任不到4年时间，海翔药业已江山易主，不再姓罗。不管罗煜竑出于何种原因最终放弃海翔药业，但海翔药业的传承明显是失败的案例，虽然有继承人来“子承父业”，但是因为缺乏对继承人的培养，也没有相应的家族立法以及继承计划来约束与规范财富的传承，使得家族企业最终拱手让人，继承人无胜于有。①

中国家庭里很多的财富积累，还在“第一代”的手中。在中国拥有超高净值财富的个人平均年龄是53岁，并且仍忙于生意，缺乏一个能详细应对家族企业以及财富传承的方案。因此，提前制订家族传承计划，才能完美地完成代际的交接，让传承之路更加顺畅与稳固。

10.1　既要顶层设计，也要量体裁衣

顶层设计本身，其原本是一个系统工程学概念，字面含义是自顶端开始的总体构想，换句话说，在系统工程学中，顶层设计就是理念与实践之间的必需“蓝图”。顶层设计最早被西方国家广泛应用于军事与社会管理，是政府统筹内外政策和制定国家发展战略的重要思维方法。顶层设计在我国已经从一个政治新名词，演变成一项对各行业、各阶层产生实际影响的执行动力，并越来越引起社会各界的广泛讨论和关注。

将顶层设计引入财富保障与传承，就是顺应社会发展的主流思想，对影响

① 和讯名家．请忘记白手起家的财富童话，看看华人家族财富的传承密码[R/OL].(2017-05-27)[2018-04-26].http://news.hexun.com/2017-05-27/189391152.html.

与制约财富保障与传承的全局性、关键性问题进行顶层判断，提出解决的整体思路和系统框架。财富保障与传承需要顶层设计，是因为中国家族财富管理已经步入“深水区”，尤其是伴随传承而来的企业转型，进一步增强了传承的难度和复杂性。

以家族企业传承为例，家族企业传承的核心是企业的股权和控制权，目前国内很多家族企业仍然以遗嘱的形式对企业的掌控权进行传承，事实上，这只是个人财富的传承模式，而非家族企业传承的有效途径。对于企业主来说，家族企业不仅是财富的生产者与载体，也是其毕生努力的结晶与情感所在。想要实现家族企业财富的保障与传承，需要通过借鉴众多标杆企业的经验和教训，依据家族与企业的具体情况来进行顶层设计，从而快速了解企业传承的模式架构、组织架构和规划架构，才能使企业进入一个目标明确、规划具体、战略得当的发展时代，实现财富的保障与传承。

案例 10–1–1

家族企业大都上演着“其兴也勃焉，其亡也忽焉”的传承铁律。1992 年，山姆·沃尔顿（Samuel Moore Walton）去世后，美国《时代周刊》报道，全美各地无数小店都在预言：沃尔玛百货即将盛极而衰。他们认定，山姆“建立的企业灵魂将随之改变”，他的遗孀和儿女不具有他的经营天赋，不太可能把大权转移给他们。一旦失去灵魂，沃尔玛注定要萎缩、消逝。

但这些预言全都被推翻。沃尔玛的权杖由山姆·沃尔顿的长子罗布森·沃尔顿（S. Robson Walton）接下，其担任沃尔玛董事会主席二十多年来，公司净销售增长超过 4000 亿美元，营业总利润增长超过 220 亿美元，员工总数从 37 万人增加到 138 万人，商店从 1700 家增到 4400 家，年销售收入增加了 5 倍。

二代传承成功后，人们又开始关注第三代传承。2015 年 6 月 5 日，在沃尔玛股东大会上，70 岁的罗布森·沃尔顿宣布，公司董事会选举 45 岁的山姆·沃尔顿的孙女婿格雷格彭纳为公司新任董事会主席，该决定从宣布当日起生效。彭纳在电商、财务、零售等方面经验丰富，尤其重视电商业务，而这正是处于转型期的沃尔玛所需要的。

沃尔顿家族传承成功的第一要素是按现代企业治理结构运行。我们传承理念的误区之一是，认为创业企业家是杰出的人才，企业必须仰仗具有领袖气质的企业家来领导；家族企业的衰亡，主要是接班人不具有领袖气质。实际上，并非如此。家族企业传承是超越企业家、超越产品、超越技术、超越财富的传承，它是组织的传承、机构的传承、价值观的传承。所有家族企业的传承者，不论多么具有领袖魅力，多么高瞻远瞩，最后都会离世。最有名的典型案例就是王安电脑公司，二世而亡。

我们常常看到，创业企业家在传承时不愿放弃手中的权杖，为什么？因为他传承的是财富、权力与地位，传承就等于放弃这世俗的一切。如果传承的是理念、精神、设计与组织，那么他放弃的仅仅是世俗的权力与财富，而企业在精神层面上依然属于自己，这就走出了马斯洛的地下室，带来了人生最高层次的自我实现。

山姆·沃尔顿是智慧与务实之人，他有效地把美国家族企业传承的两大特征融合在一起，即把子承父业与引入职业经理人有效地融合在一起。据称，山姆·沃尔顿花了 12 年说服戴维·格拉斯加盟沃尔玛，而格拉斯于 1984 年出任沃尔玛总裁后，山姆·沃尔顿一直只担任董事长。1992 年，山姆·沃尔顿去世，罗布森·沃尔顿接手，但他只能任沃尔玛的董事长职位，家族其他成员也没有一人担任企业经理人。在沃尔玛服务 20 年的李·斯科特被委任为格拉斯的接班人，继续辅助沃尔顿家族管理沃尔玛。可以看出，沃尔玛的成功与传承的成功，其关键之处是企业治理结构之设计与传承。

山姆·沃尔顿与其他企业领袖的区别不在于他的所谓领袖魅力，而在于他更像一个造钟师与建筑设计师。他把一生大部分时间都无休止地花在努力建立和发展沃尔玛的组织调整能力上，而不是自己的领袖性格。正如他自己所说："我有推动事业的人格……在这种人格下，想把事情做好，然后做得更好，然后尽力做到最好……我从来没有从事过短期的事情，我总是希望尽我所能建立一个完美的零售组织。"他不光宣扬这些价值观，还建立坚强的组织机制，刺激变革与进步。

中国家族企业大多失败的主要原因是见钱不见人，是金钱拜物教，有钱就任性，而不是关注成长的核心：对人的尊重、对人力资本的尊重、对非家族成员的尊重，让社会人力资本有效地融合，特别是职业经理人能真正发挥作用。

沃尔顿家族传承成功的第二要素就是，特别重视法人结构的治理。沃尔玛从创办之初就构建现代家族企业法人治理结构。借助完善的资本市场，规定家族成员持股不能超越40%，严禁家族擅权干政，使家族企业公众化和非人格化。正是这些原因，不仅使得沃尔玛成功地从一个家族经营型企业转变为充满活力的现代企业，同时也令其成功传承三代，家族财富也在传承中增值、超值。

一直以来，沃尔玛的成功被总结为运用高新科技手段的出色物流配送能力与天天平价的特色，然而《沃尔玛王朝》的作者罗伯特·斯莱特认为：沃尔玛之所以能够延续辉煌，完全得益于其公司创办人制定的“尊重个人，服务顾客，追求卓越”的企业文化与经营理念，并在历届领导者中成功传承。其实，家族企业传承的成功多半奠基于无形事物之上，如信仰、想法、看不见的理念，这类特殊的无形资产。如同美国的建国英雄，是国家治理的制度设计者，而不是治理国家的操盘手。①

在顶层设计的框架之下，还要量体裁衣，注意细节。比如，通过股权设计、三会制度安排、激励约束机制等可以最大化地规避、调解矛盾，防范、化解家族财富及其企业可能遭受的重大伤害，支持企业增长财富、创造价值，凝聚家族成员。

10.2 重视家族文化与精神传承

家族财富保障与传承计划中，最难处理的是确保家族价值观的传承，如正直、善良、诚信等。家族文化与精神传承最大的问题是家族不关心或者无视“无

---

① 今日头条.甘德安：沃尔玛缔造者沃尔玛家族如何传承三代？［R/OL］.（2015-09-08）［2018-04-26］.https://www.toutiao.com/i6192029560092459521/.

实体的精神力量”，也不愿在这方面花费任何心力与财力，使得家族的传承没有灵魂的支撑，流逝在历史的洪潮中。

一、什么是家族文化与精神

沧桑几经变幻，时代沉浮更新。传承几百年的罗斯柴尔德家族、德国汉高家族、日本金刚家族、美国沃尔玛家族，最大的共性是拥有着一套完整的家族文化和价值体系作为主导。家族文化与精神不但能够记录每个人的生前身后，还记载族人的嘉言懿行，用以激励后人，把良好的家风传承下去。它是一个家族发展历史的沉淀和经验的升华，也是一部教育后人的教科书，使家族子孙后代了解他们享受财富背后的价值观。

成功的家族文化与精神的传承，可以跨越时代的风雨变迁，突破金融工具的局限性和人性的弱点，成为家族每一位成员共同的精神信仰和行为准则，是财富得以百年传承最强有力的保障。

二、家族文化与精神传承的重要性

虽然家族财富管理在中国已经出现了“抬头”之势，但国内“创一代”的注意力都停留在家族企业的治理和家族财富的保障和增值上，对于家族文化的建立和传承还处于一片“蛮荒之地”。正是因为对家族文化和精神价值的忽略，使得国内家族财富的传承可能在第二代或第三代就开始“折戟沉沙”。

实际上，国内的“创一代”似乎并未意识到这点。他们更多的是把子女送到国外留学，家族文化的培养几乎为零，家族内部也没有精神价值作为支撑，更缺乏永续传承的使命感。也正因如此，当下有不少评论称中国缺少贵族，其实说的就是不少富豪家族缺少社会担当和责任意识，富而不贵。而这种责任感与使命感，在家族文化的传承中没有被体现出来。

我国很多的家族企业的第一代创业者是白手起家的，吃过苦、受过累，具备很强的“创业精神”。但是继承家族企业的二代们，虽然普遍具有较高的学识、良好的教育背景，但他们却缺少创一代的吃苦创业精神，而一代们由于工作和自身视野的原因，又容易忽视对家族第二代的言传身教。父辈要培养独生子女的责任心，树立家业传承责任感，绝不是一朝一夕可以完成的。

案例 10-2-1

一名江苏的企业家，他与妻子育有一个儿子。在20年前创业办厂，积累了一定规模的财富，因为小时候家境贫寒，自幼没有受过良好教育的他，决心要让儿子接受最好的教育。于是在儿子高中时就将其送往美国读书，他希望儿子毕业后能继承家族的企业。

可让这位企业家没有预料到的是，儿子在美国热爱上了动漫设计，对家族的工厂生意根本没有半点兴趣。儿子毕业回国后不想进入家族企业，一心想投身于自己喜欢的动漫设计中，这位企业家因此与儿子产生了激烈的争执，儿子竟砍下了自己的4根手指，以表达他对父母让其放弃对动漫设计的兴趣、接掌家族企业的愤怒。①

财富管理中发生这样的事情，是非常让人痛心和遗憾的，无论是父母，还是儿子其身心付出的代价都很大。中国很多父母在打拼事业的时候丢失了原则，没有给孩子做出好的榜样，又将孩子的教育放手推给了学校，没有帮助孩子建立起强大的内心和坚定的精神信仰，没有建立起属于自己的家族文化。

家族文化的建立对一个家族和子女后代有着重要的影响，而家族代际传承的关键就是子女教育的问题。家族企业的代际传承与家族第二代进入家族企业的意愿、自身的幸福度，以及工作的满足感息息相关。家族企业的父辈们不能等到创业到达稳定期才安排时间对子女进行教育，想要把企业更好地传承给子女，应更好地传承一个家族的精神，尽早建立起属于自己的家族文化。

资产的传承相对比较容易，毕竟有专业的团队和一定的法律架构就能够保障后代安全地传承，而家族精神文化的传承却是很难的，这个过程中教育的意义就显得非常重要。当然，这种教育不是普通意义上的送子女出国留学、接受比较好的校园教育条件等，而是对二代和三代的家族精神、价值理念的培养。

---

① 郑锦桥．家族办公室的秘密［M］．北京：中华工商联合出版社有限责任公司，2016.

案例 10-2-2

瑞士钟表企业爱彼的标识AP，是由两个创始人朱利斯·路易斯和爱德华·奥古斯特·彼姓的第一个字母“A”和“P”组成。AP依托于其精湛的技艺与超凡的设计，经过近140年的持续发展，已经与百达翡丽、江诗丹顿共同成为世界三大名表之一。

1875年，朱利斯·路易斯和爱德华·奥古斯特·彼决心在瑞士钟表胜地侏罗山谷携手发展高级钟表事业，正式创办爱彼钟表厂，并于1881年12月17日在布拉苏丝成立Audemars，Piguet & Cie公司。

自1882年开始，路易斯及彼的家族成员出任公司各主要职务，而路易斯及彼则分别掌管公司内两大业务范畴：路易斯负责技术部分，彼则较多参与商业活动。这种联合的管理方法被家族成员沿用至今，历久不衰。

1917年，朱利斯·路易斯退休并由其儿子保罗·路易斯·爱彼继任董事会主席及技术经理。1919年，保罗·爱德华·彼亦继承父业，掌管了公司的商业部门，1962年，他的两位女儿亦开始在公司工作。之后朱利斯·路易斯成为董事会主席直至1992年。爱彼目前的董事会主席由雅克·路易斯的女儿茉莉爱彼出任。

直到今天，爱彼这个家族企业仍由两个创始人家族的第四代共同管理。两个家族在治理结构设计、家族文化建立、价值观教育及下一代培养等诸多方面具有独特共同的理念，并始终如一坚守着对爱彼的梦想和承诺，在坚持传统的同时持续的创新，为品牌开创独树一帜的视野，并留下经典隽永的传世作品。①

一个家族的财富由人力资本、智力资本和金融资本等构成，而一个家族的共同价值观使这些资源凝聚而不至于分散。家族成员之间只有构建了统一的价值观，才能解决家族利益的冲突和整合家族的利益。而如果没有共同的

① 绿专资本．新资本三对论——安利、爱彼两个家族的另一种传承方式［R/OL］．（2018-02-08）［2018-04-26］．东方头条．https://mini.eastday.com/a/180208145312519.html.

价值观及目标，即使借力有效的财富传承工具也无法阻止家族和企业最终分崩离析。

不仅如此，家族文化和精神价值是一个家族企业区别于其他家族的核心，也是决定能否基业长青的深层次要素，家族传承的核心其实是家族价值观的传承。伟大的家族企业必须有价值信条在其中，家族企业需要选择符合家族价值准则的接班人才能治理好企业。同时，是否能成就百年企业，关键看的是由创始人和历代领导者个人魅力、企业家精神、主流价值观和企业制度等综合而成的企业文化，而不是看家族一时的资产金额的多少。

案例 10-2-3

美诺（Miele）是一家来自德国的家族企业，经过 115 年的发展，秉承着“追求极致，永不妥协”的价值观，早已成为世界上质量最佳、最精密可靠、最值得信赖品牌的代名词，是唯一遍布世界 5 大洲的顶级家电品牌。毫无疑问，美诺的至尊地位获得了全球市场的尊崇。但最令人充满敬意的是，创始人两个家族长达 115 年的友谊及持续的共同经营，被称为“永不离婚式的合作”。

1899 年，卡尔米勒和莱因哈德·辛肯创立了美诺。作为一家家族企业，直至 115 年后的今日，美诺依然由创始人的两个家族共同经营。第一代卡尔米勒负责技术，辛肯负责营销。到了第三代，则由卡尔米勒负责市场，辛肯负责技术。现在到了第四代继承人，辛肯回归市场领域，研发则由卡尔米勒牵头。即使身份轮换，两个家族始终坚持的是高端和品质，力争做全世界最好的电器。

“我觉得两人合作就像结婚，我们有共同的目标，追求最好的产品，并做到永不离婚。”莱因哈德·辛肯如此形容家族化合作。两个家族有个不成文的约定，如果遇到无法协调的分歧便开“家族会议”，由两个家族共同决定，但从第四代接班人接手至今，从未开过“家族会议”。同时，两个家族在家族传承及家族经理人培养方面的经验也是值得借鉴的。

两个家族共同治理的家族企业典范。其中最为重要的是他们无一例外都有着持续追求、长期坚持的企业价值观与使命，而且对拥有他们的家族而言，这已经成为一种信仰，这种信仰在两个家族间横向传递、在不同世代之间纵向传承着，成为家族传承的核心。[①]

随着时间的推移，中国会有越来越多的二代们开始走向商业浪潮的前台，等待他们的不仅是如何继承静态的家族资产或者家族财富，更是如何在新的竞争环境下实现财富管理和家族文化的传承，并继承和发扬家族的优良传统，从而打造家族的长青基业。

10.3　打破富不过三代魔咒，铺就基业长青之路

案例 10–3–1

新鸿基地产由已故知名港商郭得胜创办，为防止三个儿子分家争产，郭得胜生前与妻子邝肖卿设立信托基金，受托人为汇丰国际信托有限公司，受益人为邝肖卿和三个儿子郭炳湘、郭炳江和郭炳联。

1990 年 10 月，郭得胜因心脏病复发去世，新鸿基地产掌舵人由郭家第二代接手。郭炳湘出任集团董事局主席兼行政总裁，老二郭炳江和老三郭炳联则出任副主席兼董事总经理。接班初期，兄弟同心，其利断金。

老大郭炳湘掌舵 17 年，湾仔新鸿基中心、中环广场、IFC 等四处开花，到 1992 年年底，新鸿基地产市值超越李嘉诚的长江实业地产，成为当时香港市值最大的地产公司，堪称地产巨无霸。

然而好景不长，2008 年 2 月家族纷争，郭氏兄弟因为权力内斗和家产分配不和的新闻见诸报端。两个弟弟连成统一战线企图罢免长兄郭炳湘的职务，郭炳湘则向法院控告两名弟弟郭炳江及郭炳联诽谤。最终这场闹剧以郭氏家族中郭得胜的夫人邝肖卿及郭炳江、郭炳联站在同一战线，罢免郭炳湘主席及行政

① 绿专资本 . 新资本三对论——安利、爱彼两个家族的另一种传承方式［R/OL］.（2018-02-08）［2018-04-26］. 东方头条 https://mini.eastday.com/a/180208145312519-2.html.

总裁职务，邝肖卿出任主席一职而告终。

2010年，邝肖卿进行家族信托重组，受益人变为邝肖卿、郭炳湘的家人、郭炳江及其家人、郭炳联及其家人，剔除长子郭炳湘。

2014年年初，长子郭炳湘正式离开新鸿基地产，但仍持有公司7.21%的股权。

2014年中，郭炳湘与家人达成“和平协议”，继续成为家族信托受益人，这场家族内斗风波终得以平息。

郭氏家族最终以三兄弟分家、反目成仇为结局，老母亲邝肖卿晚年也不得安宁，想必也不是郭得胜生前设立家族信托的初衷，其初衷应该是为了三个儿子能够兄弟齐心、共同进退。但为什么在其过世之后，家族财富的传承以及家族成员的利益关系会受到严峻的挑战呢？郭氏家族的案例值得我们反思：

1. 创始人设立信托基金可能隐含“股份不能卖”即限制或禁止受益人转让受益权的制约条款，这就导致郭氏三兄弟一旦发生矛盾，无法像李锦记一样，以一方收购另一方 / 几方股权的方式来化解矛盾，只能直面矛盾，并将战火蔓延到企业控制权等方面，使得矛盾持续激化，无法调解。尽管三兄弟未分家，但内讧却严重影响到公司的经营，可能导致两败俱伤、祸及公司的后果。

2. 郭氏家族虽然设立家族信托，但是从郭氏家族的内斗过程来看，其应该是缺乏有效的家族治理机制。这导致家族成员出现矛盾时，没有一个有效的方式来解决纠纷，化解矛盾。

3. 单一的信托基金并不能安全地传承家族财富，传统法律工具与金融工具等组合的顶层设计，加上精神与文化层面的传承，才能为财富的传承保驾护航。[①]

一、打破富不过三代魔咒

在海外，如人们耳熟能详的洛克菲勒家族、杜邦家族、沃尔玛·沃顿家族等名门望族，即便是在数百年动荡中，也依然能实现家族财富的传承。但是在国内，资产有效管理以及财富有序传承却是一个大难题。为什么中国的富豪家

① 韩良．家族信托法理与案例精析［M］．北京：中国法制出版社，2015：17-150.

族就难以实现其家族财富以及家族企业的稳定、持续的传承呢？

全球著名的管理咨询公司麦肯锡公司做过的一项调查表明，"全球范围内家族企业的平均寿命仅为 24 年，其中大约只有 30% 的家族企业能延续到二代，而传至第三代的比例少于 13%，只有 5% 能在三代以后还继续为股东创造价值"。而在中国，这一比例更要大幅降低。随着家族企业核心创始人的离去，家族企业控制权旁落、陷入家族纷争泥淖而最终走向破产的案例不胜枚举。当然，绝大多数企业在创始人手中就已陷入绝境。

毋庸置疑，法治环境不畅以及税负过重，导致私有财产权保护不力、社会矛盾激化、营商环境差，给家族企业在中国的生存发展和财富传承带来极大的困扰。但造成家族财富和企业不能稳定、持续传承的更主要原因是家企不分，缺乏良好的家族治理与传承规划。家族后代接班意愿低、无能力接班、多子女难以确定接班人、接班人理念与企业文化或企业价值取向冲突等现象广泛存在，导致中国企业家的家族传承规划面临不小的挑战，也导致中国企业常常陷入"富不过三代"的魔咒。

二、铺就基业长青之路

财富保障与传承意识应是高净值人士日常风险管理的一部分，并非是隐退或去世前才予以考虑的事情，应将风险控制渗入日常生活。

案例 10-3-2

2006 年，比李嘉诚大 6 岁的霍英东去世，到 2011 年年底，因为争夺家产，三子霍震宇将二哥霍震寰告上法庭。[①]

在中国澳门打造起博彩帝国的何鸿燊，只是病重入院，妻女子眷就为家产打得不可开交。

老友郭得胜（新鸿基地产创始人）的三个儿子为了争产，兄弟相残，最后

---

① 搜狐财经．霍英东去世 10 年了，子女的遗产官司还没打够［R/OL］.（2017-08-24）［2018-07-11］. http://www.sohu.com/a/166843072_534683.

竟闹到廉政公署。2012 年 3 月底，甚至有媒体报道，大哥郭炳湘将由被告转为特赦证人，指证自己的两个亲弟弟。[①]

这一切，李嘉诚看在眼里，又怎能置身度外？

从 2013 年开始，李嘉诚开始陆续抛售内地投资性物业套现，到了 2014 年更是加快了减持进程。近 6 年，长和系已经出售逾 2000 亿港元内地和香港资产。

2013 年 11 月下旬，短短一周时间，李嘉诚两度出售香港楼产，“长和系”抛售内地和中国香港资产的新闻频频曝光：减持长园集团、出售上海陆家嘴东方汇经中心和广州西城都荟广场、计划拆分港灯和屈臣氏上市……大洋彼岸，长和系在过去几年间对负债累累的欧洲投资了 100 余亿美元。2015 年，李嘉诚的长和系就已控制英国天然气近 30% 的市场、电力分销 25% 的市场和供水约 5% 的市场。甚至被英国媒体评价为“买下了英国”。

2015 年年初，李嘉诚宣布长江将与和记黄埔重组，这被称为“香港回归 17 年以来最重大的企业事件”之长和系世纪大重组。在一系列剥离和重组背后，李嘉诚将公司的注册地从中国香港迁至英属开曼群岛。在接受英国“金融时报”采访时，李嘉诚讲道他的投资逻辑：“在决定优先考虑的地点时，有几个标准对我很重要：保证投资的法律和法规政治稳定，轻松的商业环境和良好的税制结构等。”[②]

《福布斯》杂志 2018 年 1 月 18 日公布的中国香港富豪排行榜数据，李嘉诚以 360 亿美元（约合人民币 2200 亿元）总净资产，连续 20 年蝉联中国香港首富之位，受惠于 2017 年港股及香港楼市向好，净资产较上年的 303 亿美元增长了 18.81%。[③]

2018 年 3 月 16 日，长和系旗下四大公司（长和、长实集团、长江基建和电能实业）在同一天发布业绩。业绩会开始不久，港交所发布公告称，李嘉诚宣布，将在 2018 年 5 月 10 日股东大会后正式退休。

---

① 联商 · 资讯中心 . 新鸿基地产“争产案”尘埃落定，三兄弟均分股权 [R/OL] .（2014-01-30）[2018-07-11] .http://www.linkshop.com.cn/web/archives/2014/279280.shtml.

② 房天下 . 李嘉诚内地物业：“仅剩 21 个足球场大小”大小 [R/OL].（2016-11-23）[2018-07-11]. http://news.taizhou.fang.com/2016-11-23/23601591.htm.

③ 中国新闻网 . 李嘉诚连续 20 年蝉联《福布斯》香港首富 [R/OL].（2018-01-18）[2018-07-12]. http://dw.chinanews.com/chinanews/content.jsp?id=8427834&classify=zw&pageSize=6&language=chs.

已跟随他在长和系工作逾30年的长子李泽钜将担任主席，接掌长和系上市王国，旗下上市公司包括长和、长实地产、长江基建以及电能实业及系内的产业信托等。李泽楷则将获得父亲现金支持，收购其他产业以发展自己的业务，李嘉诚当时称现金支持的金额“比你们知道的生意资产会数以倍计”！退休后李嘉诚将继续担任李嘉诚基金会主席，并担任长江集团资深顾问。

李嘉诚是在分家，更是在配置人力资本与金融资本。李嘉诚实际上是运用资源配置的手段，把家族企业的金融资本和实业资本分配给具有不同传承人格的两个儿子，从而把家族企业在传承过程中经常会发生的矛盾、争执甚至官司，在尚未演变为不可收拾的冲突前妥善解决，完成和平分家。

根据公开资料显示，李泽钜与李泽楷两兄弟尽管年纪接近（一人生于1964年，另一人生于1966年），但无论性格、志趣，乃至人生目标与处事作风等，皆颇为不同。长子李泽钜老成持重、有责任感，乐意接受适当的投资额与回报率，进行合理的创新，同时也很在意父亲对自己的看法，不愿辜负父辈的托付。次子李泽楷则更多地表现出敢于冒险开拓和勇于尝试创新的企业家精神，其特点是：不愿遵从家族规矩和父辈权威，具有强烈的自主精神，同时又非常乐意接受父亲的资助来拓展自己的事业。

基于两个儿子“水火之别”，从李泽钜21岁加入长江实业开始，一直到如今接手整个实业帝国的历程，实际上就是李嘉诚进行的接班人的培养与部署过程，让长子继承父业。而次子则按其志趣顺水推舟，让其另起炉灶、自行创业。

李嘉诚把家族企业当作投资控股公司，两个儿子则是人格特点相反、投资风格不同的投资基金经理——李泽钜倾向于低风险，李泽楷对风险的承受力更高。李嘉诚把两个儿子分开，令每个人的潜能尽可能地发挥出来，把家族资产的潜在价值充分释放出来。

“用分家来传承，而不是在自己去世后，下一代用诉讼来分家。”李嘉诚曾公开说，这样的安排是为了两个儿子“可以有兄弟做”。[1]

① 北京时间.李嘉诚：家族企业真正传承的是什么？［R/OL］.（2018-05-11）［2018-07-11］. https://item.btime.com/m_9523f94dd6d60a823.

除了将大部分身家分配给两个儿子，李嘉诚早在1980年就让“第三个儿子”——家族信托基金会为李氏家族担当家族财富的防火墙，解决其家族资产管理问题。2016年，在长和系完成重组约一个月后，主席李嘉诚便开始逐步将私人财产转移至李嘉诚家族信托基金，使用家族信托作为家族财富传承的屏障。

在“李嘉诚基金会”的家族信托体系中可以发现，李嘉诚设立了多个信托基金，分别持有旗下公司的股份，并对每个信托基金指定了受益人。

首先，李嘉诚将财产授予两个全权信托和一个房产信托，并成立一家控股公司作为整个家族信托控股架构基础。

其次，再分别以这两个全权信托作为出托人，成立两个子信托机构，作为全权信托的受托人。这两个子信托机构分别持有两个母信托机构所没有的房产信托若干物业。

最后，在对家族信托的控制上，两个子信托和房产信托的全部已发行股份由控股公司拥有。而这家公司的全部已发行股本由李嘉诚、李泽钜及李泽楷各自拥有1/3（设立时）。

一组完整的家族信托，为李嘉诚家族的财富传承与分配构建了总体的框架。在各个公开场合，李嘉诚都宣布家族信托是其心中的“第三个儿子”，足见其保护企业和财富传承的效力。在信托的架构下公平分家，可以说这一招数相当智慧，面对性格迥异的两个儿子，公平且几乎无争议的财产分配方案为李嘉诚家族财富的延续提供了坚实的基础。①

放眼全球家族企业史，成功传承从来都是一个小概率事件。像“超人”李嘉诚这样拥有如此远见与魄力，能够针对“三个儿子”的特征与优势做出合理缜密的传承部署，实现和平分家、防止家斗的，确实少有。

如果说李嘉诚家族财富传承的案例太过于高山仰止，那更多的高净值家庭又该如何面对财富保障与传承呢？结合笔者经办过的一起案例，做一个总结和

---

① 界面新闻.李嘉诚退休：史上最和平分家，秘诀在筹谋30年的教科书级传承？［J/OL］.（2018-03-16）［2018-04-26］.http://www.jiemian.com/article/1995519.html.

梳理。

案例 10-3-3

杨总家有两个孩子，一儿一女，杨总妻子去世较早。杨总家族经营电子科技行业，企业有上市潜力。杨总的儿子大学毕业后，就一直帮助父亲处理企业事务，杨总正逐步把企业的管理权交给儿子。

杨总的儿子还没有结婚，女儿已经结婚。杨总特别希望自己的子女有一个完满的人生，但又不想让子女过度依赖自己的家族财富，失去奋斗的目标和勇气。

杨总经商多年，多少知道传承的风险，便提前立了一份遗嘱：将家族企业的股权分配给儿子 80%，女儿 20%。一套价值 2000 万元的别墅归女儿继承。此外，还通过赠与方式将 1000 万元现金资产赠与给儿子。

在一次海外旅行中，杨总发生意外不幸去世。过世后，儿子、女儿依照遗嘱分别继承了家族企业股权和资产。杨总女儿因丈夫行为不端，屡次出轨，决意离婚。杨总的女婿开出条件，要求分走杨总女儿一半身家。

那么，杨总家族企业和家族财富在其过世后，究竟会怎样传承和分配呢？

第一，女儿离婚，存在赠与女儿的财富外流风险。离婚只分共有财产，不分个人财产。而杨总在女儿婚前赠送的大笔的现金嫁妆，虽然理论上属于女儿的婚前个人财产，但几年的夫妻共同生活，现金资产已大概率发生混同，如果未有效隔离，会被认定为夫妻共同财产。

第二，杨总去世前，虽然对财富传承的风险有一定认识，但所立遗嘱中，未指定该股权、房产和现金等属于子女独自所有，所以无论子女继承的是股权，还是现金等，都有可能因子女的继承，转化为子女的夫妻共同财产。

第三，杨总现金赠送给儿子的 1000 万元，如果发生混同，同样会变成儿子未来婚后的夫妻共同财产。

第四，儿子获得企业 80% 股权，女儿获得 20% 股权，如前所述，因错误规划和没有正确使用法律工具，会变成子女的夫妻共同财产。

虽然企业有上市潜力，但杨总的意外离世，女儿的离婚，也使企业的上市进程遭到重大阻碍。

第五，儿子仓促接班，与企业的元老和高管是否能团结一致，带领企业向前发展是未知数。女儿自小娇生惯养，离婚后，身家被分割不说，是否有能力让自己有稳定的经济来源，甚至将来如果再结婚生子，能否吸取教训，免受感情与财富的双重损失，都是未知数。

第六，杨总的女儿因离婚，使家族财富外流。一旦将来儿子再发生婚姻风险，杨总家族财富面临的不仅仅是财富外流风险，企业的控制权和管理权等也会受到重大冲击。更何况，一旦发生争产诉讼，将产生诉讼费、执行费、财产保全费、财产保全担保费、评估费和律师费等意想不到的诉讼成本和税费，慢慢耗减财富存量、影响财富流转和家族企业的发展。

那么，杨总的家族企业和家族财富该如何提前规划才能防范和降低这些风险和损失呢？遗嘱、赠与、夫妻财产协议、保险、信托和基金会等，都是财富管理和传承的重要的规划工具。

1. 制定家族愿景和使命

杨总的家族本不算复杂，但是杨总虽然事业成功，但因是单亲家庭，自己忙于生意，对子女的真实想法和愿景并不了解。对女儿的婚姻风险和儿子的未来潜在的婚姻风险预判不足，缺乏全面和多方的沟通。笔者认为，在财富规划和传承之前，一定要真正了解家族成员的各自想法，不能搞一言堂、一刀切，要确定传承的意愿与方向。

2. 聘请专业人士，正确订立遗嘱

就杨总遗嘱给儿子 1000 万元的现金、给女儿 2000 万元的房产而言，如果杨总能够聘请专业的财富传承律师，帮助杨总起草一份有效的定向传承遗嘱，即可避免子女因发生婚姻风险而造成的财产分割。

遗嘱还可以和家族企业章程、股东协议相结合，事先确定接班人，顺利培养成家族企业管理者，为接班企业扫清制度障碍。

3. 签订赠与协议并公证

财富定向分配。这是指定给儿子和女儿个人的专属财产，既与儿媳无关，也与女婿无关，不属于夫妻共有，不被分割。这样一来，即使女儿离婚，女婿也分不到任何财产。

当然杨总赠送给儿子的现金资产，存在儿子的个人金融账户，儿子尚未结婚，一定程度上能够避免未来儿子婚姻风险造成的财产损失。但是，现金特别容易在婚后生活中发生混同。如果杨总更换一种方式，完全可以避免未来可能出现的这种尴尬。比如说，杨总自己作为投保人，让儿子作为年金保险的被保险人和生存金受益人，将 1000 万元资产放入保单中，就可以解决杨总对身后财富的种种担忧和遗憾。

4. 二代签订婚前财产协议

杨总期盼儿子婚姻幸福可以理解，但儿子仓促地结婚，导致企业 45% 的股权处于外流的风险，如果儿子能够和准儿媳在婚前签订婚前财产协议，约定股权归属于杨总家族，则会给家族企业的股权带来稳定性的保障与传承。

当然，对于传统的中国家庭来说，对于夫妻赠与协议的签订比较排斥，觉得“伤感情”，那么，如果夫妻财产协议不能签订，该如何替代呢？我们认为，大额保单配置和设立家族信托能够解决这个烦恼。

5. 保险规划

杨总作为家族企业的创造者，早年就应当配置高端医疗险和终身寿险，利用持续稳定的现金流实现高额赔付和高身价的高杠杆规划。虽然杨总的家族财富不少，但是对于一个负责任的家族领导者来说，用尽量小的代价为家族成员带来足够大的保障，本来就是家族财富管理的应有之义。

杨总还可以利用大额年金保单，让儿子和女儿在婚前配置，作为保单的投保人、被保险人和受益人，锁定个人独立性财产。在法律上，这张保单中无论是现金价值、年金返还、分红还是利息，都能确定是儿女的婚前个人财产，具有完全的独立性。

6. 家族信托

女儿是婚姻风险的承受者，杨总非常担心女儿未来的生活。所以赠送了大笔的资金和一套别墅，但最后却反而被女婿分走一半。如果杨总能采用家族信托给女儿传承财富，就不会发生这种悲剧和隐患。杨总赠送给女儿的现金和价值 2000 万元的别墅，完全可以定制个性化的家族信托。

将传承给女儿的资产通过专业的信托公司打理，可以对抗长周期的经济金融风险，收益稳定，持续增长。而女儿作为家族信托的受益人，每年固定领取信托受益金，这笔受益金不但不受女儿婚姻风险的影响，而且完全可以完成个性化定制，对女儿未来的婚姻和生活进行全方位保护。

无论是大额保单还是家族信托的传承，都可以确保财产法律权属清晰，儿子、女儿不需要通过诉讼、公证等附加程序，儿媳、女婿也无权主张权利，后人也不需要支付诉讼费、律师费、公证费、所得税等各种成本，属于无争议、零损耗的财富传承。

7. 家族办公室

按照杨总的家族财富体量，其还可以设立家族办公室，将家族企业的管理和运营、家族投资、家族事务处理等，通过家族办公室进行打理。家族办公室按照杨总的愿望，助力杨总的儿子、女儿、未来的孙子女们创业、持家、教育、传承等事宜。这就解决了在未来几十年中财富的定向传承、富过三代，实现心有所想、愿有所成。

我们说，真正的财富传承，一定是将物质的财富与无形的财富一并保障与传承，才有可能打破“富不过三代”的魔咒。提前规划合理的传承方式和渠道，对财富、家业、医疗、生活、税务、风控和慈善等方面进行系统的规划，设立家族治理框架，构建完善家族宪法，妥善处理家族内部成员和外部利益之间的关系，才能有效预防及化解家族潜在矛盾，维护家族和企业的团结和永续，实现富过三代和基业长青的目标。

后记

我认出了风暴而激动如大海。

——里尔克

世界从来没有像今天这样充满矛盾与不确定性。

中国财富管理市场的一个侧面是，根据瑞士信贷《2019全球财富报告》，截至2019年年中，中国有1亿人财富名列全球前10%，首次超过美国，后者为9900万人。而根据《2019中国私人财富报告》显示，2018年，中国个人高净值人群规模达197万人，全国个人持有的可投资资产总体规模达到190万亿元，中国私人财富市场增速较往年放缓，但仍具增长潜力。

中国财富管理市场的另一个侧面是，随着2018年开启的中美贸易战以及2020年新冠肺炎导致的疫情在全球的蔓延，全球经济正遭受重大的冲击和考验，市场一度出现了罕见的避险资产和风险资产共同下跌的局面。

作为财富管理市场的观察者和财富服务方案的提供者，我们发现，中国私人财富管理市场正处于大变革的前夜。我们建议，中国政府要积极为私人产权提供法律制度保障，中国的高净值人士应认真思考，转变观念，善于用运用各种工具打造财富安全的护城河，稳健中求传承。

可以这样说，本书既是对私人财富管理市场服务需求的回应，也是对为高净值客户提供财富管理法律服务的一个总结。笔者希望能引起读者更多的思考和交流，助力财富保障与传承的法律实践。

当然，笔者始终认为，对于个人或一个家庭来说，生活是否幸福和富足，物质基础只是其中的一个方面，甚至是很小的一个方面。在我们团队为高净值人群和家族企业提供财富管理法律服务的这些年中，既看到了人性的复杂和人情的冷暖，也体悟到爱与被爱的可贵。精神财富的丰盛和物质财富同等重要。

行到水穷处，坐看云起时。希望本书的读者，不但能体味财富管理市场的风云变幻，也能珍视内心的安宁和生活的美好。

图书在版编目（CIP）数据

私人财富保障与传承实务全书：增订版 / 韩宇著 . —北京：中国法制出版社，2020.11（2025.8 重印）

ISBN 978-7-5216-1397-1

Ⅰ . ①私… Ⅱ . ①韩… Ⅲ . ①私人投资—基本知识 Ⅳ . ① F830.59

中国版本图书馆 CIP 数据核字（2020）第 209453 号

责任编辑：朱丹颖　　封面设计：杨泽江

私人财富保障与传承实务全书：增订版

SIREN CAIFU BAOZHANG YU CHUANCHENG SHIWU QUANSHU : ZENGDINGBAN

著者 / 韩　宇

经销 / 新华书店

印刷 / 北京虎彩文化传播有限公司

开本 / 710 毫米 ×1000 毫米　16 开　　印张 / 19.25　字数 / 293 千

版次 / 2020 年 11 月第 1 版　　2025 年 8 月第 7 次印刷

中国法制出版社出版

书号 ISBN 978-7-5216-1397-1　　定价：78.00 元

北京市西城区西便门西里甲 16 号西便门办公区

邮政编码：100053　　传真：010-63141600

网址：http://www.zgfzs.com　　**编辑部电话：010-63141804**

市场营销部电话：010-63141612　　**印务部电话：010-63141606**

（如有印装质量问题，请与本社印务部联系。）